职业教育汽车类示范专业规划教材

汽车电气设备构造与维修

主　编　扈佩令　林治平
副主编　范海燕
参　编　马　涛　徐巧芬
　　　　薛丽芳　高明凯　张树利

机　械　工　业　出　版　社

本书介绍了汽车电气系统的基础知识、蓄电池、交流发电机、起动机、汽油机点火系统、照明系统、信号系统、报警装置、汽车仪表、汽车空调、辅助装置、汽车电气设备线路、汽车电路的检修原则及方法。同时还介绍了新型蓄电池和汽车局域网等部分新型电气设备的结构特点与工作原理。内容新颖、图文并茂。

本书可作为职业院校汽车运用与维修专业的教材，也可供汽车专业师生和从事汽车运输管理、汽车维修管理的工程技术人员以及汽车电工、修理工与驾驶人员阅读参考。

为方便教学，凡选用本书作为授课教材的教师均可登录 www.cmpedu.com 以教师身份下载免费课件，或来电咨询：010-88379865。

图书在版编目（CIP）数据

汽车电气设备构造与维修/扈佩令，林治平主编. —北京：机械工业出版社，2009.10（2017.1 重印）

职业教育汽车类示范专业规划教材

ISBN 978-7-111-28441-3

Ⅰ.汽… Ⅱ.①扈…②林… Ⅲ.①汽车—电气设备—构造②汽车—电气设备—车辆修理 Ⅳ.U472.41

中国版本图书馆 CIP 数据核字（2009）第 177781 号

机械工业出版社（北京市百万庄大街 22 号 邮政编码 100037）

策划编辑：宋学敏 曹新宇 责任编辑：曹新宇 责任校对：刘志文

封面设计：马精明 责任印制：李 飞

北京铭成印刷有限公司印刷

2017 年 1 月第 1 版第 10 次印刷

184mm×260mm · 12.75 印张 · 314 千字

标准书号：ISBN 978-7-111-28441-3

定价：30.00 元

凡购本书，如有缺页、倒页、脱页，由本社发行部调换

电话服务	网络服务
服务咨询热线：010-88379833	机 工 官 网：www.cmpbook.com
读者购书热线：010-88379649	机 工 官 博：weibo.com/cmp1952
	教育服务网：www.cmpedu.com
封面无防伪标均为盗版	金 书 网：www.golden-book.com

前　言

为贯彻国务院积极推进课程改革和教材建设，为职业教育教学和培训提供更加丰富、多样和实用的教材，更好地满足职业教育改革与发展的需要，机械工业出版社组织全国汽车运用与维修专业院校的专业教师，编写了本套“职业教育汽车类示范专业规划教材”。《汽车电气设备构造与维修》即为本套教材之一。

本书注重以就业为导向，以能力为本位，面向市场、面向社会，体现了现代职业教育的特色，满足了汽车运用技术领域技能型人才培养的需要。

本书在编写过程中，认真总结了多年来汽车维修专业教学经验，注意吸收发达国家先进的职教理念和方法，形成了以下特色：

1. 专业培养目标设计基本指导思想是以汽车维修企业关键技术操作岗位能力要求为核心，确定专业知识和能力培养目标，对实际现场操作能力要求达到中级技术工人水平；

2. 学习内容“模块化”，打破了传统教材的章节体系，充分体现专项能力的培养，适合于“模块式一体化”的教学模式；

3. 每个模块都有明确的学习目标，每节课都有贴近生活的课堂互动，形式生动活泼，有利于激发学生的学习兴趣；

4. 在内容的选择上，车型以轿车为主，注重汽车后市场职业岗位对人才的知识、能力要求，力求与相应的职业资格标准衔接，并较多地反映了新知识、新技术、新工艺、新方法等内容；

5. 教材理论与实际紧密结合，通俗易懂，图文并茂，实用性强。

本书是汽车运用与维修专业核心课程之一，内容主要包括：汽车电气系统的基础知识、蓄电池、交流发电机、起动机、汽油机点火系统、照明系统、信号系统、报警装置、汽车仪表、汽车空调、辅助装置、汽车电气设备线路、以及汽车电路的检修原则及方法，共11个模块。

本书由江西省南昌汽车机电学校扈佩令和厦门交通职业技术学校林治平担任主编，扈佩令编写了模块1和模块4，林治平编写了模块5。江西南昌汽车机电学校范海燕担任副主编，编写了模块2。参加本书编写工作的还有：广东顺德中等专业学校马涛(编写模块3)、山东德州职业学院薛丽芳(编写模块6)、北京市市政管理学校高明凯(编写模块7、模块8)、北京市市政管理学校张树利(编写模块9)、温州交通技术学校徐巧芬(编写模块10、模块11)。

本套教材在编写过程中得到了上海大众汽车等多家汽车维修企业和许多专业教师的大力支持与帮助，参考和采用了许多汽车维修技术资料和专家的建议，在此一并表示衷心的感谢！

限于编者经历和水平，书中难免会存在一些误漏之处，诚望广大读者批评指正。

编　者

目　录

前言
模块 1　汽车电气系统的基本知识 …… 1
1.1　汽车电气系统的组成 …… 1
1.2　汽车电气电路的特点 …… 4
1.3　汽车电路图中的常用符号 …… 5
1.4　汽车电气系统故障检修注意事项 …… 15
模块 2　蓄电池 …… 17
2.1　普通铅酸蓄电池 …… 17
2.2　蓄电池的正确使用与维护 …… 23
2.3　蓄电池的常见故障及排除方法 …… 26
2.4　新型蓄电池及其特点 …… 31
模块 3　交流发电机 …… 37
3.1　发电机的功用和分类 …… 37
3.2　发电机的结构及工作原理 …… 39
3.3　交流发电机的检修 …… 48
3.4　交流发电机电压调节器的功用、分类及电压调节原理 …… 55
3.5　典型充电系线路的故障检测方法 …… 61
模块 4　起动机 …… 67
4.1　起动系统概述 …… 67
4.2　起动机 …… 68
4.3　起动机常见故障现象及排除方法 …… 73
4.4　起动机的正确使用和维护 …… 79
模块 5　汽油机点火系统 …… 80
5.1　概述 …… 80
5.2　传统点火系统的组成及工作原理 …… 84
5.3　传统点火系统主要部件的结构与原理 …… 87
模块 6　照明系统　信号系统　报警装置 …… 104
6.1　汽车照明灯的种类和用途 …… 104
6.2　信号灯的种类和用途 …… 110
6.3　汽车转向灯及其闪光器 …… 111
6.4　汽车电喇叭的结构及电路 …… 115
6.5　汽车报警信号装置 …… 117
6.6　前照灯的检测与调整 …… 122

模块 7　汽车仪表 …… 126
7.1　仪表 …… 126
7.2　机油压力表、冷却液温度表 …… 129
7.3　燃油表 …… 133
7.4　车速里程表、发动机转速表 …… 136
7.5　汽车电子仪表 …… 139
模块 8　汽车空调 …… 143
8.1　概述 …… 143
8.2　汽车空调制冷系统 …… 146
8.3　汽车空调控制部件 …… 151
8.4　采暖系统与通风系统 …… 153
8.5　汽车空调系统的使用与维护 …… 154
模块 9　辅助装置 …… 156
9.1　风窗刮水、清洗和除霜装置 …… 156
9.2　起动预热装置 …… 161
9.3　电动座椅 …… 164
9.4　电动门窗 …… 171
模块 10　汽车电气设备线路 …… 175
10.1　电路控制与保护装置 …… 175
10.2　汽车线束 …… 181
10.3　汽车电路图识读 …… 186
模块 11　汽车电路的检修原则及方法 …… 193
11.1　汽车电路检修的基本常识 …… 193
11.2　汽车电气系统检修时应注意的其他问题 …… 194
11.3　汽车局域网(CAN-BUS 系统)介绍 …… 195
参考文献 …… 198

模块 1　汽车电气系统的基本知识

【课堂互动】

【学习目标】

1. 了解汽车电气系统的基本组成。
2. 了解汽车电气电路的特点。
3. 掌握电路图中的常用符号。
4. 了解汽车电气系统故障检修的一般程序和检修注意事项。

1.1　汽车电气系统的组成

讨论：现在马路上的汽车多种多样，同学们经常看到的汽车电气设备有哪些？

【本节目标】

了解汽车电气系统的基本组成。

【基本理论知识】

汽车电气系统包括电源系统、起动系统、点火系统、照明系统、信号系统、仪表系统和电子控制系统等，下面我们来了解一下它们的基本结构和组成。

电源系统如图 1-1 所示：包括蓄电池、发电机、调节器等。其中

大家一起，把同学们提到的电气设备归归类：

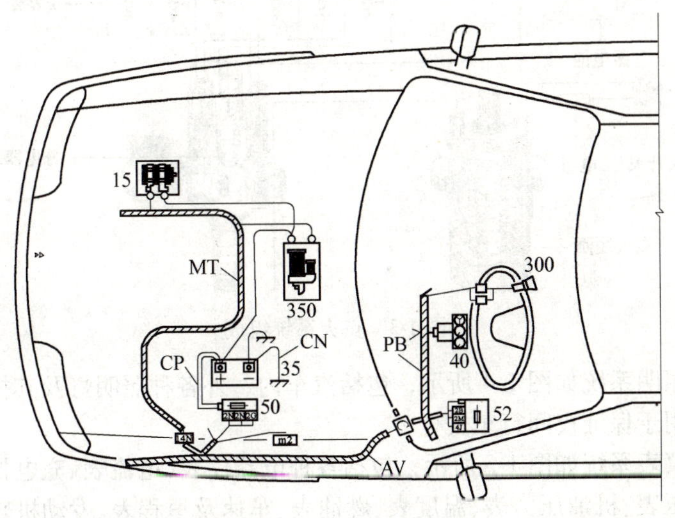

图 1-1　电源系统组成

15—交流发电机　35—蓄电池　40—仪表盘　50—发动机盖下熔断器盒
52—驾驶室内熔断器盒　300—点火开关　350—起动机

【课堂互动】

利用模型或多媒体短片进行直观演示。

发电机为主电源。发电机正常工作时，由发电机向全车用电设备供电，同时给蓄电池充电。蓄电池的主要作用是发动机起动时向起动机供电，同时辅助发电机向用电设备供电。调节器的作用是使发电机的输出电压保持恒定。

起动系统如图 1-2 所示，包括起动机、起动开关、起动继电器等，其作用是起动发动机。

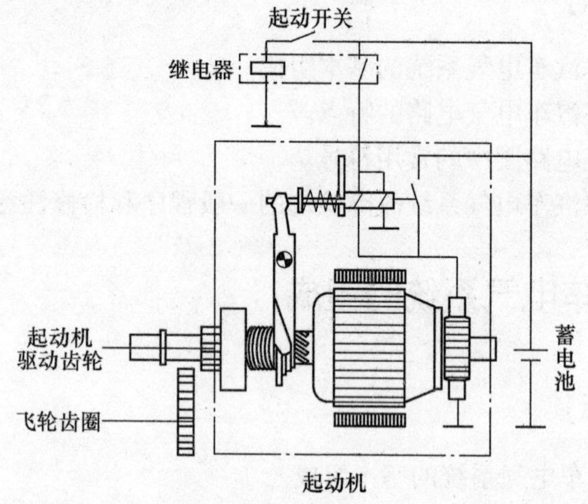

图 1-2　起动系统组成

点火系统如图 1-3 所示，包括点火开关、点火线圈、分电器总成、火花塞等，其作用是产生高压电火花，点燃汽油机发动机气缸内的混合气。

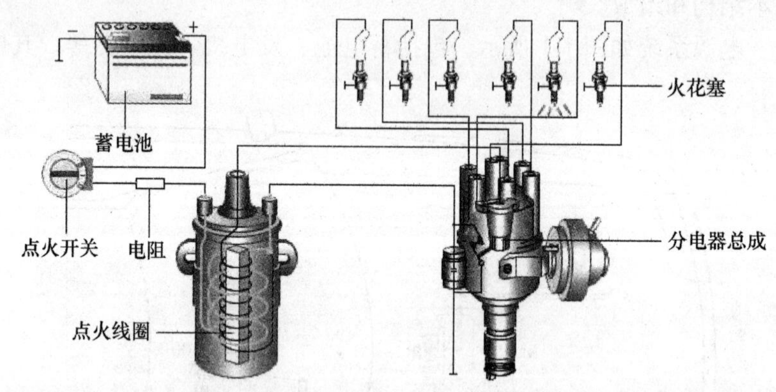

图 1-3　点火系统组成

照明系统如图 1-4 所示，包括汽车内、外各种照明灯及其控制装置，用于保证夜间行车安全。

【随堂笔记】

仪表系统如图 1-5 所示，包括各种电器仪表(电流表、充电指示灯或电压表、机油压力表、温度表、燃油表、车速及里程表、发动机转速表等)。用来显示发动机和汽车行驶中有关装置的工作状况。

电子控制系统如图 1-6 所示，包括发动机控制单元、制动防抱死和制动力自动分配模块、自动变速器模块等。

信号系统，包括喇叭、蜂鸣器、闪光器及各种行车信号标识灯，用于保证车辆运行时的人车安全。【课堂互动】

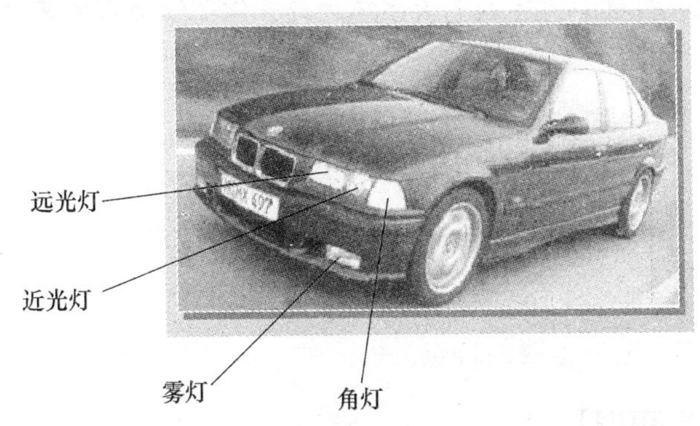

图 1-4　照明系统组成图

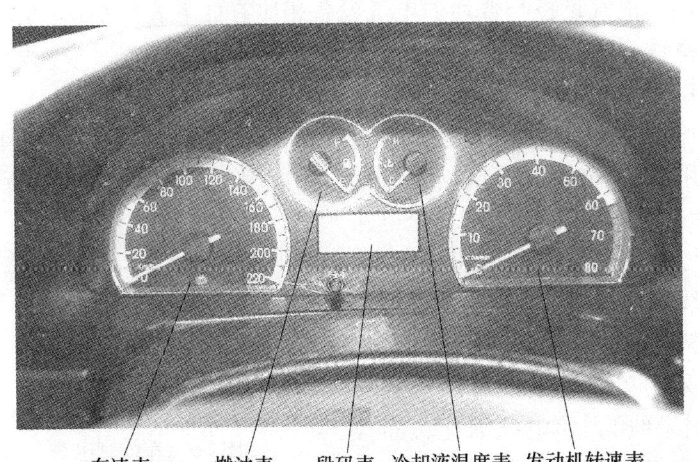

图 1-5　仪表系统组成

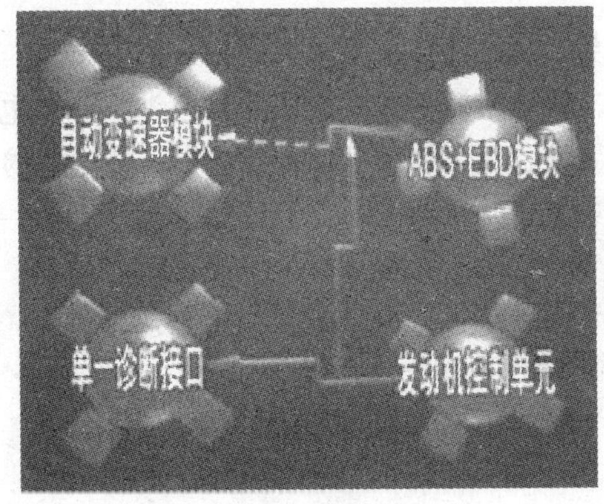

图 1-6　电子控制系统组成

辅助电器系统，包括电动刮水器、空调器、低温起动预热装置、收录机、点烟器、玻璃升降器等。

【课堂互动】

【习题 1.1】

1. 汽车电气系统主要包括哪几个子系统？

2. 除了教材中讲述的七大系统之外，你还知道哪些系统(至少说出三种)？

1.2 汽车电气电路的特点

【本节目标】

可以利用数码相机拍摄具有代表性的图片之后展示其特点。

了解汽车电气电路的特点。

【基本理论知识】

汽车电气设备与普通的电气设备相比有如下五个特点：单线制、负极搭铁、两个电源、用电设备并联、低压直流供电。

1. 单线制

所谓单线制，就是利用汽车发动机、底盘和车身等金属机件作为各种用电设备的共用连线(俗称搭铁)，而用电设备到电源只需另设一根导线(见图 1-7)。任何一个电路中的电流都是从电源的正极出发，经导线流入到用电设备后，通过金属车架流回电源负极而形成回路。

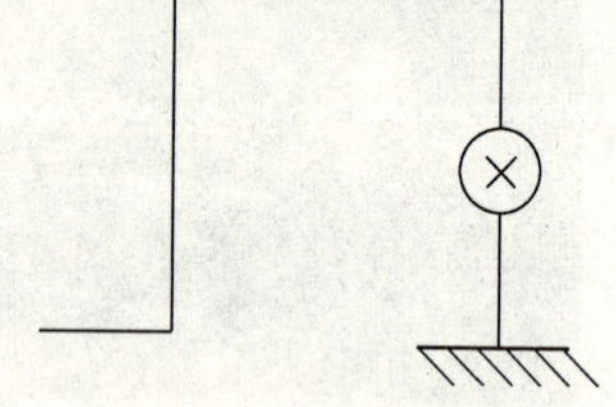

图 1-7 单线制电路

采用单线制不仅可以节省材料(铜导线)，使电路简化，而且便于安装和检修，降低故障率。但在一些不能形成可靠连通的电气回路或需要精确电子信号的回路，则采用双线。

2. 负极搭铁

所谓搭铁，就是采用单线制时，将蓄电池的一个电极用导线连接到发动机或底盘等金属车体上(见图 1-8)。若蓄电池的负极连接到金属车体上，称为负极搭铁；反之，若蓄电池的正极连接到金属车体上，称为正极搭铁。我国标准中规定汽车电器必须采用负极搭铁。目前世界各国生产的汽车也大多采用负极搭铁方式。

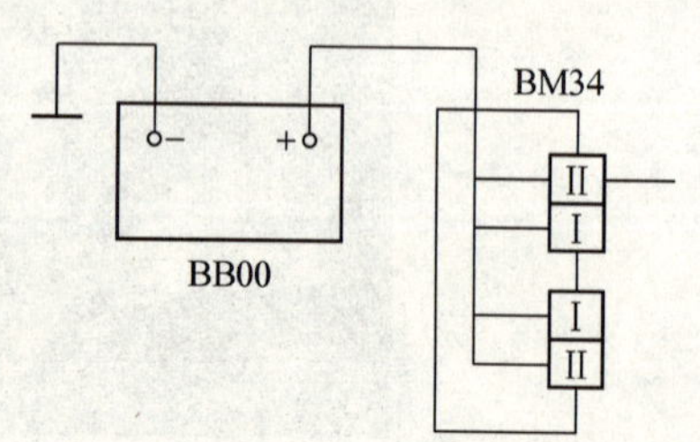

图 1-8 蓄电池负极搭铁

3. 两个电源

所谓两个电源，就是指蓄电池和发电机两个供电电源(见图1-9)。蓄电池是辅助电源，在汽车未运转时向有关用电设备供电；发电机是主电源，当发动机运转到一定转速后，发电机转速达到规定的发电转速，开始向有关用电设备供电，同时对蓄电池进行充电。两者互补可以有效地使用电设备在不同的情况下都能正常地工作，同时也延长了蓄电池的供电时间。

【课堂互动】

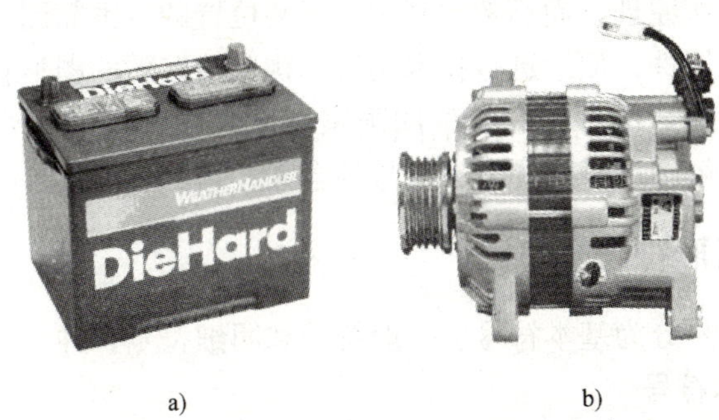

a) b)

图1-9 两个供电电源

a）汽车用蓄电池 b）汽车用发电机

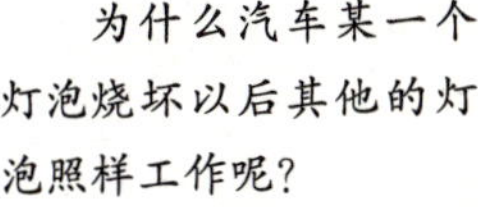
为什么汽车某一个灯泡烧坏以后其他的灯泡照样工作呢？

4. 用电设备并联

所谓用电设备并联，就是指汽车上的各种用电设备都采用并联方式与电源连接，每个用电设备都由各自串联在其支路中的专用开关控制，互不干扰(见图1-10)。

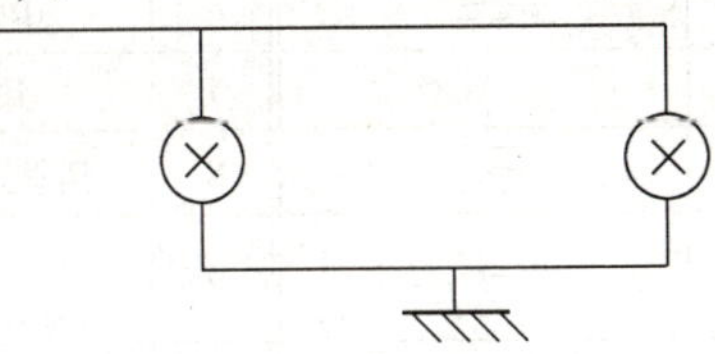

图1-10 用电设备并联

5. 低压直流供电

由于汽车上的蓄电池是直流电源，且放电后必须用直流电源对其充电，因此，汽车上的发电机也必须输出直流电。柴油车大多采用24V直流电压供电，汽油车大都采用12V直流电压供电。目前，有部分混合动力的汽车采用了超过300V的高压电路，但是市场保有量很少。

【习题1.2】

1. 汽车电气系统的主要特点是什么？
2. 汽车上采用单线制的好处是什么？
3. 说说汽车上的两个电源分别是在什么情况下工作？

1.3 汽车电路图中的常用符号

准备一个简单的汽车某系统的电路图，与同学们一起研究，说明符号在电路图中的重要性。

【本节目标】

1. 了解汽车电路图中的常用符号。
2. 掌握图形符号、文字符号的识读方法。

【课堂互动】

【基本理论知识】

汽车电路图是利用图形符号和文字符号，表示汽车电路构成、连接关系和工作原理，而不考虑其实际安装位置的一种简图。为了使电路图具有通用性，便于进行技术交流，构成电路图的图形符号和文字符号，不是随意的，它有统一的国家标准和国际标准。要看懂电路图，必须了解图形符号和文字符号的含义。

1.3.1 图形符号

图形符号分为基本符号、一般符号和明细符号 3 种。

1. 基本符号

基本符号不能单独使用，不表示独立的电器元件，只说明电路的某些特征。如：“⎓”表示直流，“~”表示交流，“+”表示电源的正极，“-”表示电源的负极，“N”表示中性线等。常见的基本符号见表 1-1。

表 1-1 电路图基本符号

序号	名称	图形符号	序号	名称	图形符号
一、常用基本符号					
1	直流	⎓	6	中性点	N
2	交流	~	7	磁场	F
3	交直流	≂	8	搭铁(接地)	⊥
4	正极	+	9	交流发电机输出接柱	B
5	负极	—	10	磁场二极管输出端	D +
二、导线端子和导线连接					
11	端子	○	14	插头的一个极	
12	导线交叉连接		15	插头和插座	
13	插座的一个极		16	屏蔽线	
三、触点开关					
17	常开触点		22	液位控制	
18	常闭触点		23	液压控制开关	
19	双向触点		24	热敏开关	θ
20	温度控制	t ----	25	推拉多挡开关	1 2 3
21	压力控制	p ----	26	旋转多挡开关	1 2 3

【课堂互动】

2. 一般符号

一般符号是用以表示一类产品和此类产品特征的一种简单符号。一般符号广义上代表各类元器件，另外，也可以表示没有附加信息或功能的具体元件，如：一般电阻、电容等。汽车上常用的一般符号见表1-2。

表1-2 电路图一般符号

序号	名称	图形符号	序号	名称	图形符号
1	电阻		14	PNP型晶体管	
2	可调电阻		15	集电极接管壳晶体管(NPN)	
3	热敏电阻	θ	16	具有两个电极的压电晶体	
4	压敏电阻	U	17	电感器、线圈、绕组、扼流圈	
5	滑线变阻器		18	带铁心的电感器	
6	滑动触点电位器		19	熔断器	
7	仪表照明调光电位器		20	易熔线	
8	光敏电阻		21	电路断电器	
9	加热元件、电热塞		22	永久磁铁	
10	电容器		23	电磁铁	
11	电解电容器	+	24	触点常闭的继电器	
12	二极管		25	发光二极管	
13	稳压二极管		26	光敏二极管	

【课堂互动】

3. 明细符号

明细符号表示某一种具体的电器元件，见表1-3。

表1-3 电路图明细符号

序号	名称	图形符号	序号	名称	图形符号
一、仪 表					
1	电压表	(V)	6	转速表	(n)
2	电流表	(A)	7	温度表	(t°)
3	电压、电流表	(A/V)	8	燃油表	(Q)
4	欧姆表	(Ω)	9	时间表	
5	瓦特表	(W)	10	数字式时间表	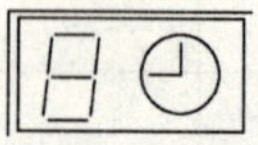
二、传 感 器					
11	温度表传感器	t°	16	空气压力传感器	AP
12	燃油表传感器	Q	17	氧传感器	λ
13	油压表传感器	OP	18	爆燃传感器	K
14	空气质量传感器	m	19	转速传感器	n
15	空气流量传感器	AF	20	速度表传感器	v

【课堂互动】

(续)

三、电气设备

序号	名称	图形符号	序号	名称	图形符号
21	照明灯、信号灯、仪表灯、指示灯		33	霍尔传感器	
22	双丝灯		34	磁感应传感器	
23	荧光灯		35	电磁阀	
24	组合灯		36	电磁离合器	
25	预热指示器		37	天线	
26	电喇叭		38	收音机	
27	扬声器		39	点火线圈	
28	蜂鸣器		40	分电器	
29	警器、电笛		41	火花间隙	
30	信号发生器	G	42	串励绕组	
31	脉冲发生器	G	43	电刷	
32	闪光器	G	44	直流电动机	M

【课堂互动】

（续）

三、电 气 设 备					
序号	名称	图形符号	序号	名称	图形符号
45	起动机（带电磁开关）		50	星形三相绕组	
46	点火电子组件	IC	51	蓄电池或蓄电池组	
47	风扇电动机	M	52	点烟器	
48	刮水器电动机	M	53	防盗报警器	
49	电动天线	M			

1.3.2 文字符号

文字符号是由电气设备、装置和元器件的种类（名称）字母代码和功能（与状态、特征）字母代码组成的。其用于电气技术领域中技术文件的编制，也可标注在电气设备、装置和元器件上或其近旁，以表明电气设备、装置和元器件的名称、功能、状态和特征。此外，还可与基本图形符号和一般图形符号组合使用，以派生新的图形符号。

文字符号分为基本文字符号和辅助文字符号两大类，基本文字符号又分为单字母符号和双字母符号。

1. 基本文字符号

（1）单字母符号　单字母符号是按拉丁字母将各种电气设备、装置和元器件划分为23大类，每大类用一个专用单字母符号表示，如“C”表示电容器类，“R”表示电阻类等。

（2）双字母符号　双字母符号是由一个表示种类的单字母符号与另一字母组成，其组合形式应以单字母符号在前而另一字母在后的次序列出，如：“R”表示电阻，“RP”就表示电位器，“RT”表示热敏电阻；“G”表示电源、发电机、发生器，“GB”就表示蓄电池，“GS”表示同步发电机、发生器，“GA”表示异步发电机。常用的基本文字符号见表1-4。

【课堂互动】

表1-4　常用基本文字符号

设备、装置元器件种类	举　例	基本文字符号	
		单字母	双字母
组件 部件	放大器、调节器	A	
	电桥		AB
	晶体管放大器		AD
	集成电路放大器		AJ
	印制电路板		AP
	抽屉柜		AT
	支架盘		AR
非电量到电量变换器或电量到非电量变换器	扬声器晶体换能器	B	
	压力变换器		BP
	温度变换器		BT
电容器	电容器	C	
二进制元件、延迟器件、存储器件	数字集成电路和器件	D	
其他元器件	其他元器件	E	
	发热器件		EH
	照明灯		EL
保护器件	过电压放电器件避雷器	F	
	熔断器		FU
	限压保护器件		FV
发生器 发电机 电源	振荡器	G	
	发生器		GS
	同步发电机		GA
	异步发电机		
	蓄电池		GB
信号器件	声响指示	H	HA
	光指示器		HL
	指示灯		HL
继电器 接触器	交流继电器	K	KA
	双稳态继电器		KL
	接触器		KM
	簧片继电器		KR
电感器 电抗器	感应线圈 电抗器	L	
电动机	电动机	M	
	同步电动机		MS
	力矩电动机		MT

【课堂互动】

（续）

设备、装置元器件种类	举　例	基本文字符号	
		单字母	双字母
模拟元件	运算放大器 混合模拟/数字器件	N	
测量设备 试验设备	指示器件信号发生器	P	
	电流表		PA
	（脉冲）计数器		PC
	电度表		PJ
	电压表		PV
电力电路的开关器件	断路器	Q	QF
	电动机保护开关		QM
	隔离开关		QS
电阻器	电阻器 变阻器	R	
	电位器		RP
	热敏电阻器		RT
	压敏电阻器		RV
控制、记忆、信号电路的开关器件选择器	控制开关 选择开关	S	SA
	按扭开关		SB
	压力传感器		SP
	位置传感器		SQ
	温度传感器		ST
变压器	电流互感器	T	TA
	控制电路电源用变压器		TC
	电力变压器		TM
	电压互感器		TV
电子管 晶体管	二极管 晶体管 晶闸管	V	
	电子管		VE
传输通道波导天线	导线 母线 波导 天线	W	
端子 插头 插座	连接插头和插座 接线柱焊 接端子板	X	
	连接片		XB
	测试插孔		XJ
	插头		XP
	插座		XS
	端子板		XT
电气操作的机械器件	气阀	Y	
	电磁铁		YA
	电动阀		YM
	电磁阀		YV

【课堂互动】

（续）

设备、装置元器件种类	举 例	基本文字符号	
		单字母	双字母
终端设备 混合变压器 滤波器 均衡器 限幅器	晶体滤波器	Z	

2. 辅助文字符号

辅助文字符号表示电气设备、装置和元器件以及线路的功能、状态和特征。如“SYN”表示同步，“L”表示限制左或低，“RD”表示红色，“ON”表示闭合，“OFF”表示断开等。常用辅助文字符号见表1-5。

表1-5 常用辅助文字符号

序号	文字符号	名称	序号	文字符号	名称
1	A	电流	25	ASY	异步
2	AC	交流	26	B	制动
3	AUT	自动	27	BK	黑
4	ACC	加速	28	BL	蓝
5	ADD	附加	29	BW	向后
6	ADJ	可调	30	C	控制
7	AUX	辅助	31	CW	顺时针
8	D	数字	32	CCW	逆时针
9	DC	直流	33	PE	保护搭铁
10	E	接地	34	R	记录
11	F	快速	35	R	右
12	FB	反馈	36	RD	红
13	GN	绿	37	RST	复位
14	H	高	38	RUN	运转
15	IN	输入	39	RD	红
16	IND	感应	40	R RST	复位
17	L	左	41	S	信号
18	LA	闭锁	42	ST	起动
19	M	中间线	43	S SET	置位，定位
20	N	中性线	44	STP	停止
21	OFF	断开	45	T	温度、时间
22	ON	闭合	46	V	真空、速度 电压
23	OUT	输出	47	WH	白
24	P	压力	48	YE	黄

【课堂互动】

准备两种不同形式的电路图，大家一起来发现他们的不同之处。

1.3.3 图形符号、文字符号的识读

对于基本的元器件，其图形符号、文字符号都是相同的，如电阻、电容、照明灯、蓄电池等。由于目前国际上还没有汽车电气设备图形符号、文字符号的统一标准，各个汽车生产厂家对某些汽车电器所采用的图形符号、文字符号有所不同，与标准规定有一些差异，这给识读电路图造成一定困难，但图形符号基本结构的组成是相似的，只要了解它们的区别，就能避免识读错误。下面通过具体示例来说明不同车型在表示同一元器件的图形符号时，在汽车电路图中的差异。

如图 1-11 所示，表示导线连接的两种形式。上海桑塔纳、南京依维柯采用图 1-11a 所示符号，神龙富康、天津夏利则采用图 1-11b 所示符号。

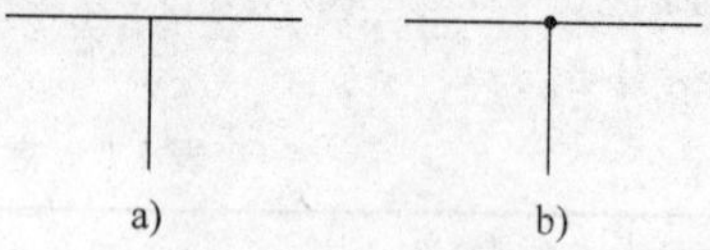

a)　　b)

图 1-11　导线连接形式

汽车都装有硅整流发电机和电压调节器，不同的是有的采用内装式，有的采用外装式，即使同一结构形式，不同的车型所采用的电路图形符号也有所不同。

图 1-12 为富康轿车内装调节器式硅整流发电机的图形符号，图 1-13 为夏利轿车内装调节器式硅整流发电机的图形符号（国家标准规定的符号）。

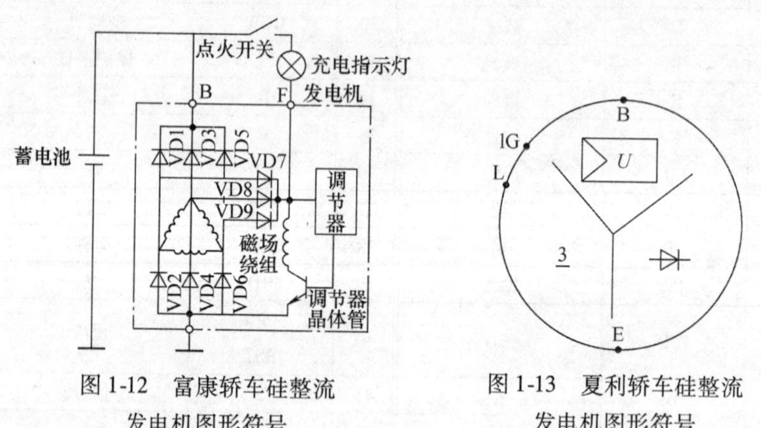

图 1-12　富康轿车硅整流发电机图形符号

图 1-13　夏利轿车硅整流发电机图形符号

通过上述示例可知，汽车电路图形符号目前还没有统一的标准，国家汽车制造企业大都采用电气技术行业标准，而合资汽车制造企业大都沿用国外的原标准，所以在识图过程中应不断地总结经验，找出不同的电路中采用的图形符号有哪些相同点和不同点，这样可以提高读图的速度和准确性。

【习题 1.3】

1. 汽车电气文字符号由哪几部分组成？分为哪两大类？

2. 图形符号分为哪几种?

【课堂互动】

大家一起讨论：在汽车维修企业中，汽车电气设备经常出现的问题和维修方法是什么?

1.4　汽车电气系统故障检修注意事项

【本节目标】

1. 了解汽车电气与电子系统故障诊断的一般程序和方法。
2. 了解常用检修方法。
3. 了解汽车电路故障诊断与检修注意事项。

【基本理论知识】

1. 汽车电气与电子系统故障诊断的一般程序和方法

第一步，验证车主(用户)所反应的情况，并注意通电后各种现象。动手拆检之前，尽量缩小故障产生的范围。

第二步，分析电路原理图，弄清电路的工作原理，对问题所在作出推断。

第三步，重点检查问题集中的线路或部件，验证第二步作出的推断。

第四步，根据以上推断情况进行检修。

第五步，验证电路是否恢复正常。

2. 常用检修方法

(1) 直观法　通过直观检查来发现明显的外部故障。如是否出现局部高温、冒烟、电火花、线路短接、插头松脱、元器件变形等异常情况，可以提高检修速度。

(2) 检查保险法　如某电器突然停止工作，应先查该支路上的保险装置是否断开，如保险装置断开，查明原因，检修后恢复保险装置。

(3) LED 试灯法　检查线束是否开路或短路，电器有无故障。

(4) 短路法　用一根导线将某段导线或电器短接后观察用电器的变化。

(5) 替换法　将被怀疑部件用已知完好的部件替换，验证怀疑是否正确。

(6) 模拟法　用于对各种传感器信号、指示机构工况的判断，使用此法必须熟悉汽车的电路参数。

(7) 电脑分析法　采用汽车电脑故障诊断仪调取故障码，或者分析数据流等进行故障诊断。这种方法广泛应用在汽车电脑控制机构的故障诊断过程中。

3. 汽车电路故障诊断与检修注意事项

1) 拆卸蓄电池时，总是最先拆下负极(-)电缆；装上蓄电池

【课堂互动】

时，总是最后连接负极（-）电缆。拆下或装上蓄电池电缆时，应确保点火开关或其他开关都已断开，否则会导致电子元器件的损坏。

2）不允许使用欧姆表及万用表的 $R_{\times 100}$ 以下低阻欧姆挡检测小功率晶体管，以免电流过载损坏它们。更换晶体管时，应首选接入基极，拆卸时，则应最后拆卸基极。对于金属氧化物半导体管（MOS），则应当心静电击穿，焊接时，应从电源上拔下烙铁插头。

3）拆卸和安装元件时，应切断电源。如无特殊说明，元件引脚距焊点应在10mm以上，以免烙铁烫坏元件，且宜使用相同恒温或功率小于75W的电烙铁。

4）更换烧坏的熔丝时，应使用相同规格的熔丝。使用比规定容量大的熔丝会导致电器损坏或产生火灾。

5）靠近振动部件（如发动机）的线束部分应用卡子固定，将松驰部分拉紧，以免由于振动造成线束与其他部件接触。

6）不要粗暴地对待电器，也不能随意乱扔。无论好坏器件，都应轻拿轻放。

7）与尖锐边缘磨碰的线束部分应用胶带缠起来，以免损坏。安装固定零件时，应确保线不要被夹住或被破坏。安装时，应确保接插头接插牢固。

8）进行保养时，若温度超过80℃（如进行焊接时），应先拆下对温度敏感的零件（如继电器和ECU）。

此外，现代汽车的许多电子电路，出于性能要求和技术保护等多种原因，往往采用不可拆卸的封装方式，如厚膜封装调节器、固封电子电路等，当电路故障可能涉及到它们内部时，则往往难以判断。在这种情况下，一般先从其外围逐一检查排除，最后确定它们是否损坏。有些进口汽车上的电子电路，虽然可以拆卸，但往往缺少同型号分离元件代替，这就涉及到用国产元件或其他进口元件替代的可行性问题，切忌盲目代用。

【习题1.4】

1. 简单说明电气系统故障诊断的一般程序？
2. 简要说明汽车电路故障诊断与检修注意事项？

模块2 蓄 电 池

【学习目标】

1. 了解蓄电池的功用与分类。
2. 了解蓄电池的基本构造与工作原理。
3. 掌握蓄电池的正确使用与维护方法。
4. 掌握蓄电池常见故障的排除方法。

【课堂互动】

讨论：对蓄电池的接线有何要求。

【基本理论知识】

汽车上装有蓄电池和发电机两个直流电源，这两个电源并联，全车的用电设备均为并联。

蓄电池是一种化学电源，靠其内部的化学反应来储存电能或向用电设备供电。目前燃油汽车上使用的蓄电池主要有两大类：铅酸蓄电池(以下简称铅蓄电池)和镍碱蓄电池。同时，由于人们对燃油汽车排放要求的提高和能源危机的冲击，各国正在不断探索和研制电动汽车，其主要的动力源为新型高能蓄电池。铅蓄电池由于结构简单、价格便宜、内阻小、可以短时间供给起动机强大的起动电流而被广泛采用。

2.1 普通铅酸蓄电池

【本节目标】

1. 掌握普通铅酸蓄电池的结构。
2. 了解普通铅酸蓄电池的功用与工作原理。

【基本理论知识】

2.1.1 功用

蓄电池是一种可逆的低压直流电源，它既能将化学能转换为电能，也能将电能转换为化学能。蓄电池是汽车上比较重要的电源。它有很多作用，如下所述。

1）发动机起动时，蓄电池向起动机和点火系统供电。

2）当发动机低速运转、发电机电压较低或不发电时，蓄电池向供电系统供电，同时向交流发电机交流磁场绕组供电。

注意：不要在发电机运行状态下断开蓄电池电源接线。

3）当发动机中高速运转、发电机正常供电时，将发电机剩余的

【课堂互动】

电能转化为化学能储藏起来。

4）当发电机过载时，蓄电池协助发电机向用电设备供电。

5）稳定系统电压、保护电子设备。因为蓄电池相当于一只大容量电容器，所以不仅能够保持汽车电路系统的稳定，而且还能吸收电路中的瞬时电压，防止电子设备击穿损坏。

在上述功用中，起动发动机是蓄电池最主要的功用。起动发动机时，蓄电池在 5 ~ 10s 内，要向起动机连续供给强大电流（汽油机 200 ~ 600A，柴油机 800 ~ 1000A）。因此，对蓄电池的要求是：容量大、内阻小、有足够的起动能力。如果蓄电池容量不足或内阻过大，就不能供给强大的电流，发动机就不能起动。汽车用蓄电池是起动用蓄电池，而不是储存用蓄电池。不仅容量充足，其显著特点是瞬间能提供大电流放电起动发电机。

2.1.2 蓄电池的结构

蓄电池主要由极板、隔板、电解液和外壳组成，其基本结构如图 2-1 所示。

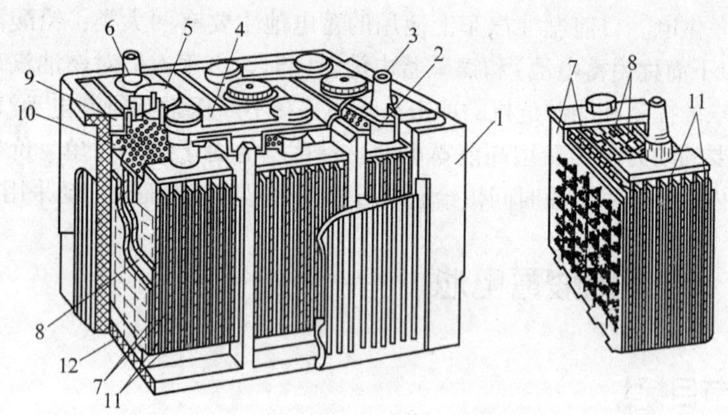

图 2-1 蓄电池的结构

1—蓄电池外壳 2—极桩衬套 3—正极柱 4—联条 5—加液孔盖 6—负极柱 7—负极板 8—隔板 9—封料 10—护板 11—正极板 12—肋条

蓄电池由 3 只或 6 只单格电池串联而成，每只单格电池电压约为 2V，串联成 6V 或 12V 以供汽车选用。

提示：正极活性物质脱落和板栅腐蚀是影响蓄电池使用寿命的主要原因。

1. 极板与极板组

（1）功用 极板是蓄电池的核心部分，在蓄电池充电与放电过程中，电能与化学能的相互转换依靠极板上活性物质和电解液中硫酸的化学反应来实现。

（2）组成 极板分为正极板和负极板，均由栅架和活性物质组成。

提示：一般负极板栅厚度为正极板栅的厚度的 70%~80%。

1）栅架。栅架的作用是固结活性物质。栅架一般由铅锑合金浇铸而成，具有良好的导电性、耐蚀性和一定的机械强度。但是，锑会加速氢的析出而加速电解液的消耗，还会引起蓄电池自放电和栅架腐烂，缩短蓄电池使用寿命。目前，多采用铅-低锑合金栅架或铅-钙-锡合金栅架。栅架的结构如图 2-2 所示。为降低蓄电池内阻，改善起动性能，现代汽车蓄电池采用了放射形栅架，如图 2-3 所示。

【课堂互动】

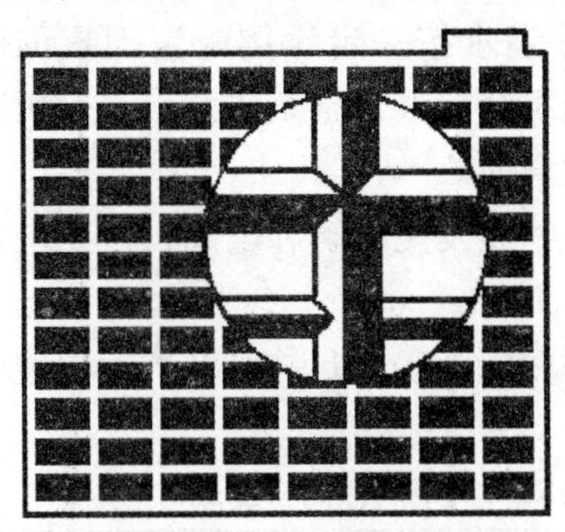
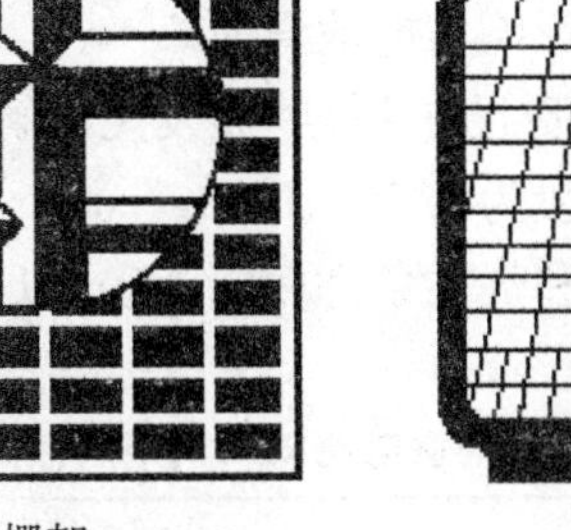

图 2-2　栅架

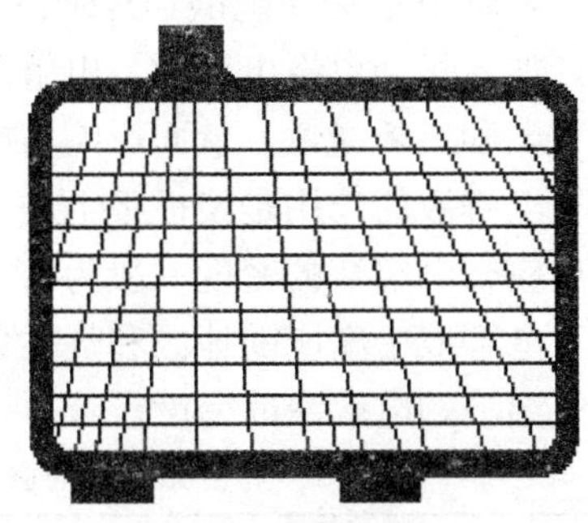

图 2-3　放射形栅架

2）活性物质。正极板上的活性物质为二氧化铅（PbO_2），深棕色；负极板上的活性物质为海绵状纯铅（Pb），深灰色。将活性物质调成糊状，填充在栅架的空隙里，进行干燥即形成极板。

在充足电的状态下，正极板呈棕色，负极板呈深灰色。

将正、负极板各一片浸入电解液中，可获得大约 2V 左右的电动势。为了增大蓄电池的容量，常将多片正、负极板分别并联，组成正、负极板组，如图 2-4 所示。

专家点睛：

正极板活性物质较疏松，机械强度低，所以把正极板都夹在负极板中间，保证了正极板工作时活性物质不易脱落。

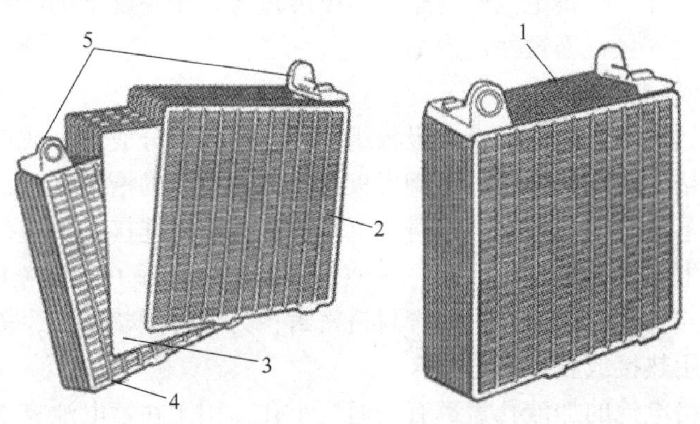

图 2-4　正负极板组

1—极板组总成　2—负极板　3—隔板　4—正极板　5—极板联条

在每个单格电池中，正极板的片数要比负极板少一片，这样，每片正极板都处于两片负极板之间，可以使正极板两侧放电均匀，避免因放电不均匀造成极板拱曲。

2. 隔板

（1）功用　在正负极板间起绝缘作用，使蓄电池结构紧凑。

（2）特征

1）隔板有许多微孔，可使电解液畅通无阻。

2）隔板一面平整，一面有沟槽，沟槽面对着正极板，且与底部

【课堂互动】

特别提醒：

电解液的纯度是影响蓄电池性能和使用寿命的重要因素。一般工业用硫酸和普通水中含有铁、铜等有害杂质，绝对不能加入到蓄电池中去，否则容易自行放电，并且容易损坏极板。

垂直，使充放电时，电解液能通过沟槽及时供给正极板，当正极板上的活性物质 PbO_2 脱落时，能迅速通过沟槽沉入容器底部。

3. 电解液

电解液是由纯硫酸（H_2SO_4）与蒸馏水按一定比例配置而成的液体，加入每个单格电池中。电解液应符合标准，含杂质过多，会引起自放电和极板溃烂，从而影响蓄电池寿命。

电解液的作用是使极板上的活性物质发生溶解和电离，产生电化学反应。电解液的密度一般为 1.24～1.30g/cm^3。

电解液密度应随地区和气候条件而定，表 2-1 中列出了不同地区和气温下的电解液的密度。

表 2-1　完全充足电的蓄电池 25℃时电解液的密度表

气候条件	电解液的密度/(g/cm^3)	
	冬季	夏季
冬季温度≤－40℃地区	1.30	1.26
冬季温度≥－40℃地区	1.28	1.25
冬季温度≥－30℃地区	1.27	1.24
冬季温度≥－20℃地区	1.26	1.23
冬季温度≥0℃地区	1.24	1.23

电解液的密度对蓄电池的工作有重要影响：密度大，可减少结冰的危险，并提高蓄电池的容量；但密度过大，则黏度增加，反而降低蓄电池的容量，缩短使用寿命。

4. 壳体及其他

壳体用于盛放电解液和极板组，壳内用间壁分成 3 个或 6 个互不相通单格，底部的突棱用以搁置极板组，突棱间的槽则可积存从极板上脱落下来的活性物质，以避免沉积的活性物质连接正负极板而造成短路。上面的盖有两种形式，一种是分体式，即每一个单格上有一小盖，盖与壳体间的缝隙用沥青封料密封；另一种是整体式，盖与壳体之间采用热接或胶接工艺粘合。

单格电池的加液孔盖都有一通气小孔，用于在蓄电池充电时，及时排出因电解水而产生的氢气和氧气，以防止气体集聚而使其内部压力升高，造成涨破容器甚至产生爆炸事故。铅制的联条，用于把容器各单格中的极板组串联起来。传统的单格电池连接方式是联条露在蓄电池盖表面。这种联接方式由于联条较长、耗材较多、电阻也较大，而逐渐被穿壁式联接方式所取代。蓄电池单格

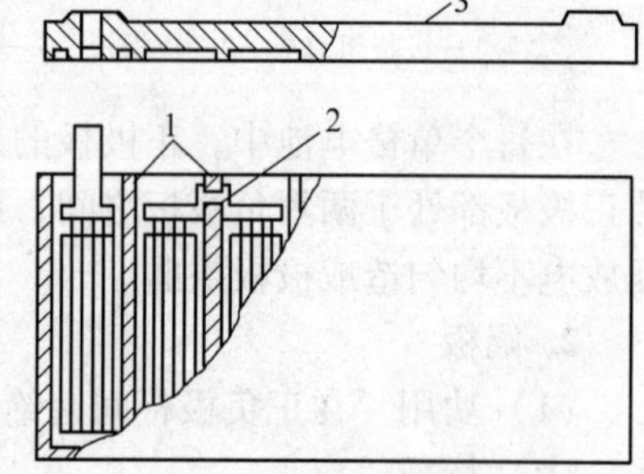

图 2-5　整体式蓄电池盖示意图

1—容器间壁　2—穿壁式联条　3—蓄电池盖

电池之间均用铅质联条串联，如图 2-5 所示。

蓄电池各单格电池串联后，两端单格的正负极桩分别穿出蓄电池盖，形成蓄电池极桩。正极桩标“+”号或涂红色，负极桩标“-”号或涂蓝色、绿色等。

【课堂互动】

2.1.3 蓄电池的工作原理

蓄电池的充电和放电过程是一种可逆的化学反应，充电过程是将电能转换为化学能储存在蓄电池中，放电过程是将化学能转变为电能供给汽车用电设备。

专家点睛：

从理论上来说，蓄电池的这种充放电过程将进行到极板上的所有活性物质全部转变，但实际上不可能达到这种情况，因为电解液不能完全渗透到极板活性物质最内层中去。

蓄电池的化学反应方程式为

$$\underset{\text{正极板}}{PbO_2} + \underset{\text{电解液}}{2H_2SO_4} + \underset{\text{负极板}}{Pb} \underset{\text{充电}}{\overset{\text{放电}}{\rightleftharpoons}} \underset{\text{正极板}}{PbSO_4} + \underset{\text{电解液}}{2H_2O} + \underset{\text{负极板}}{PbSO_4}$$

1. 蓄电池的充电过程

将电能转换成蓄电池化学能的过程称为充电过程，它是放电反应的逆过程。蓄电池的充电过程如图 2-6 所示。

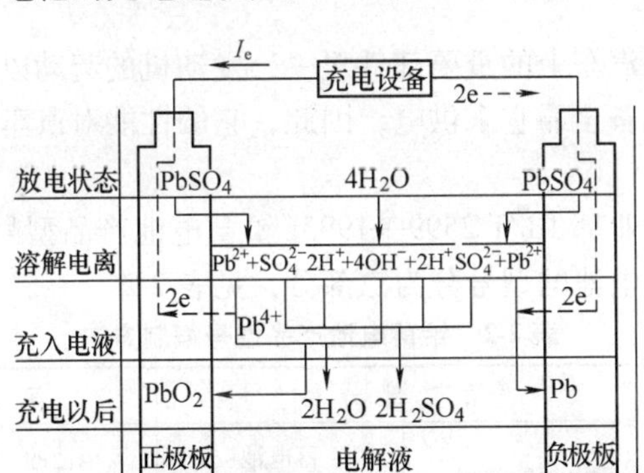

图 2-6 蓄电池充电过程示意图

正极板：$Pb^{2+} - 2e \rightarrow Pb^{4+}$

$$Pb^{4+} + 4OH^- \longrightarrow Pb(OH)_4 \longrightarrow PbO_2 + 2H_2O$$

负极板：$Pb^{2+} + 2e \longrightarrow Pb$

电解液：$2H^+ + SO_4^{2-} \longrightarrow H_2SO_4$

注意：

在充电过程中，消耗了水，生成了硫酸，电解液的密度不断上升。

2. 蓄电池的放电过程

将蓄电池的化学能转换成电能的过程称为放电过程。在起动发动机工作时，蓄电池要在瞬间为起动机提供强大的电流。蓄电池的放电过程如图 2-7 所示。

专家点睛：

放电过程中，消耗了硫酸，生成了水，电解液的密度不断下降，所以，可通过电解液密度判断放电程度。

正极板：$Pb^{4+} + 2e \longrightarrow Pb^{2+}$　　$Pb^{+2} + SO_4^{-2} \longrightarrow PbSO_4$

负极板：$Pb - 2e \longrightarrow Pb^{2+}$　　$Pb^{+2} + SO_4^{-2} \longrightarrow PbSO_4$

电解液：$H^+ + OH^- \longrightarrow H_2O$

【课堂互动】 蓄电池放电特征为

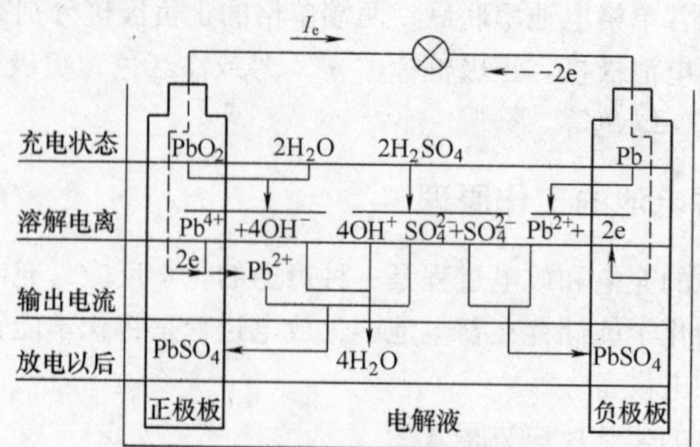

图 2-7 蓄电池的放电过程示意图

1）活性物质 PbO_2 和 Pb 均逐渐变为 $PbSO_4$。

2）放电过程中，电解液密度下降。

3）蓄电池内阻逐渐增大。

2.1.4 蓄电池的型号

蓄电池是汽车上的重要部件之一，发动机的起动以及停车后车上所有的用电设备全靠它来供电，因此，它的性能对汽车性能有着至关重要的影响。

按机械工业部 JB/T 2599—1993《铅蓄电池产品型号编制方法》标准规定，铅蓄电池的型号分为三部分，见表 2-2。

表 2-2 铅蓄电池产品型号编制方法

第一部分	第二部分		第三部分	
串联的单格电池数	蓄电池的类型	蓄电池的特征	蓄电池的额定容量	蓄电池的特殊性能
用阿拉伯数字表示	用大写的汉语拼音字母表示 如：Q——起动用铅蓄电池；N——内燃机车用蓄电池；M——摩托车用蓄电池	用大写的汉语拼音字母表示 如:A——干荷电铅蓄电池；H——湿荷电铅蓄电池；W——免维护铅蓄电池；B——薄型极板；无字母——普通铅蓄电池	20h 放电率的额定容量，单位为 A · h，单位略去不写	用大写的汉语拼音字母表示 如：G——高起动率；D——低温性能好；S——塑料槽蓄电池

例如，型号为 6-QA-60 蓄电池，代表额定电压 12V、额定容量 60A · h 的起动型干荷电铅蓄电池。

【习题 2.1】

1. 简述蓄电池的结构组成。

2. 简述蓄电池的充放电过程。

3. 区分普通铅蓄电池的型号。

【课堂互动】

2.2 蓄电池的正确使用与维护

【本节目标】

1. 会区别与选用车用蓄电池的类型。
2. 会给蓄电池补充充电、初充电。
3. 会正确使用与维护蓄电池。

知识拓展：

目前市场上，蓄电池产品种类以国产品牌居多，主要品牌有上海瓦尔塔(VARTA)汽车免维护蓄电池，一般进口高档车均适用，内装比重计能迅速检查充电情况；天津统一牌蓄电池；风帆蓄电池，都是比较好的产品。

【基本理论知识】

蓄电池的充电是保养工作中的重点，前期的维护与充电的方法是做好蓄电池充电的基础。

2.2.1 类型与选用

蓄电池的种类很多，按电解液可分为酸性蓄电池和碱性蓄电池。按电极材料可分为铅蓄电池、铁镍蓄电池和镉镍蓄电池等。目前，汽车上多使用铅酸蓄电池，其电极的主要成分是铅，电解液是稀硫酸溶液。

起动用铅酸蓄电池又可分为：普通型、干荷电型(A)、湿荷电型(H)和免维护型(MF)。对于蓄电池的选用，遵循下列原则：

1）蓄电池的额定电压必须和汽车电气系统的额定电压一致。

2）蓄电池的容量必须满足汽车起动的要求。

2.2.2 充电方法与类型

蓄电池是直流电源，必须用直流电源对其进行充电。充电时，充电电源的正极接蓄电池的正极，充电电源的负极接蓄电池的负极。

汽车上的充电设备是由发动机驱动的交流发电机。充电机多采用硅整流充电机、晶闸管整流充电机和智能充电机等。

出现下列情况之一时，就应进行充电：

1）电解液比重降至1.2以下；

2）冬季放电超过额定容量的25%，夏季放电超过额定容量的50%；

3）灯光暗淡，起动无力；

4）长时间未使用车辆；

5）充电系统有故障，蓄电池负载电压低于10V，空载电压低于12.4V，就必须补充充电，汽车上蓄电池的电压正常为13.8～14.4V左右。补充充电需要使用充电机，外形如图2-8所示，使用方法如下所述。

1. 恒流充电

【课堂互动】

恒流充电指充电电流保持恒定的充电方法。广泛用于初充电、补充充电和去硫化充电等。恒流充电的接线方法，如图 2-9 所示。充电特性曲线，如图 2-10 所示。

图 2-8 充电机外形图

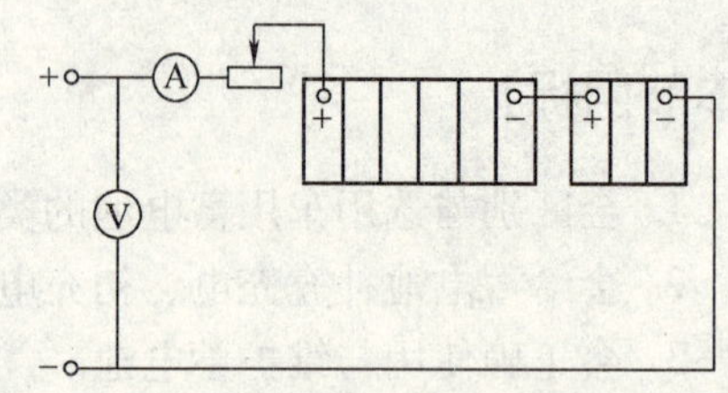

图 2-9 恒流充电的接线图

为缩短充电时间，充电过程通常分为两个阶段。第一阶段采用较大的充电电流，使蓄电池的容量得到迅速恢复。当蓄电池电量基本充足，单格电池电压达到2.4V，电解水开始产生气泡时，转入第二阶段，将充电电流减小一半，直到电解液密度和蓄电池端电压达到最大值且在 2～3h 内不再上升，蓄电池内部剧烈冒出气泡时为止。

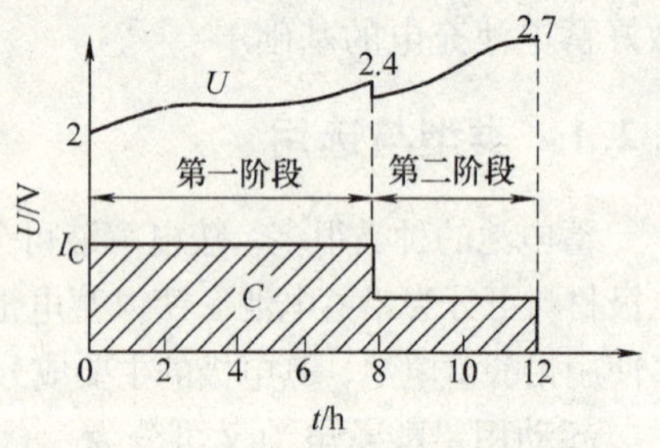

图 2-10 充电特性曲线图

恒流充电的适应性强，可任意选择和调整充电电流的大小，有利于保持蓄电池的技术性能和延长使用寿命，其缺点是充电时间长，要经常调节充电电流。

2. 恒压充电

恒压充电是指充电过程中，充电电源电压保持恒定的充电方法。恒压充电的接线方法，如图 2-11 所示。恒压充电特性曲线，如图 2-12所示。

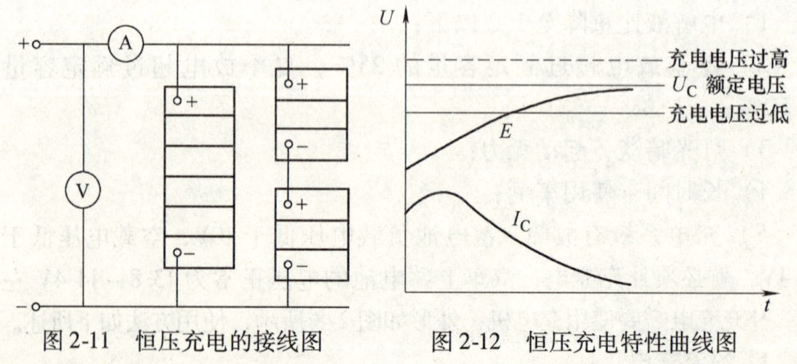

图 2-11 恒压充电的接线图　　图 2-12 恒压充电特性曲线图

若充电电压过高，将导致过充电；充电电压过低，将导致充电不足。一般单格电池充电电压选为2.5V。

在恒压充电初期，充电电流较大，4～5h内即可达到额定容量的90%～95%，因而充电时间较短，而且不需要照管和调整充电电流，适用于补充充电。由于充电电流不可调节，所以不适用于初充电和去硫化充电。

【课堂互动】

特别提示：

蓄电池采用快速脉冲充电时，必须脱开正、负电缆线。

3. 脉冲快速充电

脉冲快速充电必须用脉冲快速充电机进行，其充电电流波形，如图2-13所示。

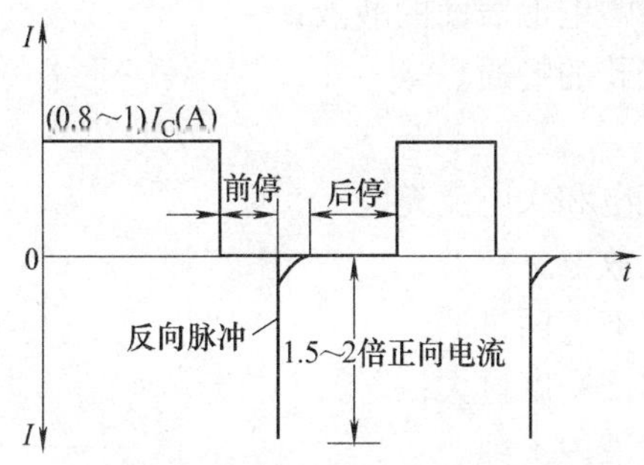

图2-13 脉冲快速充电电流波形

脉冲快速充电的优点是充电时间可大大缩短(新蓄电池充电仅需5h,补充充电需1h)。缺点是对蓄电池的寿命有一定的影响，并且脉冲快速充电机结构复杂，价格昂贵，适用于电池集中、充电频繁、要求应急的场合。

提醒：

快速充电可以节省时间，只需要3～5h。然而，快速充电只是迅速把电池表面激活，而实际上电池内部是没有完全充满电的。

充电是个比较简单的操作，但要注意以下事项：

1）向铅酸蓄电池充电时，要穿上保护衣；蓄电池附近不能有火花，禁止抽烟。

2）将充电器的正极线接在蓄电池的正极柱上，将负极线接在蓄电池的负极柱上，不允许接反。

3）打开充电器时，先设置到最低电流，然后逐渐提高电流，直至蓄电池开始接受电流；如果是一个深度放电后的蓄电池或是低温下的蓄电池，这一过程可能需要好几分钟。

4）如果蓄电池排气口排出酸雾，或蓄电池温度超过了52℃，充电即需立刻停止，这些现象表明该蓄电池已损坏，需要更换；当电流降至1A以下时或充电超过24h后，表示充电完成，可以停止充电。

2.2.3 正确使用与维护

1. 三抓

（1）抓正确及时地补充充电

1）放完电的蓄电池24h之内送至充电室；

【课堂互动】

注意：

拆卸时，若发现蓄电池接线柱螺栓锈蚀难以取出，切莫用锤子或钳敲打，以免造成极桩断裂、极板活性物质脱落。可用热水冲洗后，拧开螺栓，再用夹头拉力器将电池夹头取下。拆装、移动蓄电池时，应轻搬轻放，严禁在地上拖拽。

2）蓄电池应定期进行补充充电，冬季不超过25%，夏季不超过50%；

3）带电解液存放的蓄电池应定期进行补充充电。

（2）抓正确使用操作

1）每次起动时间不超过5s，起动间隔时间15s，最多连续起动3次；

2）车上蓄电池应固定牢靠，安装搬运时应轻搬轻放。

（3）抓清洁保养

1）保持蓄电池表面清洁；

2）及时清除蓄电池表面的酸液；

3）保护通气孔的畅通。

2. 五防

1）防止过充电和大电流充电；

2）防止过度放电；

3）防止电解液液面过低；

4）防止电解液密度过大；

5）防止电解液内不纯。

3. 蓄电池的就车拆装

1）从汽车上拆卸蓄电池时，应先拆搭铁电缆，然后拆正极上的电缆。

2）往车上装蓄电池时，应认清正、负极搭铁，并应先接正极上的电缆，再接搭铁电缆。蓄电池型号也应与车型相符，电解液密度和高度应符合规定。

3）安装接头时，应先清洁接线柱，在极桩上涂上凡士林或润滑脂，以防腐防锈。极桩卡子与极桩要接触良好。

4）维修带故障自诊断功能的电脑系统，在拆蓄电池电缆前，应先确认故障码，或在点烟器上插上专用辅助电源，并将点火开关的“ACC”挡接通。

【习题2.2】

1. 如何对蓄电池进行快速充电。
2. 简述蓄电池的正确使用与维护。

2.3 蓄电池的常见故障及排除方法

【本节目标】

1. 会检查蓄电池的技术状况。
2. 会判断与排除蓄电池的常见故障。

【基本理论知识】

【课堂互动】

2.3.1 蓄电池技术状况的检查

1. 外部检查

1）检查蓄电池封胶有无开裂和损坏，极桩有无破损，壳体有无泄露，否则应修理或者更换。

2）疏通加液孔盖的通气孔。

3）清洁蓄电池外壳，并用钢丝刷或极柱接头清洗器清洁极桩和电缆卡子上的氧化物，清洁后涂抹一层凡士林或润滑脂。

专家提醒：

测量蓄电池电解液密度时，蓄电池应处于稳定状态。蓄电池充、放电或加注蒸馏水后，应静置半小时后再测量。

2. 检查电解液密度

电解液密度的大小，是判断蓄电池容量的重要标志。

（1）用吸入式密度计测量电解液密度　用吸入式密度计测量电解液密度，方法如图2-14所示。

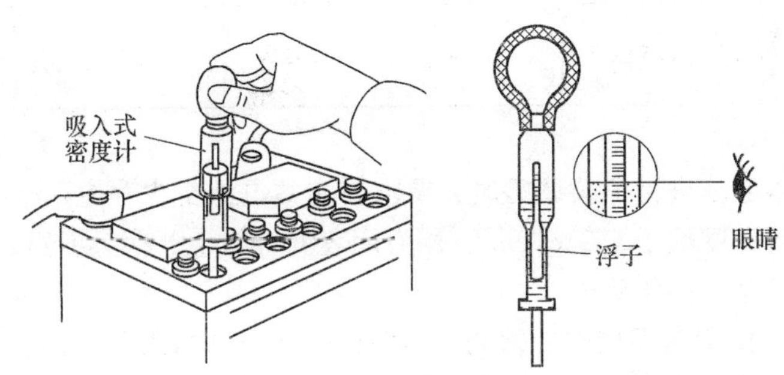

图2-14　电解液密度的测量

测得的密度值应用标准温度（+25℃）予以校正（同时测量电解液温度）。不同温度条件下，电解液密度修正值见表2-3。

表2-3　不同温度条件下的电解液密度修正值

电解液温度/℃	40	35	30	25	20	15	10	5	0	-5	-10
密度修正值/（g/cm³）	0.0113	0.0075	0.0037	0	0.0037	0.0075	0.0113	0.0150	-0.0188	-0.0255	-0.0263

通过对各个单格电池电解液密度的测量，可以确定蓄电池是否失效。如果单格电池之间的密度相差0.05g/cm^3，则该电池失效。

（2）放电程度的判断　电解液密度与放电程度的关系是：密度

【课堂互动】

每下降0.01g/cm³，相当于蓄电池放电6%，当判定蓄电池在夏季放电超过50%，冬季放电超过25%时不宜再继续使用，应及时进行补充充电，否则会使蓄电池早期损坏。

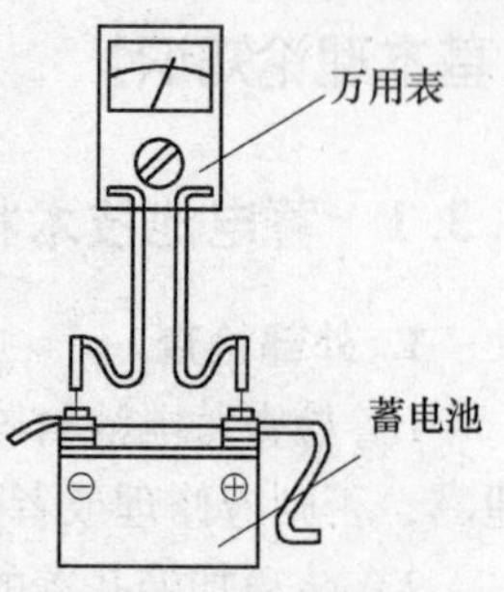

图2-15 用万用表测量蓄电池电压的示意图

测量蓄电池开路电压时，蓄电池应处于稳定状态，蓄电池充、放电或加注蒸馏水后，应静置半小时后再测量。蓄电池开路电压可用万用表的电压挡测量，将万用表的正、负表笔分别与蓄电池的正、负极相接即可，如图2-15所示。

蓄电池端电压可以反应蓄电池的存电程度，它们之间的关系见表2-4。

表2-4 蓄电池端电压反映其存电程度的关系参考表

存电状态(%)	100	75	50	25	0
蓄电池电压/V	12.6以上	12.4	12.2	12	11.9以下

对蓄电池进行负荷试验时，要求被测蓄电池至少存电75%以上，若电解液密度低于1.22g/cm³，用万用表测得静止电动势不到12.4V，应先充足电，再作测试。

（3）使用高率放电计检测 高率放电计的结构如图2-16所示。

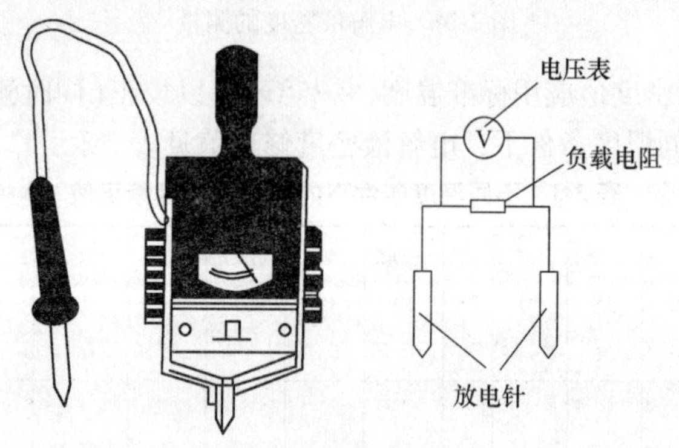

图2-16 高率放电计的结构

提醒：

不同厂牌的放电计，负荷电阻不同，放电电流和电压表读数也就不同，使用时应参照原厂说明书中有关规定。

高率放电计是模拟起动机工作状态，检测蓄电池容量的仪表。它由一只电压表和一个负载电阻组成。由于在检测时，蓄电池对负载电阻的放电电流可达100A以上，所以能比较准确判定蓄电池的容量和基本性能，是目前普遍使用的检测仪表。

以12V蓄电池为例，使用方法如下所述：将高率放电计的正、负放电针分别压在蓄电池的正、负极柱上，保持3~5s。若电压保持在9.6V以上，说明蓄电池性能良好，但存电不足；若电压稳定在

【课堂互动】

10.6～11.6V，说明存电较足；若电压迅速下降，说明蓄电池有故障。

注意：此项测量不能连续进行，必须间隔1min后才可以再次检测，以防止蓄电池损坏。

3. 检查电解液液面高度

正常的电解液液面高度，应高出极板在10～15mm之间。液面过低时，应加入蒸馏水补充。

图2-17 蓄电池电解液液面高度的检查

（1）直观检查 电解液液面应在蓄电池外壳上、下液面线（或min～max）之间，如图2-17所示。

（2）用玻璃管测量 如图2-18所示，工具是内径为3～5mm的玻璃管。

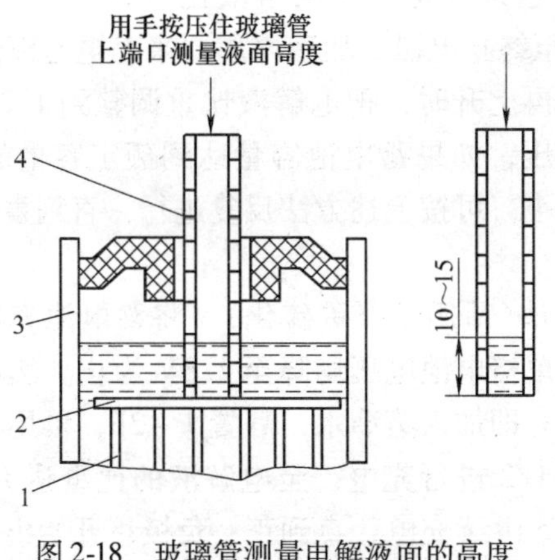

图2-18 玻璃管测量电解液面的高度
1—极板 2—极板防护片
3—容器壁 4—玻璃管

当液面过低时，应在发电机充电状态下加注蒸馏水，以恢复正确的液面高度。除非确知电解液溅出，否则不许添加硫酸溶液。

2.3.2 蓄电池的常见故障及排除方法

1. 极板硫化

注意：
蓄电池的故障，很多情况下是由于维护和使用不当而造成的。

蓄电池极板上产生一层导电不良、白色的粗晶粒硫酸铅，正常充电时，不能完全使其转化为铅和二氧化铅，这种现象称为“硫酸铅硬化”简称“硫化”。

粗晶粒硫酸铅堵塞了极板孔隙，使电解液渗入困难并增加了内阻，因而蓄电池容量降低。起动时不能供给足够的电源，发动机不能起动。

【课堂互动】

故障现象：蓄电池容量和起动性能明显下降；充电时电压、温度均上升快，电解液过早地出现“沸腾”现象。

故障原因：蓄电池长时间处于亏电状态；电解液液面过低；深度放电(即小电流的长时间过放电)；电解液密度过高、不纯、外部温度变化剧烈等。

处理措施：极板硫化不严重时，可以用去硫化充电法消除硫化，严重硫化只能报废。

极板硫化排除方法有以下几项：

(1) 过充电法(适用于轻微硫化)　用初次充电的第二阶段充电电流连续地进行过量充电。当电解液产生大量的气泡，比重达 1.28 左右，即可使用。最好将有硫化的个别电池单独进行过充电，使其消除硫化。

(2) 小电流过充电法(适用于较重硫化)　将蓄电池以 10h 放电率放电至终止电压，倒掉电解液，加入蒸馏水，用初次充电的第二阶段充电电流进行连续充电，待电解液比重升至 1.15 左右时，再按 10h 放电率放电至终止电压。然后再用原来充电电流进行过充电，直到电解液比重不再上升时，把电解液比重调整到 1.28 并用 10h 放电率放电至终止电压，如果蓄电池容量达到额定容量的 80%，即可使用。若容量还很小，可按上述方法反复进行，直到蓄电池性能恢复正常为止。

(3) 水处理法(适用于严重硫化)　将蓄电池充电后，以 10h 时放电率放电，到单格电池电压均降至 1.8V 为止。然后将电解液从蓄电池内倒出，并立即加入蒸馏水，静置 1 ~ 2h，再用补充充电第二阶段充电电流值的 1/2 进行充电，至电解液的比重达 1.12 以后，再将充电电流减少 1/5 继续充电，直到正、负极板开始出现大量气泡，电解液比重不再上升，即可停止充电。然后再用 10h 放电率的 1/5 放电电流放电 1.5 ~ 2h。要重复数次，直到所有极板恢复正常，即可使用。

2. 自放电

在未接通外电路时，蓄电池的电能自行消耗即称之为自放电。自放电不可避免(每昼夜蓄电池自放电量不大于 2% C_{20} 为正常)。

提示：

要减少自行放电，电解液必须力求纯净，使用中应经常保持蓄电池盖清洁，以免短路。

故障现象：充足电的蓄电池停放几天或几小时后就呈现存电不足；充电时端电压和电解液密度上升缓慢。

自行放电原因：

1) 极板材料或电解液中有杂质，这些杂质与极板或不同杂质间就会产生电位差，形成闭合的“局部电池”而产生电流，使蓄电池放电；

2) 隔板破裂，造成局部短路；

3) 蓄电池盖上有电解液或水，使正、负极间形成通路而放电；

【课堂互动】

4）活性物质脱落，使极板短路造成放电；

5）蓄电池长期存放，电解液中硫酸下沉，使上部比重小，下部比重大，引起自行放电。

处理措施：清洁蓄电池盖表面，并对已亏电的蓄电池进行补充充电；加注纯电解液至规定液面高度。

3. 活性物质早期脱落

活性物质早期脱落，是指因使用不当而造成正极板上的活性物质大量脱落，这是蓄电池早期损坏的主要原因之一。

故障现象：充电时电解液成为混浊褐色溶液、充电电压上升快、电解液过早出现“沸腾”现象；放电时电压下降过快，容量明显不足。

故障原因：充电电流过大或长时间过充电；蓄电池极板组因安装不当而松旷或在车上安装不牢固，使极板组颠簸振动，造成活性物质脱落等。

处理措施：规范充电电流；少量活性物质脱落，可用蒸馏水冲洗后重新加注电解液并充足电，大量活性物质脱落，应更换极板组。

4. 单格短路

故障现象：突然失去起动能力；起动时，短路单格有电解液喷出。

故障原因：单格短路后，使蓄电池电阻增加，电压降低，不能供出强大的电流，同时在短路处产生高温使电解液急剧受热而喷出。

故障常见原因：①活性物质脱落。②使用的电解液有杂质。

检查方法可用一根细导线使各格的正、负极打火，无火花或火花较弱的单格，即为短路。当确认后，急救办法可用粗线，将短路单格的正、负极桩短接。但这种方法只能在夏季使用，冬季需要较大的起动电流，此法不能起动，需送修。

【习题 2.3】

1. 简述蓄电池自放电的故障现象与故障原因。
2. 简述极板硫化的排除方法。

2.4 新型蓄电池及其特点

【本节目标】

1. 了解各类新型蓄电池的特点与应用。
2. 会正确使用与维护免维护蓄电池。

知识拓展：

汽车常用的蓄电池有免维护蓄电池和干荷电式蓄电池，还有一些新型电池，如空气电池、锂电池、燃料电池、钠硫电池等。这些新型电池在不久的将来会大量应用到汽车中，甚至成为电动汽车的主要能源。

【课堂互动】

【基本理论知识】

普通的铅酸蓄电池也称之为干荷电蓄电池，此种蓄电池起用时，需用电解液，再经初充电后才能使用。改进型铅酸蓄电池是通过结构、工艺和材料等方面的改善，使其使用性能、维护性能等均有所提高。因此，近年来得到广泛的应用。

2.4.1 干荷电蓄电池

专家提醒：

购买蓄电池时需仔细，一旦用了不合格蓄电池，对普通车来说可能要造成起动困难，对进口高档车来说会因蓄电池质量不合格，电压过低，使车辆发生自锁，自身防盗系统失灵，电脑故障记忆丢失等。

在极板组干燥状态下，可较长时间保持在制造过程中所得电荷的蓄电池称之为干荷电蓄电池，如图 2-19 所示。

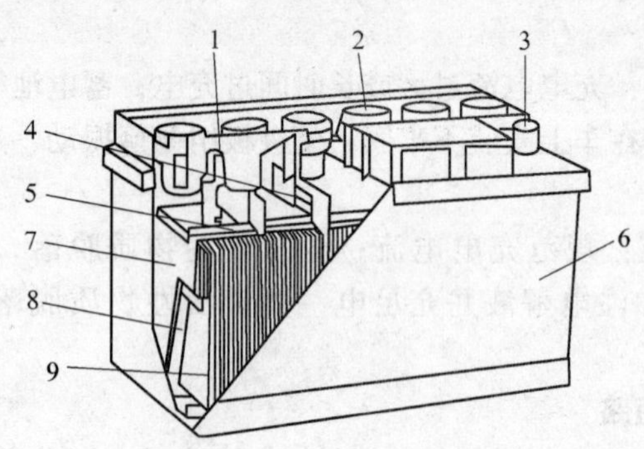

图 2-19 干荷电蓄电池结构

1—负极柱 2—加液孔盖 3—正极柱 4—穿壁连接
5—联条 6—外壳 7—负极板 8—隔板 9—正极板

干荷电蓄电池主要是对负极板采取了能提高活性物质化学稳定性的工艺措施，从而提高了极板的荷电性。干荷电蓄电池的优点是存放期长，可长达两年。在存放期内起用，只要注入规定密度的电解液至适当的高度，静置 20 ~ 30min 即可使用，无需初充电，因此方便了用户应急使用。对于存放期超过两年的干荷电蓄电池，因极板会有部分氧化，使用前应以补充电电流充电 5 ~ 10h。

干荷电蓄电池的使用注意事项如下所述：

1）在要灌入电解液时，才能揭掉液孔塞通气孔处的封闭物。

2）将密度为(1.280 ±0.005)g/cm^3(25℃)的电解液灌入蓄电池，30min 后即可使用。

3）注入电解液时，液面高度应达到注液口处液面指示的高度，对无液面指示的蓄电池液面应超过隔板 15 ~ 20mm。

4）在正常条件下，每只蓄电池只需调整一次电解液密度和液面高度。

5）对免维护型蓄电池，要求其充电电压不得超过 14.4V。

6）已灌入电解液的蓄电池，如搁置不用，则每 3 个月需进行一次再充电，以使蓄电池处于全充电状态。

7）蓄电池应避免过充电，若发生过充电，蓄电池电解液温度就会升高。

【课堂互动】

2.4.2 湿荷电蓄电池

存放期极板呈湿润状态而保持其荷电性的蓄电池称之为湿荷电蓄电池。湿荷电蓄电池较之干荷电蓄电池其工艺过程稍有些不同，存放保持荷电的时间也要短一些。湿荷电蓄电池在存放期(约6个月)内，加注标准密度的电解液至规定的高度即可使用，首次放电量可达到额定容量的80%。存放期在一年左右的湿荷电蓄电池加注电解液后立即放电，可放出额定容量的50%。湿荷电蓄电池使用前对其进行补充充电，就可以达到额定的容量。湿荷电蓄电池适宜于无需长期存放的场合。

2.4.3 胶体蓄电池

电解液呈胶体状的蓄电池称之为胶体蓄电池。胶体蓄电池的电解液中渗入了硅酸溶胶，使得电解液呈胶体状。其优点是：电解液不会溅出，在使用、维护、保管和运输过程中设备和人可免受被腐蚀的危险；使用中只需加蒸馏水，无需调整密度。缺点是：胶体电解质的电阻较大，使蓄电池的内阻增大、容量降低；由于电解质的极板不可能很均合，使极板各部分有差异而形成电位差，因此自放电较大。

2.4.4 免维护蓄电池

所谓免维护蓄电池，是指在规定的使用条件下，使用期间不需要进行维护的蓄电池。对于车用铅蓄电池来讲，也就是使用期间，不需经常添加蒸馏水的蓄电池。

提示：

使用免维护蓄电池，短途车可行驶80000km，长途货车可行驶400000～480000km而不需进行维护，可用3.5～4年不必加蒸馏水。

免维护蓄电池的突出优点是：在汽车合理使用过程中无需添加蒸馏水，蓄电池自放电小，仅为普通铅酸蓄电池的1/6～1/8，在使用期内一般无需进行补充充电；极桩腐蚀小或无腐蚀，使用寿命长，内阻小，起动性能好。对于全封闭式免维护蓄电池，由于无加液孔，不能用常规的方法来检查。

1. 免维护蓄电池的结构特点

普通型和免维护蓄电池最大的区别是普通铅酸蓄电池的顶部有一组加水口，有的厂商用一个精致的塑料盖把加水口挡住。胶体蓄电池的顶部有一个观察孔，孔内的颜色表示蓄电池的状态。

为了提高铅蓄电池的使用寿命，改善其使用性能，免维护蓄电池的正极板栅架一般采用铅钙合金或低锑合金制造，而负极板栅架均用铅钙合金制造。为减小极板短路和活性物质脱落，其隔板大多采用超细玻璃纤维棉制作，或将其正极板装在袋式隔板内。

为了防止氧气、氢气垂直上溢，减小水分损失和活性物质脱落，

【课堂互动】

极板组多采用紧装结构。为了缩短联条的长度，减小内阻，提高蓄电池起动性能，各单格极板组之间采用穿壁式接法，露在密封式壳体外面的只有正、负极桩。

为了更有效地避免水分损失，在壳体上部通气孔设有安全装置——收集水蒸气和硫酸蒸气的集气室，待这些蒸气冷却后变成液体重新流回电解液内。通气孔中装有催化剂，可使氢气与氧气合成为水蒸气，冷却后再返回电解液内。

为了便于检查电解液密度，了解存电情况，在其内部设有温度补偿式密度计。密度计的指示器，可用不同颜色指示蓄电池的存电情况和电解液液面高低。电解液密度正常时，指示器显示绿色，表示蓄电池电充足；指示器显示深绿色，表示电解液密度低于标准值，应进行补充充电；指示器显示黄色，表示电解液液面过低，需添加蒸馏水。如图 2-20 所示，具体状况有以下几种。

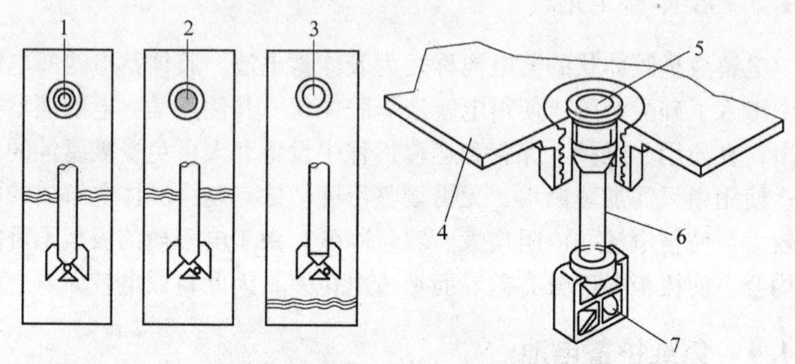

图 2-20 充电状态指示器

1—绿色 2—黑色 3—浅黄色 4—蓄电池盖
5—观察窗 6—光学的荷电状况指示器 7—绿色小球

绿色：表示蓄电池状况良好，充电程度为 65% 或更高，可继续使用。

深绿色或黑色：表示电解液密度偏低，充电程度低于 65%，应对蓄电池进行补充充电。

浅黄色或无色：表示电解液液面过低，蓄电池有故障，已不能继续使用。

此外，为防止杂质侵入和水分蒸发，采用了除极桩外露的全封闭式外壳口。为有效防止外来火花造成危害，在其内部还装有火花捕捉器。

免维护蓄电池的工作原理与普通铅蓄电池相同。放电时，正极板上的二氧化铅和负极板上的海绵状铅与电解液内的硫酸反应生成硫酸铅和水，硫酸铅沉淀在正负极板上，而水则留在电解液内；充电时，正负极板上的硫酸铅又分别还原成二氧化铅和海绵状铅。

免维护蓄电池由于其负极板上的硫酸铅含量比正极板上多，因

【课堂互动】

此，充足电时正极板的硫酸铅全部转变成了二氧化铅，而负极板上的硫酸铅用来产生氧气，并使多余的硫酸铅转变成海绵状铅。同时，在正极板上所产生的氧气也不会外逸，而是迅速与负极板上的活性物质(海绵状铅)发生反应生成二氧化铅，再与电解液中的硫酸反应变成硫酸铅和水。因此，从理论上讲，免维护蓄电池即使被过充电时其电解液中的水也不会散失。

2. 免维护蓄电池的性能特点

(1) 自行放电量小　普通铅蓄电池的栅架上多采用铅锑合金，且锑的含量较高(一般4% ~7%)，在充电时，正极栅架的锑逐渐溶解到电解液中，并在负极板表面上沉积，与负极板上的活性物质形成微电池，从而导致自行放电量增大。而免维护蓄电池正极栅架多为铅钙合金，其晶粒较细，耐腐蚀，所以自行放电量较小。

(2) 失水量小　免维护蓄电池的失水量一般为普通铅酸蓄电池的1/10，其原因是普通蓄电池的铅锑合金的析氢过电位较低，所以充电末期在负极板处有大量的氢气析出，造成失水较多，而免维护蓄电池的铅钙合金氢的析出过电位与纯铅相似，比铅锑合金高出许多，因此充电时使氢析出量大大减少，从而使失水量减少。

(3) 起动性能好　普通铅酸蓄电池的起动电流一般为该电池20h放电率额定电荷量的3 ~4 倍，而免维护蓄电池的起动电流可达普通铅酸蓄电池20h放电率额定电荷量的5 ~9 倍。其原因是铅钙合金的电导比铅锑合金高(含钙量为0. 1%的铅钙合金比含锑7%的铅锑合金的电导高20%)。另外，免维护蓄电池各单格间的连接采用内连式，缩短了电路的连接长度，使联条上的功率损失减少80%、放电电压提高0. 15 ~0. 4V。因此，比普通铅酸蓄电池有较好的起动性能。

(4) 使用寿命和储存寿命长　由于栅架使用了耐腐蚀的铅钙合金，提高了蓄电池的耐充性，再加上采用袋式隔板，可有效地防止活性物质的脱落，因此，可有效地提高蓄电池的使用寿命。同时，由于自行放电量小，储存寿命显著增长，其储存寿命为普通铅酸蓄电池的3倍，并且经储存后再起用时，仍具有较好的性能。

(5) 使用方便　免维护蓄电池在出厂时已装好电解液，使用时减少了配制和添加电解液的麻烦，再加上使用中不需要加蒸馏水，通过电解液密度计指示器可以判断蓄电池的电荷情况，减少了检查与维护作业，因而使用起来很方便。

3. 免维护蓄电池的使用维护

1) 免维护蓄电池在使用时，要经常保持其外部的清洁。

2) 使用中，应经常查看内装电解液密度计指示器的颜色。当电解液密度计指示器显示黑色时，应将蓄电池从汽车上取下来进行补充充电；当电解液密度计指示器显示黄色时，应检查蓄电池外壳有无破损和裂纹，电解液是否外漏。同时在更换蓄电池或添加电解液之前应

【课堂互动】

注意检查充电电路有无故障。

3）当观察到电解液密度计指示器的颜色变成黑色时，应及时进行补充充电，其充电步骤如下所述：

① 把蓄电池和充电机之间的电路接好。

② 将充电机电压调到 14.4V，电流调到最大值，开始充电。在充电过程过中经常查看蓄电池有无溢漏、冒气或温度高于 45℃ 的现象。若有上述现象出现，应停止充电，查找原因，并予排除。

③ 每隔 1h 查看一下电解液密度计指示器，若出现绿色则充电完成，然后进行负荷试验。

4）蓄电池的负荷试验：试验需采用碳堆仪(或放电计)进行，负荷试验值在蓄电池电气性能标签中，试验步骤如下：

① 将蓄电池两极桩分别接到碳堆仪的碳桩上，加 300A 的负荷电流 15s。

② 关掉负荷，停留 15s 以待电压恢复。

③ 将碳堆仪上的负荷设定在蓄电池标签上所规定的负荷试验值。

④ 接通负荷试验 15s，读出蓄电池的电压值(对于 12V 的蓄电池,若读数是 9.6 V,说明蓄电池良好,但充电不足;若读数是 11.6 ~ 10.6V 说明电量较足;若迅速下降,说明蓄电池损坏)，然后卸掉负荷。

⑤ 把试验时读出的蓄电池电压值与其要求进行比较，若低于最低标准，应更换蓄电池。

【习题 2.4】

1. 简述干荷电、湿荷、胶体、免维护蓄电池的优点。
2. 简述免维护蓄电池的性能特点。
3. 简述免维护蓄电池的密度指示器颜色代表的含义。

模块3　交流发电机

【课堂互动】

讨论：

1. 汽车上有哪些供电设备？

2. 汽车上的用电设备之间是并联还是串联？供电设备之间又是什么关系呢？

【学习目标】

1. 了解交流发电机的功用、分类。
2. 掌握发电机的结构、工作原理及检测维修方法。
3. 掌握汽车充电系的组成、电路及检测维修方法。
4. 了解调节器的工作原理。
5. 掌握调节器的检测方法。

3.1　发电机的功用和分类

【本节目标】

了解交流发电机的功用、分类、型号。

【基本理论知识】

3.1.1　发电机的功用

发电机是汽车的主要电源，其功用是在发动机正常运转时(怠速以上)，向所有用电设备(起动机除外)供电，同时向蓄电池充电(见图3-1)。

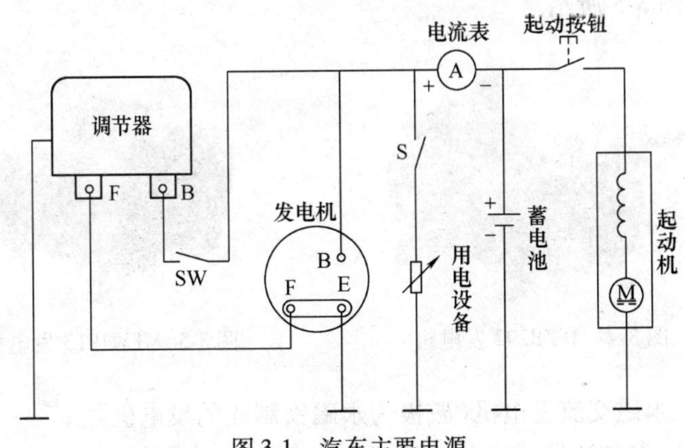

图3-1　汽车主要电源

3.1.2　发电机的分类

汽车用发电机可分为直流发电机和交流发电机，由于交流发电机在许多方面优于直流发电机，所以直流发电机已被淘汰，目前所有汽

【课堂互动】

车均采用交流发电机，交流发电机按照不同的分类方法分为以下几类：

（1）按总体结构分五类

1）普通交流发电机(使用时需要配装电压调节器的发电机)，例如 JF132 交流发电机(EQ140 用)，如图 3-2 所示。

2）整体式交流发电机(发电机和调节器制成一个整体的发电机)，例如别克轿车的发动机上装配的是 CS 型发电机(包括 CS—121、CS—130 和 CS—144 三种不同的型号)，如图 3-3 所示。

图 3-2　JF132 交流发电机

图 3-3　CS—130 整体式交流发电机

3）带泵交流发电机(和汽车制动系统用真空助力泵安装在一起的发电机)，例如 JFZB292 发电机，如图 3-4 所示。

4）无刷交流发电机(不需要电刷的发电机)，例如 JFW1913 发电机，如图 3-5 所示。

图 3-4　JFZB292 发电机

图 3-5　JFW1913 发电机

5）永磁交流发电机(磁极为永磁铁制成的发电机)。

（2）按整流器结构分四类

1）六管交流发电机，例如 JF1522(东风汽车用)。

2）八管交流发电机，例如 JFZ1542(天津夏利汽车用)。

3）九管交流发电机，例如(日本日立、三菱、马自达汽车用)。

4）十一管交流发电机，例如 JFZ1913Z(奥迪、桑塔纳汽车用)。

（3）按磁场绕组搭铁形式分两类

【课堂互动】

1）内搭铁型交流发电机。磁场绕组的一端（负极）直接搭铁（和壳体相联）。

2）外搭铁型交流发电机。磁场绕组的一端（负极）接入调节器，通过调节器后再搭铁。

3.1.3　发电机的型号

交流发电机的型号根据中华人民共和国汽车行业标准 QC/T 73—1993《汽车电气设备产品型号编制方法》的规定，汽车交流发电机型号组成如下：

1）产品代号：产品代号用中文字母表示，例：JF——普通交流发电机，JFZ——整体式（调节器内置）交流发电机，JFB——带泵的交流发电机，JFW——无刷交流发电机。

2）电压等级代号：电压等级代号用一位阿拉伯数字表示，例：1——12V 系统，2——24V 系统，6——6V 系统。

3）电流等级代号：电流等级代号也用一位阿拉伯数字表示，其含义见表 3-1。

表 3-1　电流等级代号

代　号	1	2	3	4	5	6	7	8	9
电流等级/A	19	≥20～29	≥30～39	≥40～49	≥50～59	≥60～69	≥70～79	≥80～89	≥90

4）设计序号：设计序号用 1～2 位阿拉伯数字表示，表示产品设计的先后顺序。

5）变形代号：交流发电机以调整臂位置作为变形代号，从驱动端看，调整臂在左边用 Z 表示，调整臂在右端用 Y 表示，调整臂在中间不加标记。

注：进口发电机不遵循上述标准。

【习题 3.1】

简述发电机的功用是什么。

3.2　发电机的结构及工作原理

大家一起说说电磁感应定律。

【本节目标】

掌握发电机的结构与工作原理。

【基本理论知识】

3.2.1　发电机的基本结构

汽车发电机的基本结构包括转子、定子、前后端盖和整流器，如

【课堂互动】

图 3-6 所示。

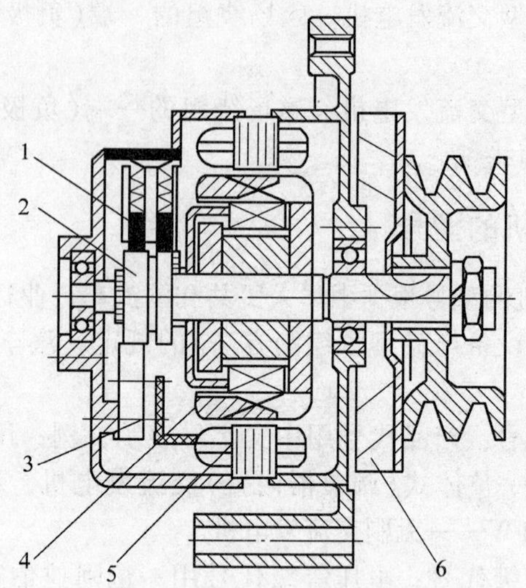

图 3-6　交流发电机结构

1—电刷　2—集电环　3—元件板

4—转子　5—定子　6—风扇

1. 转子

转子结构如图 3-7 所示，励磁绕组 1 绕在软铁心(磁扼)上，铁心两端盖着两块爪极 2，每块爪极上有六个鸟嘴形磁极。铁心、爪极一并装到转子轴 3 上，励磁绕组的两引出线从爪极通出去并列焊在两个彼此绝缘的集电环 4 上，集电环与装在后端盖上的两个电刷相接触。当两个电刷通入电流时，磁场绕组通入的电流便在铁心上产生较强的磁场，并使得一块爪极被磁化为 N 极，一块爪极被磁化为 S 极，从而形成相互交错的 6 对 N、S 极。

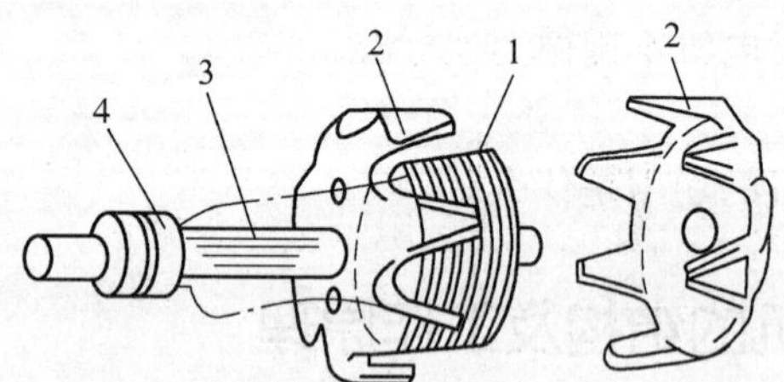

图 3-7　转子的结构

1—励磁绕组　2—爪极　3—转子轴　4—集电环

2. 定子

定子(电枢)由定子铁心和定子绕组组成，如图 3-8 所示。定子铁心由内圆带齿的硅钢片叠成，三相绕组有星形联结和三角形联结两种连接方法，如图 3-9 为星形联结法，图 3-10 为三角形联结法。

3. 前后端盖

前后端盖采用非导磁性材料铝合金压铸而成；轴承采用 6203 和

【课堂互动】

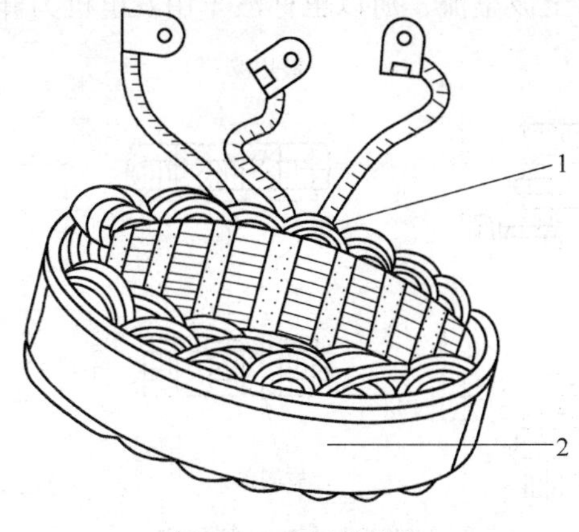

图 3-8 定子的结构
1—定子绕组 2—定子铁心

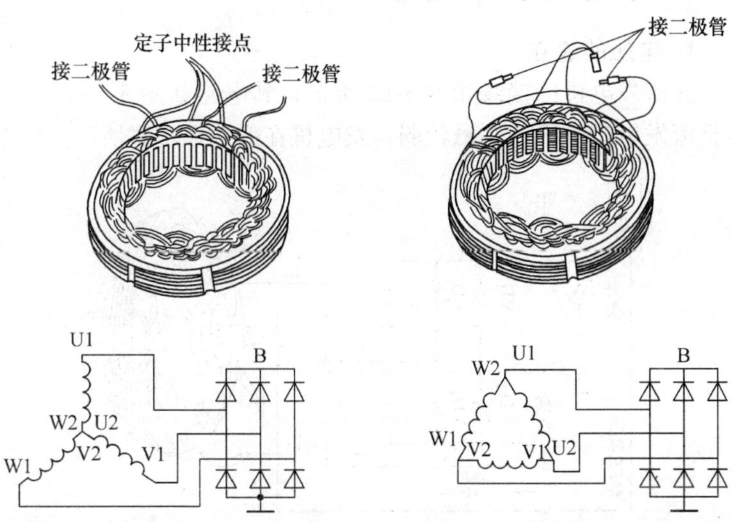

图 3-9 定子绕组的星形联结法　　图 3-10 定子绕组的三角形联结法

6202 球轴承，并填充高温润滑脂。为了提高轴承的使用寿命以及减少维修次数，新型交流发电机还采用了全密封轴承，并把轴承承载等级也提高了一级，采用了 6303 和 6305 系列的密封轴承。后端盖内除装有整流元件外，还装有电刷和电刷架。后端盖上有三个接线柱，标有“B”或“+”为“电枢”接线柱；标有“F”为“磁场”接线柱；标有“－”为“搭铁”接线柱，或是某些发电机上的“中性点”接线柱。

4. 整流器

交流发电机的整流器一般由六个二极管组成。如图 3-11 所示，中心引线和铜外壳分别为二极管的两个极。所用二极管分为两种：中心引线接电源正极，铜壳接负极才能导通的叫正极管子(正烧管)；反之叫负极管子(反烧管)。六个二极管的安装如图 3-11 所示，利用

【课堂互动】

六个二极管进行全波整流，所以也称汽车用发电机为硅整流发电机。

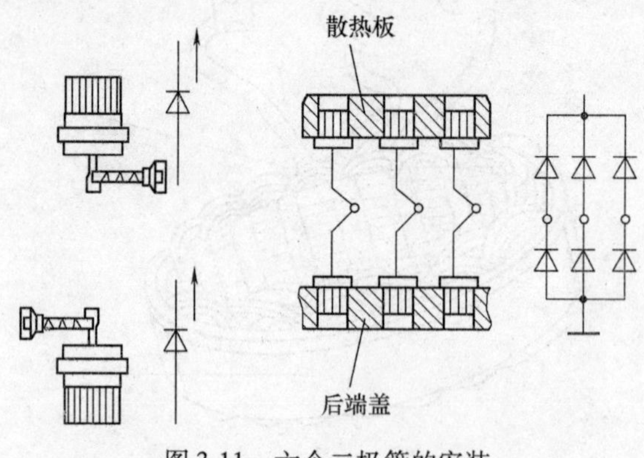

图 3-11　六个二极管的安装

3.2.2　发电机的工作过程

1. 电压的建立

交流发电机的接线如图 3-12 所示，其电路如图 3-13 所示。由于硅整流发电机爪极的剩磁较弱，发电机在低速运转时所产生的电势一

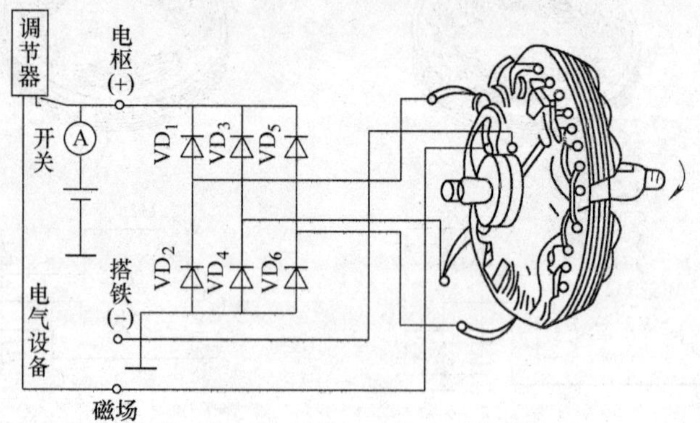

图 3-12　交流发电机的接线

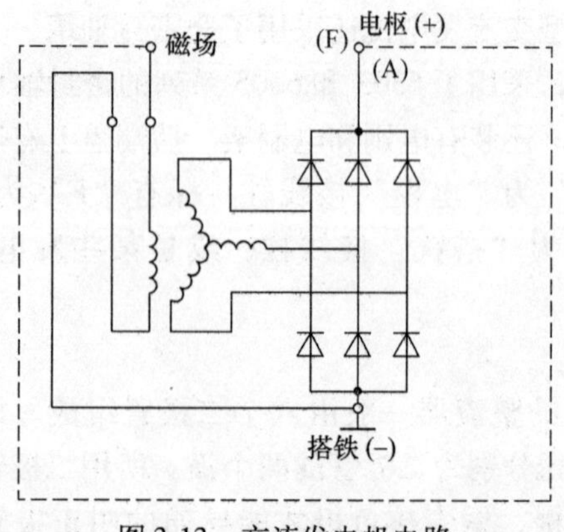

图 3-13　交流发电机电路

【课堂互动】

般均低于二极管的“死区”电压(约为0.6V)，电压建立不起来。为此在发电机一开始运转时采用他励的方式，即由蓄电池供电给励磁绕组，加强转子爪极的磁场，使电压很快随转速升高而建立起来，直至感应电动势高于蓄电池的端电压，这时整流二极管因承受正向电压而导通，开始对外输出电流。从图3-12可看出，只要接通点火开关，蓄电池就通过调节器触点向发电机提供励磁电流，待发电机对外供电后，转入自励过程。

2. 整流过程

由二极管单向导电性可知，只有当加给阳极的电位高于阴极电位时才导通。

先看三个正二极管 VD_1、VD_3、VD_5 的导通情形：如图3-14所示，在 $t_1 \sim t_2$ 时间内，A相电压始终为工值中最高，B相电压最低，C相电压由正变负。这样，与A相连的正二极管 VD_1 承受最高的正向电压而导通，二极管一旦导通，其阳、阴极电位相等，即可认为这三个正二极管的公共端的电位等于A相的电位，高于二极管 VD_3 和 VD_5 的阳极电位，因此，二极管 VD_3 和 VD_5 处于反向电压作用而不能导通。

这时，三个负二极管 VD_2、VD_4、VD_6 的导通情形是：B相电压最低，与B相相连的负二极管 VD_4 承受最低的正向电压而导通。同理，此二极管一旦导通，其阳、阴极电位相等，也可以认为这三个负二极管的公共端的电位等于B相电位，低于二极管 VD_2 和 VD_6 的阴极电位。因此，二极管 VD_2 和 VD_6 处于反向电压作用而不能导通。二极管 VD_1 和 VD_4 的导通，使得定子绕组能输出电流，其电路如图3-14a所示：A相绕组→二极管 VD_1→负载(对蓄电池充电或向用电设备供电)→二极管 VD_4→B相绕组→A相绕组。

在其余的时间管子导通的情形也按上述原则进行。即在正二极管 VD_1、VD_3、VD_5 中，哪一相电位最高，同该相相接的正二极管便导通，其余两个二极管处于截止状态。在负二极管 VD_2、VD_4、VD_6 中，哪一相电位最低，同该相相连的负二极管便导通，其余两个截止。因此在正二极管组或负二管组中不会有两个管子同时导通的情况发生，整流结果如图3-14c的波形。

讨论：

1. 说说二极管的特性。

2. 说说整流器采用六管、八管、十一管的优缺点。

3. 八管交流发电机

为了提高交流发电机输出的功率，分别在三相星形联结中的中性点和B端及E端之间加接一只二极管。以前，人们认为中性点电压是直流输出电压的一半，实际上，中性点电压是直流输出电压的一半和交流电压的叠加。因此，中性点电压表现为以直流输出电压的一半为其中心轴的交流电压。当交流发电机转速为2000～3000r/min时，中性点电压峰值将开始超出输出电压。当交流发电机的转速达到5000r/min时，如图3-15所示，中性点电压将达到+23V及－9V。在

【课堂互动】

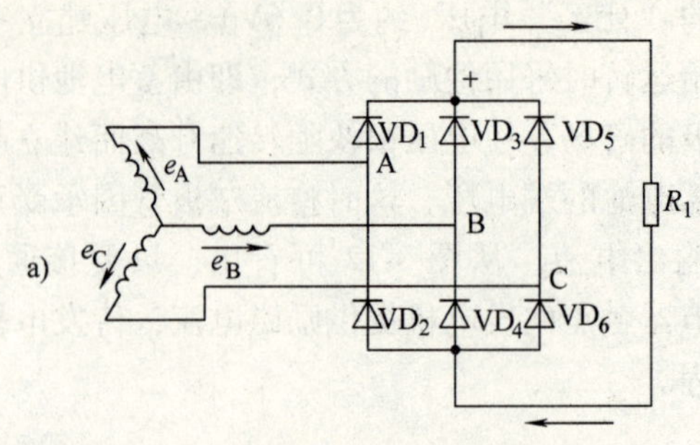

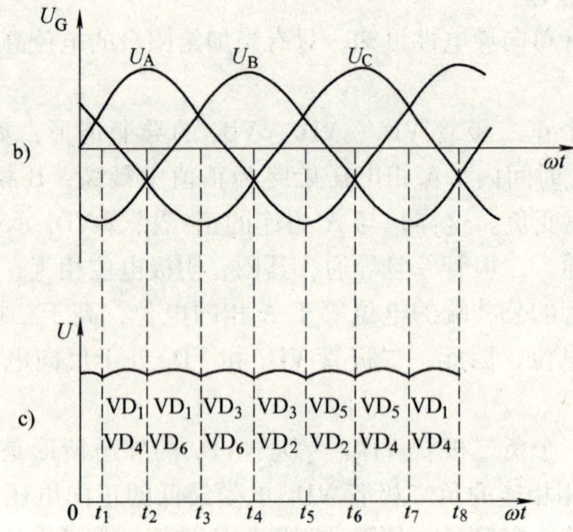

图 3-14　三相桥式整流电路及电压波形

a）整流电路　b）整流前三相交流电波形

c）整流后负载上的电压波形

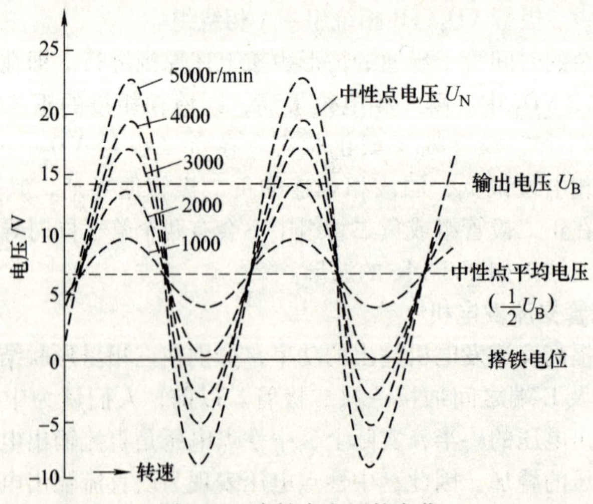

图 3-15　中性点电压的变化

中性点电压变化曲线上，超出调节器调节电压时中性点电压将有输出，这种方法称为中性点二极管法，如图 3-16a 所示。

【课堂互动】

中性点电位变化很大，但是传统的输出端的形式不可能利用中性点电压作为输出。故此，需要在中性点和直流输出端之间装上二极管，在正极和负极侧各装一只。

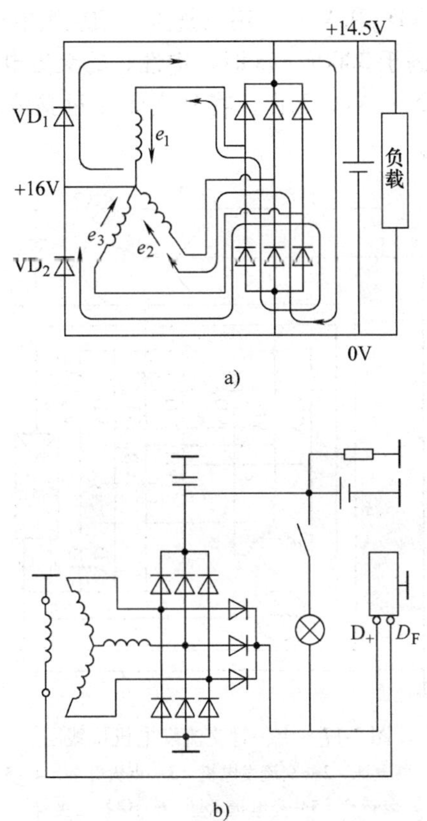

图 3-16　交流发电机接线图

a）八管交流发电机　b）九管交流发电机

当中性点对电源正端电压超过直流输出电压时，如图 3-16a 所示，二极管 VD_1 导通，结果除已有的直流输出外，交流发电机还能向蓄电池和负载提供额外的输出；当中性点电位降至搭铁电位以下时，负极一侧的二极管 VD_2 将导通，此时，通过整流二极管 VD_2，交流发电机能够将中性点的输出提供给负载。

4. 九管交流发电机

前述几种交流发电机，当点火开关接通时，蓄电池就通过调节器触点向发电机励磁绕组提供励磁电流；同样，如停车后操作者忘记将开关关闭，则蓄电池就会通过调节器向发电机励磁绕组长期放电，这既有害于蓄电池，使其加速硫化，也有损于发电机而使其磁场绕组烧坏。为消除此弊端，采用九个整流二极管组成两组全波整流电路，如图 3-16b 所示，其中一组专供磁场绕组励磁。

【课堂互动】

这种结构便于加装充电指示灯，不但可用来判断发电机是否发电，省去了电流表，而且发动机熄火后，由于充电指示灯发亮，可以提示驾驶员应关闭开关。

5. 十一管交流发电机

如图 3-17 所示，该电路的特点是在九管交流发电机的基础上增加了两只二极管 VD_{10} 和 VD_{11}，用以整流三相绕组中性点的交流分量。由于发电机转速高于 3000r/min 时，中性点的交流电压会高出直流输出电压，此时 VD_{10}、VD_{11} 工作，将其交流分量整流，从而增大了发电机的输出电流。

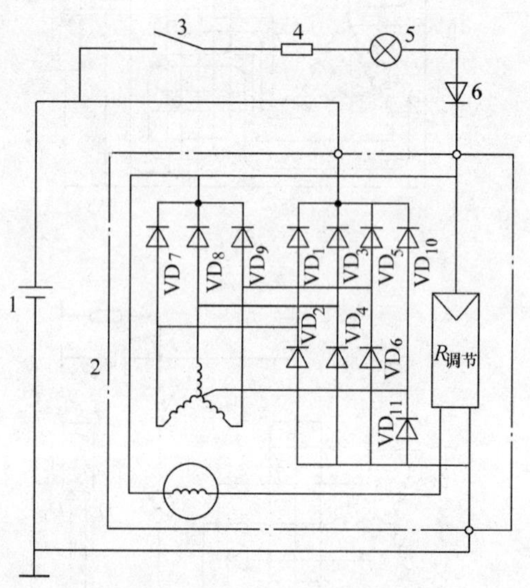

图 3-17 十一管交流发电机接线图
1—蓄电池 2—交流发电机 3—点火开关 4—5A 熔断片 5—充电指示灯 6—保护二极管

1. 说说无刷发电机的特点。

2. 生活中，你见过什么车型用过无刷发电机？

配合这种交流发电机作电压调节器的是晶体管混合电路电压调节器，该调节器中的集成电路和保护电路共同贴在一块陶瓷基片上并封装在一个金属盒中，和电刷连成一体。交流发电机上的整流二极管自成一体并采用了印刷电路。

6. 无刷交流发电机

普通硅整流发电机的集电环和电刷，在长期使用时，会由于二者之间的磨损、接触不良、烧蚀等，造成励磁不稳定或不发电等故障。而采用无刷交流发电机，由于转子上没有励磁绕组，故省去了集电环和电刷，使得结构简单，减少故障，提高了工作可靠性。

无刷交流发电机有多种形式，如感应式无刷交流发电机，爪极式无刷交流发电机（分单爪极和双爪极两种）和具有励磁机的无刷交流发电机。

（1）单爪极式无刷交流发电机　如图 3-18 所示为东风 EQ1090 系列汽车上装用的 JFW132 型单爪极式无刷交流发电机。

【课堂互动】

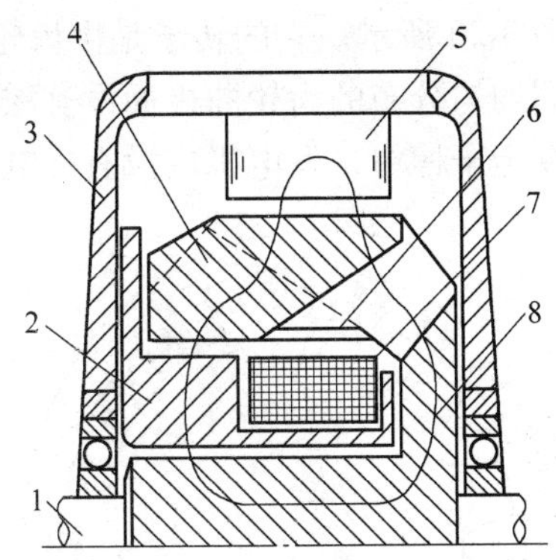

图3-18　单爪级式无刷交流发电机

1—转子轴　2—磁轭托架　3—端盖　4—爪极　5—定子铁心
6—非导磁性连接环　7—励磁绕组部分　8—转子磁轭

爪极中只有一个爪极直接固定在发电机的转子轴上，而另一个爪极4则用非导磁性连接环6固定在前一爪极上。当转子轴旋转时，一个爪极带动另一爪极在定子内转动。

磁场绕组中有电流通过时，其磁路为：左边爪极的磁极N→空气隙(爪极与定子之间)→定子铁心5→主气隙→右边爪极的磁极S→转子磁轭8→附加气隙(转子磁轭与磁轭托架之间)→磁轭托架2→附加气隙(磁轭托架与爪极之间)。

当带轮带动转子轴旋转时，爪极形成的N极和S极的磁力线在定子绕组内交替通过，从而在定子绕组中就感应出交流电，经整流后变为直流电。

该发电机的最大缺点是两爪极之间连接的制造工艺较复杂。此外在磁路中增加了两个附加气隙，则在输出功率相同的情况下，必须增大磁场的励磁能力，即通过增大励磁电流或增加磁场励磁绕组的匝数方法来保证。

(2) 双爪极式无刷交流发电机　结构特点：双爪极式发电机相当于两个单爪极式发电机的合成。它的转子是将两个单爪极式发电机的磁场装置(包括两块磁极,一个励磁绕组)套装在同一根轴上，并且两个爪极要有适当的相对位置和合理的连线，然后将线头接到共同的集电环上，就构成了一个双爪极式发电机的转子，如图3-19所示。定子和单爪式发电机相比，仅是有效长度增加了一倍。

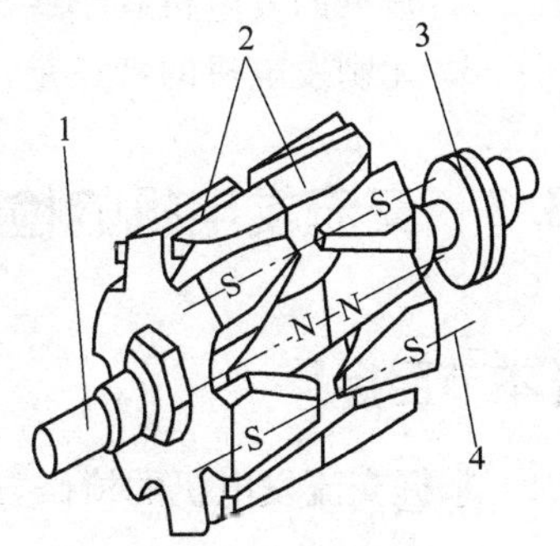

图3-19　双爪极式无刷交流发电机转子

1—转轴　2—磁场装置
3—集电环　4—磁轴线

(3) 感应式无刷交流发电机　感应式无刷交流发电机也称为凸极式交流发电机。它由定子、转子、整流器和机

【课堂互动】

壳等部分组成，如图3-20所示。它的转子是由齿轮状钢片铆接而成，其上有若干个沿圆周均匀分布的齿轮曲极而没有磁场绕组。磁场绕组和电枢绕组均安放在定子槽中，发电机内没有集电环与电刷。

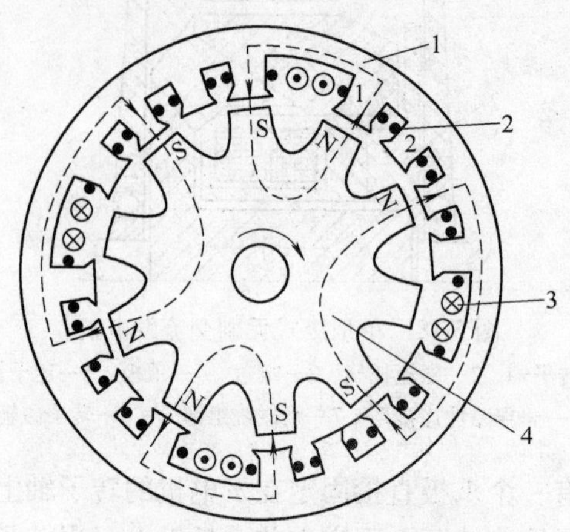

图3-20 凸极式无刷交流发电机

1—定子铁心 2—定子绕组 3—磁场绕组 4—转子

当磁场绕组3通入直流电时，在定子铁心中产生固定磁场(右上部、左下部为S极;左上部,右下部为N极)。由于转子4凸齿部分磁通容易通过，磁感强度最大，从而形成磁极。但转子的每个凸齿是固定极性的。定子上的每个电枢绕组只与同极性的凸板起作用。

转子凸齿在不运动的磁场内旋转时，当凸齿对着定子凸齿时，磁通量最大；当转子槽对着定子凸齿时，则磁通量最小。因此转子旋转时，定子凸齿内产生脉动磁通，在定子绕组中便感应出交变电动势。将电枢绕组以一定的方式连接起来，并经整流后，便可获得供汽车使用的直流电。

【习题3.2】

1. 发动机的整流器由哪几部分组成?
2. 常见的发电机有哪些类型?
3. 无刷发电机的特点是什么?

大家回顾一下发电机的总体结构。

3.3 交流发电机的检修

【本节目标】

掌握交流发电机的检修方法。

【基本理论知识】

集成电路调节器，根据不同的电压检测方法可分为“发电机电压检测法”和“蓄电池电压检测法”两种电路，如图3-21所示。

【课堂互动】

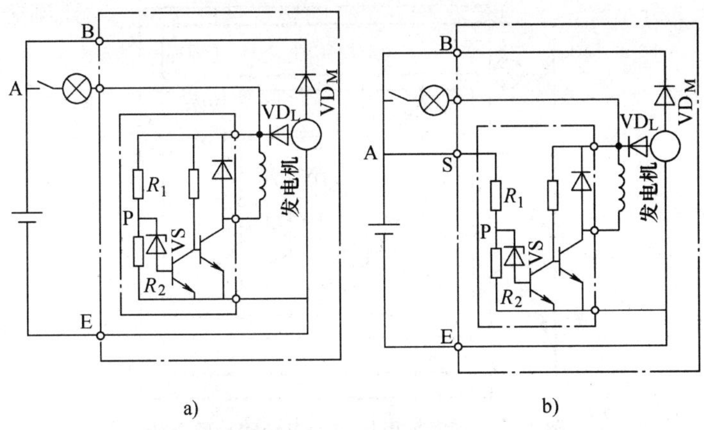

图 3-21 电压检测法

a）发电机电压检测法 b）蓄电池电压检测法

1. 发电机电压检测法

如图 3-21a 所示为发电机电压检测法，加在分压器 R_1、R_2 上的电压是励磁二极管 VD_L 的输出端电压 U_L，它和发电机输出端 B 点的电压 U_B 相等。检测点 P 的电压为 $U_P = R_2U_B/(R_1+R_2)$，由于检测点 P 到稳压管 VS 的两端反向电压与发电机端电压成正比，所以称为发电机电压检测法。

2. 蓄电池电压检测法

如图 3-21b 所示为蓄电池电压检测法，加在分压器上的 R_1、R_2 上的电压为蓄电池端电压 U_{BE}，此时检测点 P 的电压为 U，所以通过检测点 P 加到稳压管上的反向电压与蓄电池电压成正比。与发电机电压检测法相比，少了电路中的电压降，用这种方法可以直接控制蓄电池的充电电压。

两种检测法比较：发电机电压检测法可以减少一条从发电机引出的导线，缺点是从发电机输出端至蓄电池之间的电压降较大，蓄电池的充电电压偏低，使蓄电池充电不足。故一般大功率发电机宜采用蓄电池电压检测法，直接控制蓄电池的端点电压，但应注意如当蓄电池至发电机的接线 A—S 断裂时，由于不能检测发电机端电压，使发电机的电压就会失控。为了克服这个缺点，可采用图 3-22 所示的补救电路。

其特点是在分压器与发电机的 VD_M 端间接入了电阻 R_4，与蓄电池 S 间增加了二极管 VD_2，这样当 A—S 之间断线时由于 R_4 的存在，仍能检测出发电机的瑞电压 U_B，使调节器正常工作，防止发电机电压过高。

3. 交流发电机不解体检测

在交流发电机解体之前，应先在发电机调节器专用试验台或万能试验台上进行空载电压和负载电流测试，以便进一步查明交流发电机的故障程度。但是，要想准确判定交流发电机内部的技术状况，则需观测其整流电压波形或检测各接线端子之间的电阻阻值。

结合维修企业中，对发电机检修要求，说说不解体检测的好处。

【课堂互动】

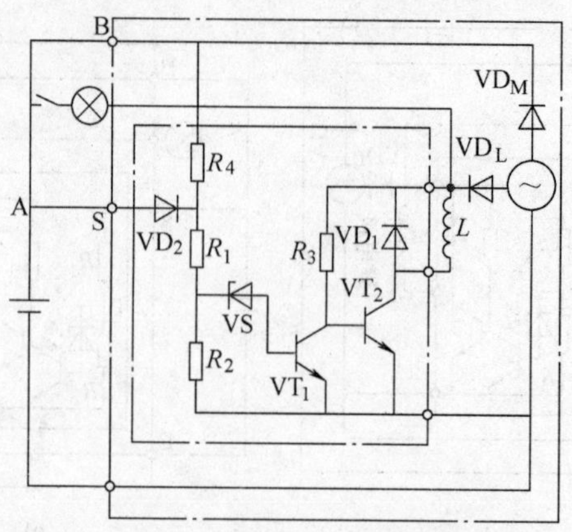

图 3-22　蓄电池电压检测电路的补救办法

(1) 空载电压检测　检测空载电压时，先使发电机他励发电，然后使发电机自励发电，同时逐渐升高发电机转速，并观察电压表的读数。当发电机端电压达到规定的空载电压额定值时，若发电机转速高于空载最高转速，则表明发电机有故障。

(2) 负载电流检测　当发电机端电压稳定在额定电压值，输出电流达到规定的额定电流值时，若发电机转速小于或等于规定数值，则表明发电机性能良好；若转速高于规定数值，则表明发电机有故障。要判定故障具体在哪个部位，可用示波器检测发电机端电压波形或用万用表检测各接线端子之间的阻值进行判别。

(3) 用示波器检测　通过用示波器检测交流发电机整流后输出电压的波形，可以判别定子绕组和整流电路的故障，各种故障的波形如图 3-23 所示。

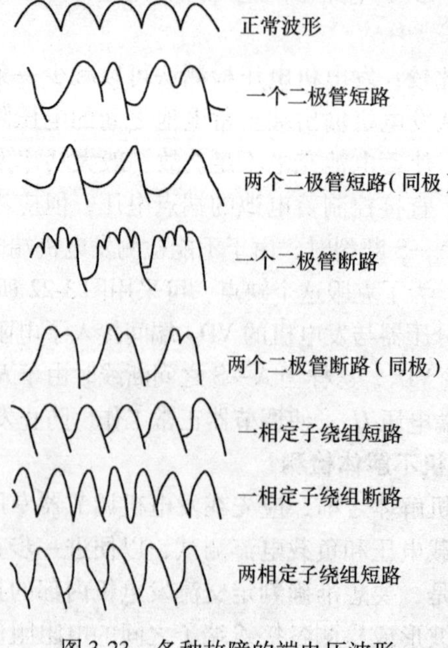

图 3-23　各种故障的端电压波形

(4) 各接线端子之间阻值的检测 为了判定交流发电机故障发生在哪个部位，在发电机解体之前，可用万用表欧姆挡检测发电机各接线端子之间的阻值进行分析判断。表3-2所示为JF132型交流发电机各接线端子间的阻值标准值及故障现象和原因。

【课堂互动】

表3-2 JF132型交流发电机各端子间的阻值标准值及故障现象和原因

万用表型号	“F”与“E”端子	“B”与“E”端子		“B”与“F”端子	
		正向	反向	正向	反向
108型	6~9Ω	40~50Ω	>10kΩ	50~60Ω	>10kΩ
故障现象及原因	① 阻值为∞，则磁场绕组断路 ② 阻值小于标准值，则磁场绕组短路 ③ 阻值大于标准值，则电刷与集电环接触不良 ④ 阻值为零，则“F”端子搭铁或两只集电环短路	① 正向电阻小于标准值，则二极管短路 ② 正反向阻值均为零，则“B”端子搭铁或正负极管至少各有一只短路 ③ 正向电阻大于标准值，则二极管断路		① 正向电阻小于标准值，则二极管短路 ② 正反向阻值均等于“F”与“E”端子间的标准值，则“B”端子搭铁或正负极管至少各有一只短路 ③ 正向电阻为∞，则磁场绕组断路	

4. 发电机拆检

发电机拆检。逐件分解各零件。并且对各个端子检测。写出测量数据。

通过不解体检测确知交流发电机故障后，就应对其进行解体检测与修理。各种型号的交流发电机分解步骤及方法都大同小异。下面以东风EQ1090型汽车用JF132型交流发电机为例，说明其分解步骤与方法。

1）拆下电刷盖板紧固螺母，取出电刷弹簧与电刷。

2）拆下后轴承防尘盖和轴端的固定螺母。

3）拆下前后端盖的联接螺栓，并用木质或橡皮锤子轻击前后端盖，在分离前后端盖时，定子应随后端盖一起，以免折断定子绕组引出端线。

4）从后端盖上拆下定子绕组端头，使定子总成与后端盖分离。

5）拆下整流器总成。

6）拆下带轮固定螺母，并从转子上取下带轮、半圆键、风扇和前端盖。

在分解时，有的发电机轴与轴承配合很紧或由于长期未拆卸而使轴与轴承锈死，遇此情况不能用锤子硬敲硬打，应用拉器拆卸。分解时，一般情况下，其带轮、风扇和前端盖不必从转子上拆下。

5. 交流发电机转子的检测和修理

转子的检测与修理通常按以下步骤进行。

(1) 磁场绕组的检测与修理 磁场绕组在使用过程中，其端头的焊点易受振动影响而发生断路故障，因此，可用万用表欧姆挡进行检测，检测方法如图3-24所示。若阻值为“∞”，则说明磁场绕组断

【课堂互动】

路；若阻值符合标准数值，则说明绕组良好；若阻值小于标准阻值，则说明绕组有匝间短路故障。

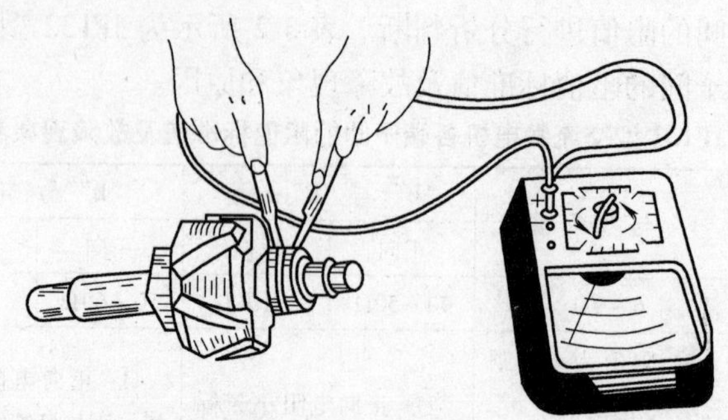

图 3-24 用万用表测量磁场绕组的电阻值

磁场绕组与转子铁心间的绝缘情况，一般都用交流试灯进行检测，方法如图 3-25 所示。若灯不亮，则说明绕组与铁心绝缘良好；若灯亮，则说明绕组或集电环有搭铁故障。

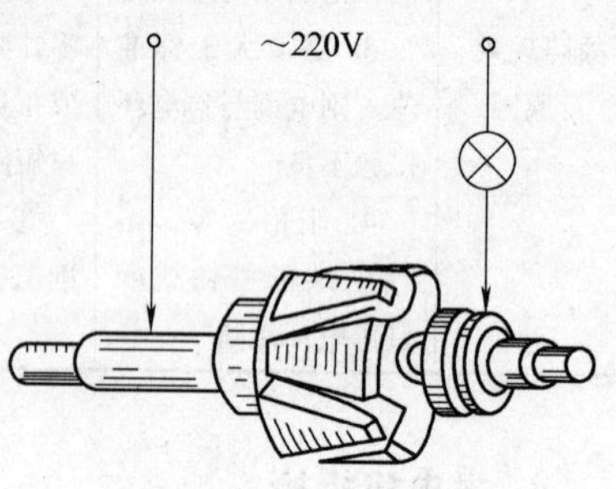

图 3-25 磁场绕组的搭铁检测

当磁场绕组断路故障发生在端头焊接处时，可以重新焊接排除。若断路、短路和搭铁故障无法排除，则一般都需要更换转子总成。

（2）转子轴和集电环的检测与修理 转子轴的径向摆差可用百分表检测，方法如图 3-26 所示。否则应予校正。当集电环的厚度小于 1. 5mm 时应予更换；集电环的圆柱度不得大于 0. 025mm，否则应进行精车加工；集电环表面如有轻微烧蚀，可用“00”号砂布打磨，若烧蚀严重，则应在车床上精车加工。

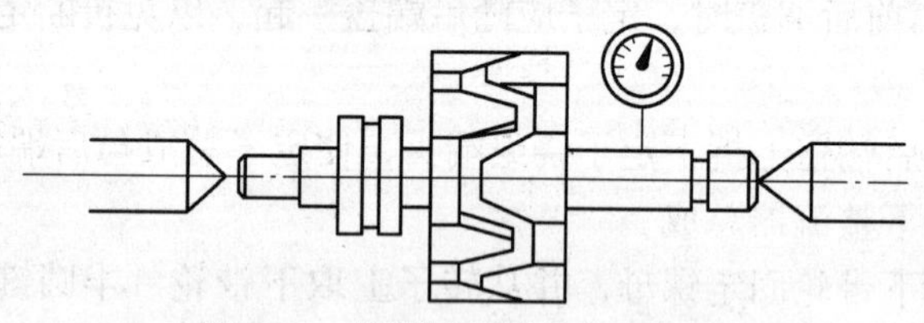

图 3-26 检测转子轴的径向摆差

（3）电刷的检测与修理 电刷的高度不得低于 7mm，否则应予更换。

6. 交流发电机的定子检测和修理

定子的检修主要是定子绕组的检修。

定子绕组的故障有断路、短路和搭铁三种。因为汽车用交流发电机定子绕组的电阻很小，所以用测量电阻的方法难以检测其短路故障。因此，定子绕组有无短路故障，可在发电机不解体检测时，观察整流后输出电压的波形进行判断。

定子绕组有无断路故障，可用图 3-27 所示方法进行检测。若万用表指示的阻值为“∞”，则说明绕组有断路故障。

【课堂互动】

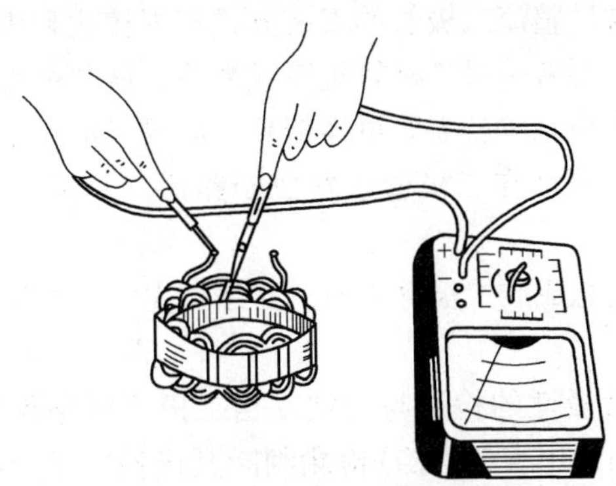

图 3-27　定子绕组断路检测

定子绕组有无搭铁故障，可用图 3-28 所示的方法进行检测。若交流试灯不亮，则说明绕组绝缘良好；若灯亮，则绕组有搭铁故障。当定子绕组有断路、短路和搭铁故障而又无法修复时，则需重新绕制或直接更换定子总成。

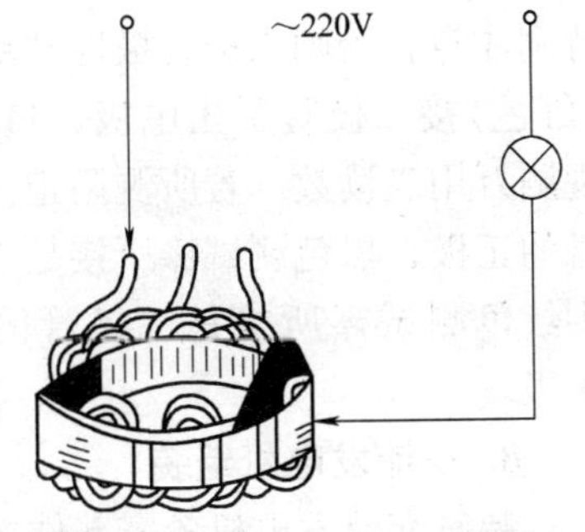

图 3-28　定子绕组搭铁检测

7. 交流发电机整流器的检测和修理

整流器的检修主要是整流二极管的检修。

将二极管的引出端头与定子绕组的引线端头拆开，然后即可用万用表分别对每只二极管进行检测。

由于二极管的阻值随外加电压高低而发生变化，因此在检测时，万用表应置于 R_{X1} 挡位，否则检测结果就会出现较大偏差。

(1) 二极管好坏的检测　将定子绕组与二极管的连线拆开，将万用表的两极测试棒分别按在被测二极管的两极上检测一次，然后交换两极测试棒的位置再检测一次。若两次测得阻值为一大(10kΩ 以上)一小(8 ~ 10Ω)，则该二极管是好的，如图 3-29 所示；若两次检

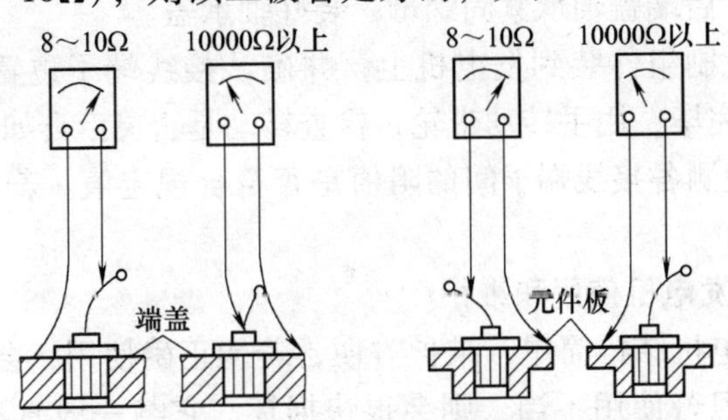

图 3-29　用万用表(电阻挡)检查二极管

【课堂互动】

测阻值均为“∞”，则该二极管断路；若两次检测阻值均为零，则该二极管短路。

目前汽车常用整流二极管的安装方式有焊接式和压装式两种。对焊接式来说，只要有一只二极管短路或断路，该二极管所在的正整流板总成或负整流板总成就需要更换新品。如果二极管是压装在整流板上或后端盖上，那么在二极管短路成断路后，只需更换故障二极管即可。

更换整流板总成或二极管之前，必须首先检测与识别其极性，以免装错。

（2）二板管极性的检测与判别　当二极管或整流板总成上无任何标记时，可用万用表(R_{X1}挡)检测判断其极性。常用的机械式万用表的电阻挡，实际上是由电流表、电池和一个内电阻串联而成的线路，两个测试棒间的电压极性，正好同万用表的两个接线柱的标号“+”、“-”相反，即负测试棒带正电，正测试棒带负电。这一点应特别注意，否则二极管极性判断结果正好相反。将万用表的正测试棒(红色)接二极管引出电极，负测试棒(黑色)接二极管的另一电极，观测万用表读数。若所测阻值大于10kΩ，则红色测试棒所接是二极管的正极，黑色测试棒所接是二极管的负极；若所测阻值为8～10Ω，则红色测试棒所接是二极管的负极，黑色测试棒所接是二极管的正极。

8. 交流发电机组装

装复交流发电机各零部件之前，应先将轴承填充润滑脂(1～3号复合钙钠基润滑脂或2号低温润滑脂)润滑，填充量以确定布满所有需润滑的轴承表面为宜。若过量则易溢出，溅到集电环上会造或电刷与集电环接触不良。装复JF132N型发电机的步骤与方法如下：

1）将前端盖、风扇、半圆键和带轮依次装到转子轴上，并用螺母紧固牢靠。

2）将整流板、定子绕组依次装入后端盖，并正确连接整流二极管引出端线与定子绕组引出端线。

3）将前后端盖装合在一起，拧紧联接螺栓。

4）拧紧后端盖轴承紧固螺母，装好轴承盖。

5）将电刷组件装到发电机上，并确认接线端子位置正确无误。发电机装复完毕，用手转动带轮，检查转动是否灵活自如，再用万用表(R_{X1}挡)检测各接线端子间的阻值是否符合规定值。若无异常，即可进行试验。

9. 交流发电机使用和维护

交流发电机结构简单，维护方便，若能正确使用，会减少故障，延长寿命。但若使用不当，则会很快损坏。它与一般直流发电机不同，在使用和维护中应特别注意以下几点：

【课堂互动】

1）JF系列的交流发电机为负极搭铁，蓄电池搭铁极性必须与此相同。否则，蓄电池将通过硅二极管放电，使硅二极管立即烧毁。

2）发电机运转时，不要直接用导线在发电机正负极间试火花的办法检查发电机是否发电，否则容易损坏二极管。

3）发现发电机不发电或充电电流很小时，应及时找出故障加以排除，不应再长期继续运转。因为如果有一个二极管短路，发电机就不能发电，继续运转就会使其他二极管或定子绕组被烧坏。

4）整流器的六个硅二极管与定子绕组相连接时，绝对禁止用兆欧表或220V交流电源检查发电机的绝缘情况，否则便将二极管击穿而损坏。

5）发动机熄火以后，应将点火开关断开。否则蓄电池电流将长期流经磁场绕组，使线圈烧坏，或者造成蓄电池放电。

【习题3.3】

1. 简述发电机不解体检测的内容和方法。
2. 简述发电机的正确使用与保养方法。

讨论：

发电机转速和发电量的关系。

3.4 交流发电机电压调节器的功用、分类及电压调节原理

【本节目标】

掌握交流发电机电压调节器的功用、分类及电压调节原理。

【基本理论知识】

3.4.1 双级触点式电压调节器

1. 交流发电机电压调节器的功用

电压调节器的作用是：在发动机较宽转速范围和输出电流变化很大的情况下，保证交流发电机的输出电压基本恒定。

2. 发电机电压调节器的分类及电压调节原理

图3-30所示为FT61型双级触点式电压调节器，有低速触点K_1、高速触点K_2、附加电阻R_1、加速电阻R_2、温度补偿电阻R_3。双级触点式电压调节器的工作原理是利用触点的开闭，改变磁场电流，以维持发电机的电压不变。

发电机电压调节器工作过程如下：

（1）他励过程　接通点火开关，起动发动机蓄电池向发动机励磁绕组供电，励磁电流为：蓄电池正极→电流表→点火开关10→调节器“点火”接线柱→低速触点K_1→活动触点臂2→磁扼5→调节器磁场接线柱F→磁场绕组→搭铁。磁场绕组有电流通过，产生较强的

【课堂互动】

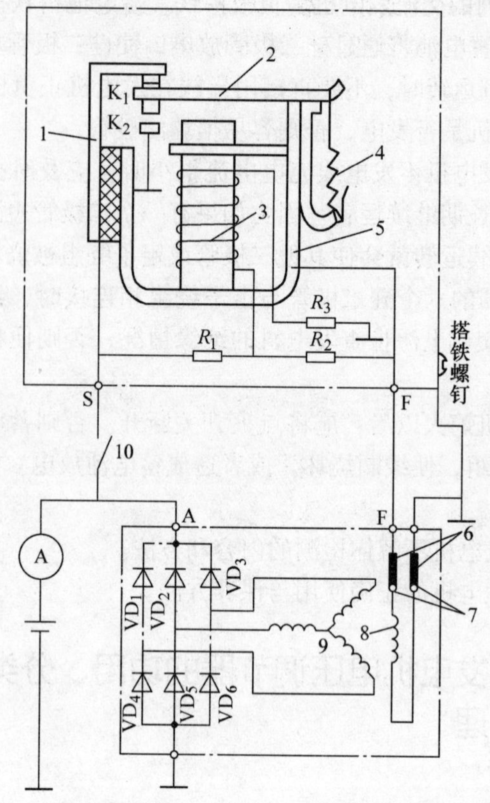

图 3-30 FT61 型双级触点式电压调节器

1—低速触点臂 2—活动触点臂 3—磁化线圈 4—弹簧
5—磁轭 6—电刷 7—集电环 8—励磁绕组 9—定子绕组
10—点火开关 K_1—低速触点 K_2—高速触点
R_1—加速电阻 R_2—附加电阻 R_3—补偿电阻

转子磁场，根据电磁感应定律，在定子线圈中便产生感应电动势，经过整流器整流，发电机的输出端电压很快升高。

（2）自励过程

1）在发动机低速或大负载时，通过 K_1 保持电压稳定。调节过程如下：随着转速不断升高，发电机输出端电压高于蓄电池端电压，励磁电流转入发电机自给。转速继续增加，使发电机电压达到工作电压时，磁化线圈 3 的电磁吸力增强，使活动触点臂下移，K_1 断开，此时的励磁电流方向为：发电机正极→点火开关 10→调节器“点火”接线柱→加速电阻 R_1→附加电阻 R_2→“磁场”接线柱→励磁绕组→发电机负极。由于电路中串联了加速电阻 R_1 和附加电阻 R_2，励磁绕组磁场减弱，发电机输电压降低，K_1 再次闭合，如此反复，K_1 不断开闭，使发电机的输出电压保持在规定的数值范围内；随着转速不断升高到某一值，K_1 被一直吸开，使附加电阻、加速电阻一直串入励磁绕组。K_1 控制励磁电流的作用到此结束。

【课堂互动】

2）在发动机高速或小负载运行时，通过 K_2 保持电压稳定。调节过程如下：若转速继续升高，发电机输出电压升高到调节器的调定值时，磁化线圈电流达最大值，将衔铁向下吸使 K_2 闭合，因 K_2 一端搭铁，另一端通过衔铁接“磁场”接线柱，从而使励磁绕组短路，磁场电流急剧减小，发电机电压也随之急剧下降。与此同时，电压调节器磁化线圈吸力减小，衔铁在弹簧拉力下，再次分开，磁场电路中串入 R_1、R_2，电压重新升高，周而复始，触点 K_2 振动，使发电机在高速时保持电压稳定。在电压调节器控制下，低速稳定值与高速稳定值相差不过 0.5 ~ 1V，对使用影响不大。

3.4.2　单级触点式电压调节器

单级触点式电压调节器如图 3-31 所示，与传统的电压调节器相比，增加了二极管 VD、扼流线圈 L_2 和电容器 C，作为灭弧元件。其工作过程是：

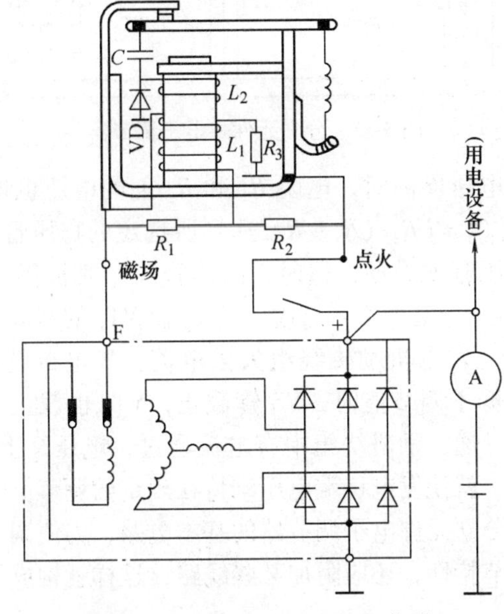

图 3-31　单级触点式电压调节器

1）当触点打开瞬间，由于励磁电流的减小在励磁绕组中产生较高的自感电动势，并加给灭弧装置(二极管 VD、扼流线圈 L_2 和电容器 C)。这样，一方面起续流作用，保护了触点；另一方面线圈 L_2 产生的磁场与线圈 L_1 产生的磁场方向相反，使铁心磁力急剧减小，加速触点的闭合，并提高了触点振动的频率。

2）触点打开的瞬间，自感电动势还对 C 充电，构成了励磁绕组与电容的阻尼振荡回路，吸收了自感电动势，也减弱了触点的火花。

1. 为什么要用晶体管调节器？

2. 集成电路调节器的特点是什么？

3.4.3　晶体管电压调节器

晶体管电压调节器无触点，而通过电子元器件实现对励磁电流的

【课堂互动】

控制。具有“开”、“关”过程中不产生火花、无机械惯性和磁惯性、体积小、质量轻、经久耐用以及没有电干扰等优点，终将要代替触点式调节器。

基本原理是：图 3-32 所示是分立元件式电子调节器的基本电路。VT_2 是大功率晶体管，用来接通与切断发电机的励磁回路。VT_1 是小功率晶体管，用来放大控制信号。稳压管 VS 是感应元件，串联在 VT_1 的基极回路中，稳压管的阳极接在 R_1 和 R_2 组成的分压器的中间，阴极接在晶体管 VT_1 的基极。

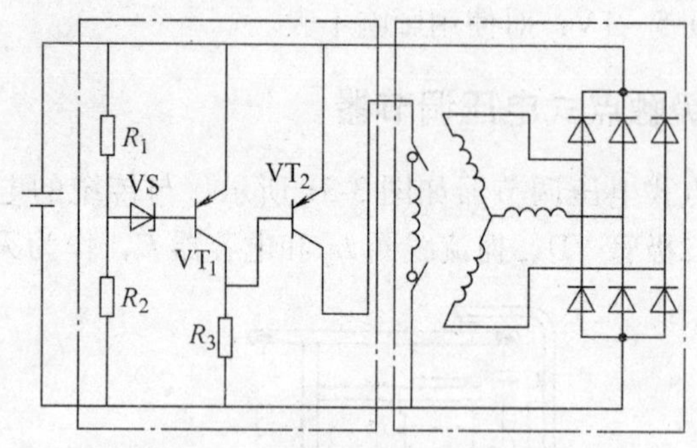

图 3-32　分立元件式电子调节器

当发电机电压增高时，电阻 R_1 和 R_2 上的电压也增加。当分到 R_1 两端的电压 $U_1 = UR_1/(R_1 + R_2)$ 达到所选定的稳压管 VS 的反向击穿电压时，稳压管就导通，这时，晶体管 VT_1 基极得到负的电位也导通(即发射极 e 与基电极 c 导通)，VT_1 使 VT_2 的基极电位升高，从而使 VT_2 截止，发电机励磁绕组失去电流，发电机端电压就下降。当电压下降至低于调节值时，VS 管截止，VT_1 也截止，VT_2 重新得到基极电流而导通，励磁绕组中有电流通过，电压又上升，VS 又导通，如此反复，就使发电机端电压维持在规定的调节值上。

以上只是分立元件电子调节器的基本电路，为使调节器能可靠地工作和改善调节特性，还应附加某些线路，这样就构成了各种不同形式的调节器。

东风 EQ1090 系列汽车上所装用的电子调节器为 JFT105 型，如图 3-33 所示，这种调节器的工作过程如下。

1）当发电机不转或转速较低时，励磁绕组由蓄电池供电(它励)。因蓄电池电压加在分压器 R_1 和 R_3 两端，其分到 R_3 两端的电压加在稳压管 VS 和晶体管 VT_1 上的发射极结(b-e)上，使稳压管承受反向电压。由于蓄电池电压小于调节器的调节电压值，则分到 R_3 两端的电压也小于稳压管的击穿电压，所以 VS 截止，VT_1 的基极无电流通过，故 VT_1 管也不通。处于截止状态的 VT_2 管的发射极和集电极之间的电压较高，加在 VT_2 管的基极和发射极之间的电压也较高，从而使 VT_1 管其发射结得到正向偏压而导通，于是接通了发电机励

【课堂互动】

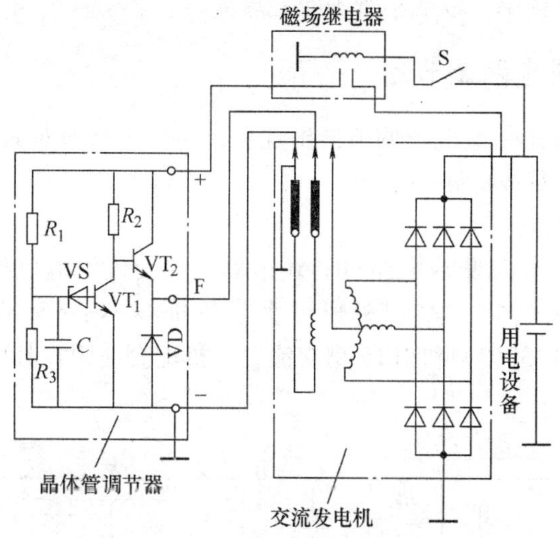

图3-33　JFT105型电子调节器电路原理图

磁电路，即从蓄电池“+”极→磁场继电器触头(已闭合)→调节器“相线”接柱→晶体管 VT_2→“F”接线柱→发电机电刷集电环→励磁绕组→集电环及电刷→接地→蓄电池“-”极。

2）当发电机转速升高，端电压随着上升。当发电机端电压大于蓄电池电压而又小于调节器电压时，励磁绕组由发电机供电(自励)。此时励磁电路为：发电机“+”极→磁场继电器触头→调节器“相线”接线柱→晶体管 VT_2→磁场接线柱→励磁绕组→搭铁→发电机“-”极。

3）当发电机转速再升高，发电机端电压达到调节电压值时，R_3 上的电压便达到了稳压管的击穿电压，VS 被击穿而导通。于是 R_3 两端的电压立即加到 VT_1 管的基极与发射极之间，使 VT_1 管得到正向偏压而饱合导通。此时，VT_1 管的管压降 U_{ce} 迅速降低到很小值(接近与零)，这就相当于把 VT_2 的基极与发射极短路，所以 VT_2 立即由导通变为截止，从而切断了发电机励磁回路，使发电机电压急剧下降。

4）当发电机端电压下降至稍低于调节器电压时，加于稳压管 VS 两端的反向电压又低于其击穿电压，VS 由导通状态恢复到截止状态。随之，晶体管 VT_1 也由导通转为截止，VT_2 则由截止转为导通，重新接通励磁回路，励磁电流又上升，发电机电压又迅速升高。

5）当发电机电压上升至稍高于调节器电压时，又重复上述过程。总之，电子调节器是以稳压管为感应元件，利用电压的变化，控制晶体管的导通与截止，来接通与切断发电机励磁回路，自动调节发电机输出电压。

JFT105 型电子调节器电路中，VD 是续流二极管。它与发电机励磁绕组并联，用来保护晶体管 VT_1，R_2 既是晶体管 VT_1 的集电极负载电阻，又是 VT_2 的基极偏流电阻。电容器 C 的作用是利用电容器两端电压不能突变的特点，推迟稳压管的导通与截止时间，从而降低

【课堂互动】

晶体管的开关频率，以减小管子的发热量。

3.4.4 集成电路调节器

自从分离元件型电子调节器出现后，人们不断地对其进行改进，成功地发展了集成电路调节器。

1. 结构组成

国产 JFT151 型集成电路(IC)调节器装在交流发电机外壳上，通常又称为背包式调节器，其外形尺寸为 38mm×34mm×10.5mm。该型调节器与 JF132R 型和 JF15 型交流发电机配套使用，其内部电路如图 3-34 所示。

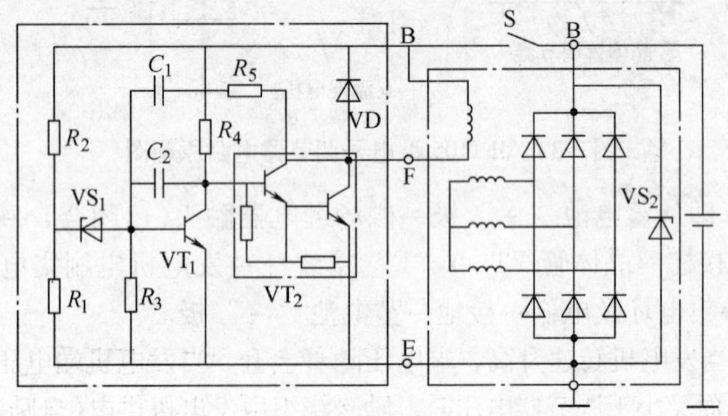

图 3-34 JFT151 型 IC 调节器电路

由图可见，JFT151 型 IC 调节器属于外搭铁型电子调节器。基本电路由 R_1、R_2、R_3、稳压管 VS_1、续流二极管 VD 和晶体管 VT_1、VT_2 组成。其中 VT_2 为达林顿晶体管，虚线框内为 VT_2 的结构电路。辅助电路由电阻 R_4、R_5，电容器 C_1、C_2 组成。

2. 工作原理

图中 R_1、R_2 组成分压器，稳压管 VS_1 从分压电阻 R_1 两端获得电压。接通点火开关 S，当发电机输出电压低于调节电压上限值时，R_1 上的分压 U_{R1} 低于稳压管的稳定电压 U_{VS} 与晶体管 VT_1 发射结压降 U_{M1} 之和，VS_1 截止，VT_1 无基极电流亦截止。此时电源经偏流电阻 R_4 向 VT_2 提供基极电流，VT_2 导通，接通磁场电流 I_f，发电机电压随转速升高而升高。

当发电机转速不断升高，输出电压等于或高于调节电压上限值时，R_1 上的分压 U_{R1} 高于稳压管的稳定电压 U_{VS} 与晶体管 VT_1 发射结压降 U_{M1} 之和，VS_1 导通，VT_1 有基极电流亦导通。此时电源无法经偏流电阻 R_4 向 VT_2 提供基极电流，VT_2 截止，磁场电流 I_f 减小，发电机磁场减弱，输出电压下降，如此周而复始连续控制，使发动机的输出电压保持在规定的范围之内。

【习题3.4】

1. 常见电压调节器有哪几种类型?
2. 触点式电压调节器的工作原理是什么?
3. 国产JFT151型集成电路(IC)调节器的原理是什么?

【课堂互动】

大家一起讨论如果发电机不发电可能会是什么原因。

3.5 典型充电系线路的故障检测方法

【本节目标】

掌握典型充电系线路的故障检测方法举例。

【基本理论知识】

充电系常见故障有：不充电、充电电流过小、充电电流过大、充电不稳定等。故障范围可能是风扇传动带打滑、发电机故障、调节器故障、磁场继电器故障、电源系各连接线路有断路或短路处，以及蓄电池、电流表、充电指示灯、点火开关等有故障。诊断电源系故障时，应综合考虑整个系统各部分之间的关系，仔细阅读说明书和线路图，按照一定的检查步骤逐步缩小范围，最后找出故障所在。不同搭铁形式的发电机、调节器系统，检查方法有很大区别，稍有失误就会造成新的损失，必须引起足够的重视。

3.5.1 外装调节器发电机的充电系故障诊断与排除

1. 不充电故障的诊断与排除

汽车发动机在中等转速时，电流表仍能指示，放电或充电指示灯不熄灭。故障所在部位及原因：

1）发电机传动带打滑或连接线有断路处。

2）电流表损坏或充电指示灯丝烧断。

3）发电机不发电：整流二极管烧坏；集电环脏污，电刷架变形使电刷磨损过甚，引起磁场电路不通；发电机励磁绕组或定子绕组有断路、短路、搭铁。

4）调节器故障：调节器调节电压过低；调节器损坏，对于电子式调节器可能是大功率管断路或其他元件故障，对于触点式可能是低速触点脏污，高速触点烧结以及内部有断路或短路。

5）有磁场继电器时，可能是继电器线圈或电阻烧断，触点接触不良。

故障诊断与排除流程如图3-35所示。

2. 充电量过小故障的诊断与排除

若将发电机的转速由低速逐渐升高至中速时，打开前照灯，其灯光暗淡，或按喇叭其音量小，电流表指示放电，则说明充电量过小。

【课堂互动】

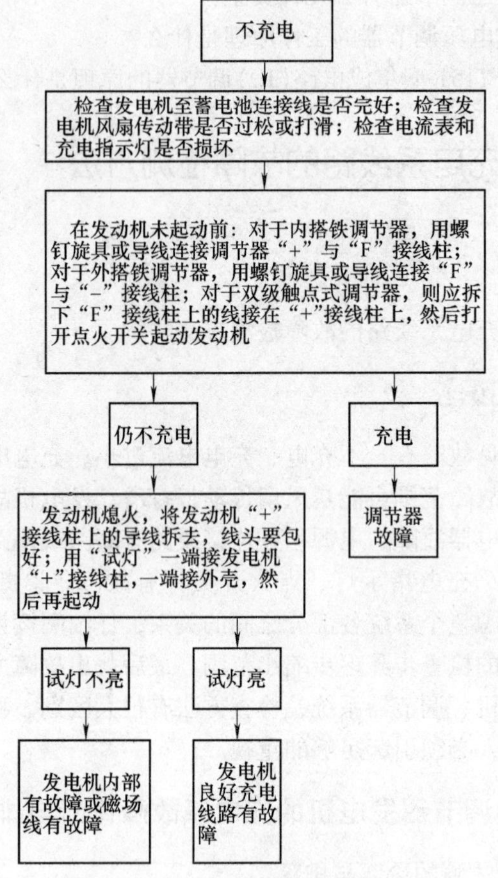

图 3-35　不充电故障的诊断与排除

故障原因：

1）发电机风扇传动带过松、打滑。

2）发电机故障：可能有个别二极管损坏；定子三相绕组局部短路或有一相接头断开，励磁绕组局部短路等。

3）调节器有故障：调节器电压过低，触点式调节器触点接触不良。

4）线路接触不良，接触电阻大。

故障诊断与排除：应检查 V 带是否过松或者打滑；电刷集电环接触是否良好；用万用表检查硅二极管是否每个都完好；三相绕组是否正常。如不行，可更换调节器再试。如有条件，可测量定转子间隙是否正常（单边应为 0. 3mm）。若间隙过大可更换转子后再试。依据发电机规定额定电流判定发电机是否充电不足。

3. 充电量过大故障的诊断与排除

发动机运转在中速以上时，电流表指示大电流充电（30A 以上），蓄电池电解液消耗过快且有气味，点火线圈过热，分电器触点易烧蚀，灯泡易烧坏等均表示充电电流过大。

【课堂互动】

故障原因：

1）调节器调节电压过高或失控。

2）发电机“+”（电枢）接线柱和磁场接线柱短路。

3）蓄电池亏电太多，蓄电池内短路。

故障诊断与排除流程如图3-36所示。

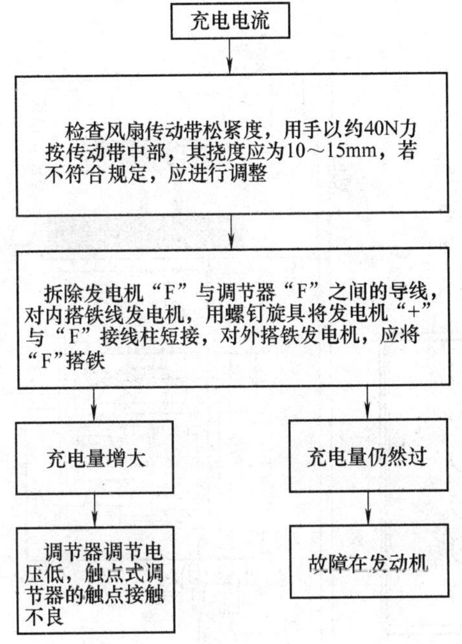

图3-36　充电量过大故障的诊断与排除

4. 充电不稳故障的诊断与排除

发动机正常运转时，汽车上的电流表指示充电，但指针总是左右

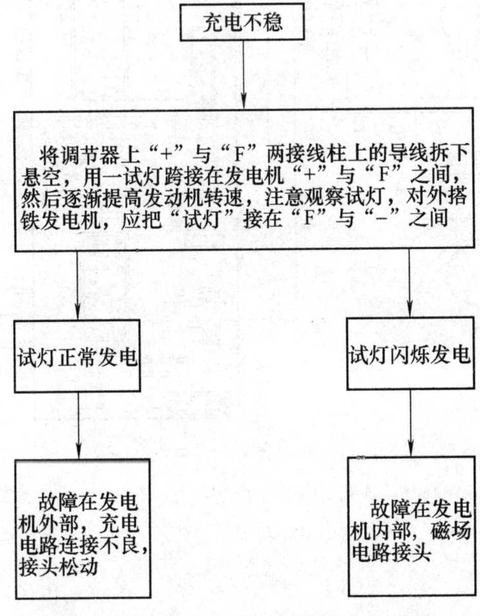

图3-37　充电不稳故障的故障与排除

【课堂互动】

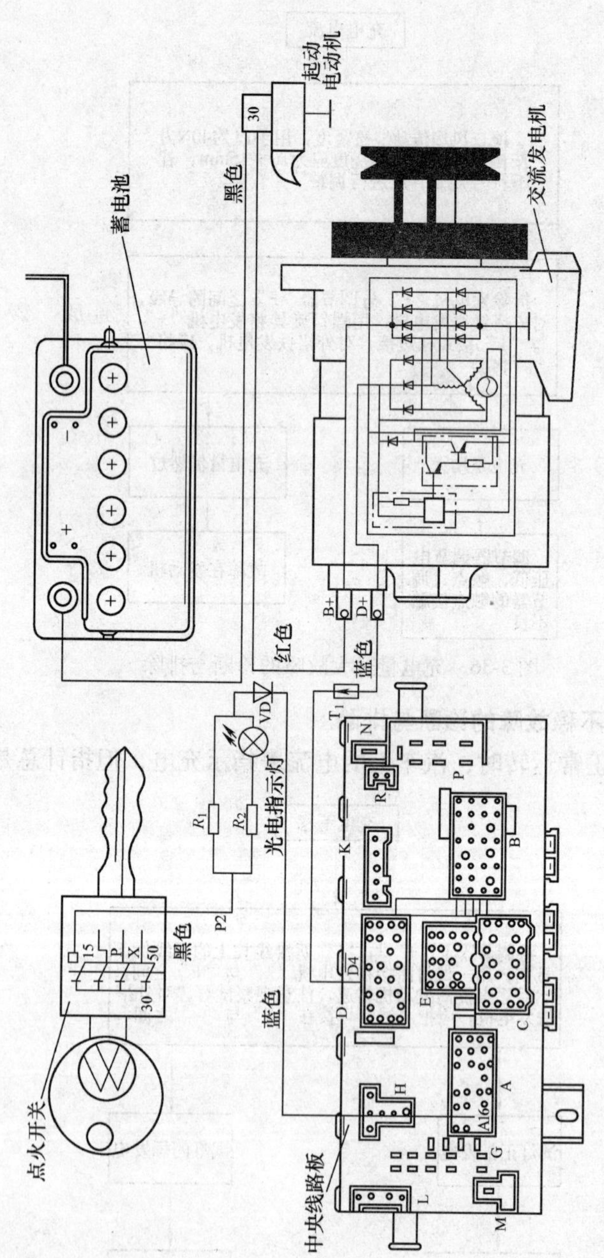

图 3-38 上海桑塔纳轿车电源系电路

【课堂互动】

摆动，或一会儿大，一会儿小，此现象称为充电不稳。

故障原因：

1）发电机风扇传动带过松、跳动或传动带轮失圆。

2）发电机内部接线松动、接触不良。

3）发电机电刷磨损过甚，电刷弹簧弹力减退或折断，集电环脏污或失圆。

4）调节器触点接触不良，磁场线接触不良。

故障诊断与排除流程如图3-37所示。

3.5.2　整体式交流发电机的充电系故障诊断与排除

以上海桑塔纳轿车为例（见图3-38），说明整体式交流发电机充电系故障的判断方法。

电压调节器采用全集成结构，与发电机电刷支架连成一体，而且采用了维护修理方便的外装式结构。

当点火开关接通时，电流经黑色导线从点火开关“15”结点来到 R_2 和充电指示灯串接线与 R_1 的并联电路，经过二极管VD再接到仪表板H的黑色插件，通过蓝色导线与中央线路板上A16插件连接。中央线路板D4结点，经 T_1 插件用蓝色导线接到发电机D+接线柱。

1. 不充电故障的诊断与排除

不充电故障诊断与排除流程如图3-39所示。

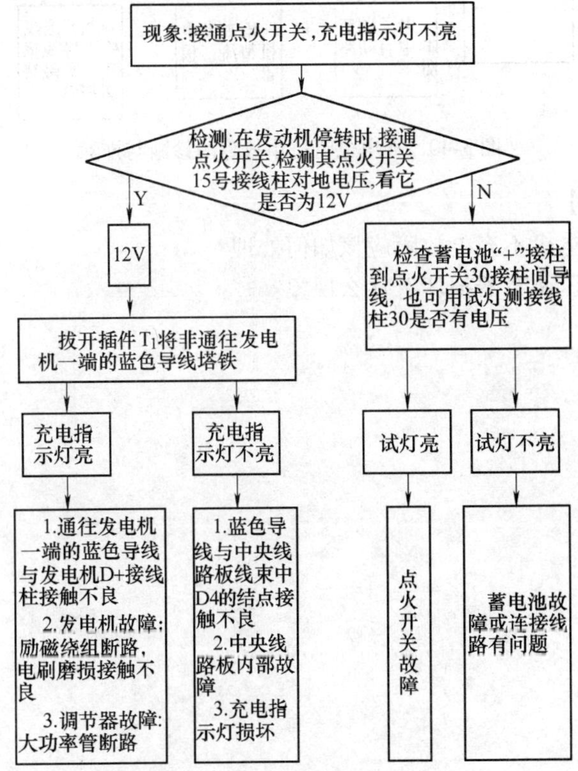

图3-39　不充电故障的诊断与排除

【课堂互动】

2. 充电电流过小故障的诊断与排除

充电电流过小故障的诊断与排除流程如图3-40所示。

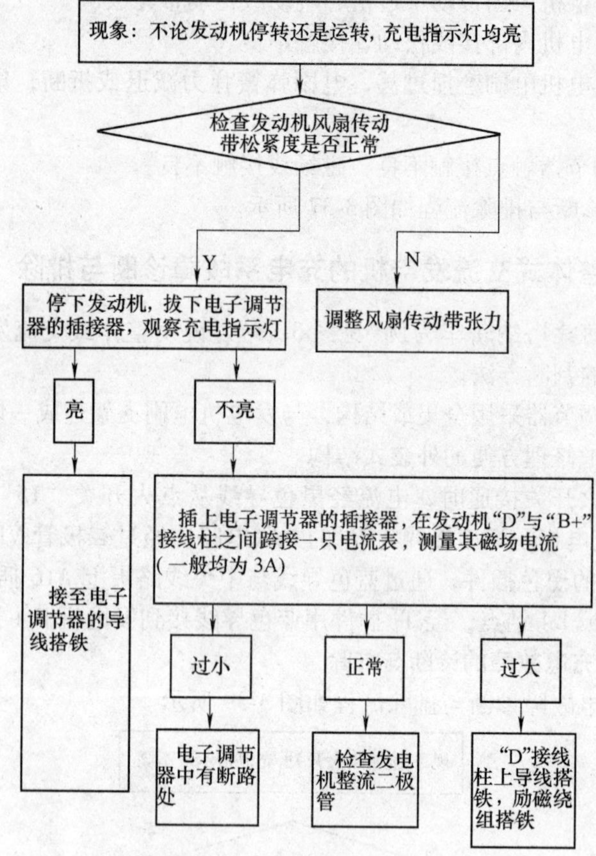

图3-40　充电电流过小故障的诊断与排除

【习题3.5】

1. 发电机不充电故障应该如何处理?
2. 电压调节器损坏有什么现象?

模块 4　起　动　机

【课堂互动】

【学习目标】

1. 了解起动系的作用及类型。
2. 掌握起动系的组成。
3. 了解起动机的功用及分类。
4. 熟悉起动机型号表示方法。
5. 熟悉起动机的结构与原理。
6. 掌握起动机的常见故障现象与诊断方法。
7. 掌握起动机的故障检修方法。
8. 熟悉起动机的试验方法。
9. 了解起动机的正确使用和维护要求。

讨论：汽车上常见的起动方式有哪些？

4.1　起动系统概述

【本节目标】

1. 了解起动系的作用及类型。
2. 掌握起动系统的组成。

【基本理论知识】

4.1.1　起动系统的作用及类型

说说起动系统的重要性。

发动机必须依靠外力带动曲轴旋转后，才能进入正常工作状态，起动系的作用就是供给发动机曲轴足够的起动转矩，以便使发动机曲轴达到必需的起动转速，使发动机进入自行运转状态。

发动机常用的起动方式，有人力起动、辅助汽油机起动和电力起动。

1. 人力起动方式

人力起动是用手摇柄直接摇动发动机曲轴上的起动爪，或用绳索拉动驱动带轮，使发动机曲轴在外力下旋转起来，使发动机得以起动，这是最简单的一种起动方式，现代汽车上仍有部分车型将人力手摇起动作为后备方式保留，有些车型则已取消。

2. 辅助汽油机起动方式

辅助汽油机起动方式只在少数重型汽车上采用。

【课堂互动】

小型汽油机因压缩比小、燃料容易燃烧、起动阻力小、工作平稳，在一些中型车上被当做起动机使用，即首先起动汽油机，以汽油机输出动力带动重型车上的发动机转动，从而使发动机能够得以正常起动。这种起动方式称为辅助汽油机起动方式。

3. 电力起动方式

电力起动是由直流电动机通过传动机构将发动机起动，它具有操作简单、起动迅速可靠、重复起动能力强等优点。现代汽车上广泛采用这种方式。

4.1.2 电力起动系统的组成

电力起动系统简称起动系，由蓄电池、起动机和起动控制电路等组成，起动控制电路包括起动按钮或开关、起动继电器等，如图 4-1 所示。

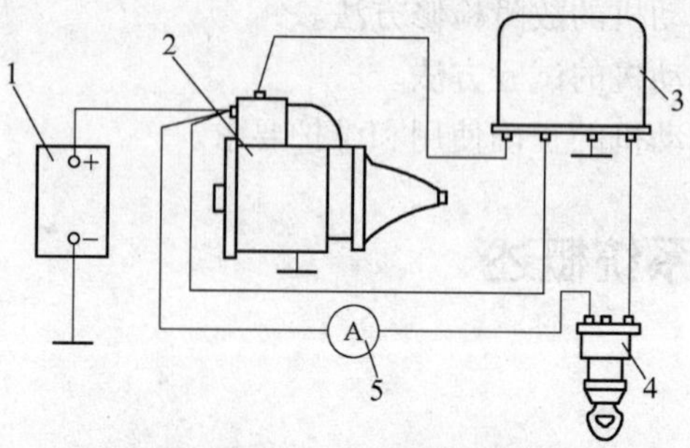

图 4-1 电力起动系统的组成
1—蓄电池 2—起动机 3—起动继电器
4—点火开关 5—电流表

起动机在点火开关或起动按钮控制下，将蓄电池的电能转化为机械能，通过飞轮齿圈带动发动机曲轴转动。为增大转矩，便于起动，起动机与曲轴的传动比：汽油机一般为 13 ~ 17，柴油机一般为 8 ~ 10。起动机驱动齿轮的齿数一般 5 ~ 13 齿。

【习题 4.1】

1. 为什么电力起动方式在汽车上得到了最广泛的应用？
2. 电力起动系统由哪些部件组成？用连线画出他们的连接关系。

讨论：汽车起动前，起动机如何带动发动机运转？

4.2 起动机

【本节目标】

1. 了解起动机的功用及分类。
2. 熟悉起动机型号表示方法。
3. 熟悉起动机的结构与原理。

【课堂互动】

4.2.1 起动机的功用以及分类

起动机的功用是将蓄电池的电能转换成机械能，带动发动机运转。其种类繁多，具体的结构和原理也不尽相同，根据传动机构、啮合方式和直流电动机的不同分类如下。

1. 按传动机构结构

（1）非减速起动机　起动机与驱动齿轮之间直接通过单向离合器传动。一直以来，汽车上使用的起动机其传动机构均为这种机构。

（2）减速起动机　在起动机与驱动齿轮之间增设了一组减速齿轮。减速起动机具有结构尺寸小、重量轻、起动可靠等优点，在一些轿车上应用日渐增多。

2. 按驱动齿轮啮合方式

（1）惯性啮合式　起动时，依靠驱动齿轮自身旋转的惯性与飞轮齿环啮合。惯性啮合方式结构简单，但工作可靠性较差，现很少采用。

（2）电枢移动式　靠点火开关控制的电磁线圈产生的电磁力使电枢作轴向移动，带动固定在电枢轴上的驱动齿轮与飞轮齿环啮合。电枢移动式起动机其结构较为复杂，在欧洲国家生产的柴油车上使用较多。

（3）磁极移动式　靠点火开关控制的电磁线圈产生的磁力使其中的活动铁心移动，带动驱动齿轮与飞轮齿环啮合。磁极移动式起动机其磁极的结构较为复杂，目前采用此种结构形式的起动机已不多见。

（4）齿轮移动式　电磁开关推动电枢轴孔内的啮合杆而使驱动齿轮与飞轮齿环啮合。齿轮移动式起动机结构也比较复杂，采用此种结构的一般为大功率的起动机。

（5）强制啮合式　磁力通过拨叉或直接推动驱动齿轮作轴向移动与飞轮齿环啮合。强制啮合式起动机工作可靠、结构也不复杂，因而使用最为广泛。

3. 按直流电动机结构

（1）电磁式起动机　电动机的磁场由励磁电流产生。

（2）永磁式起动机　电动机的磁场由永磁铁产生。永磁式起动机的功率都较小(一般在2kW以下)，一般都带有减速装置。

4.2.2 起动机的型号

讨论：汽车起动前，起动机如何带动发动机运转？

根据QC/T 73—1993《汽车电气设备产品型号编制方法》的规定，起动机的型号由以下五部分组成，如图4-2所示。

1）产品代号：QD表示起动机，QDJ表示减速起动机，QDY表示永磁起动机(包括永磁减速起动机)，J、Y分别表示“减”、“永”。

【课堂互动】

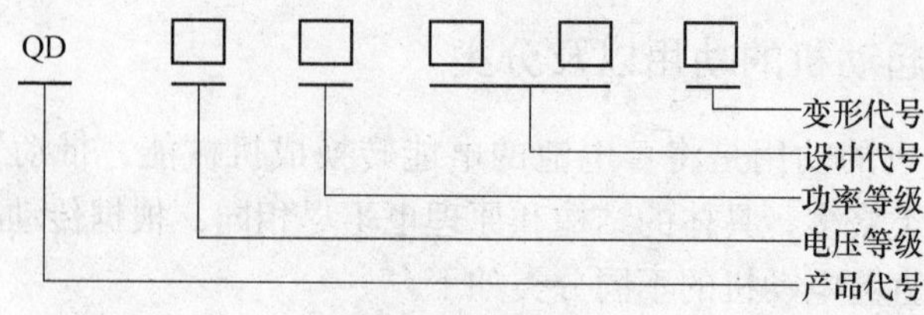

图 4-2 起动机型号

2）电压等级代号：1 表示 12V，2 表示 24V，6 表示 6V。

3）功率等级代号：功率等级代号见表 4-1。

表 4-1 功率等级代号

功率等级代号	1	2	3	4	5	6	7	8	9
功率/kW	<1	1 ~ 2	2 ~ 3	3 ~ 4	4 ~ 5	5 ~ 6	6 ~ 7	7 ~ 8	>8

4）设计代号：按照产品设计次序，用数字表示第几次设计。

5）变形代号：用大写英文字母 A、B、C、D…顺序表示。

例如：QD124 表示额定电压为 12V，功率为 1 ~ 2kW，第四次设计的起动机。

4.2.3 起动机的结构与原理

1. 起动机的基本组成

说说电动机是如何把电能转换为机械能的？

起动机主要由串励直流电动机、传动机构及电磁开关三部分组成，图 4-3 所示的是普通电磁操纵式起动机的组成与结构。

结构学习建议用实物教学。

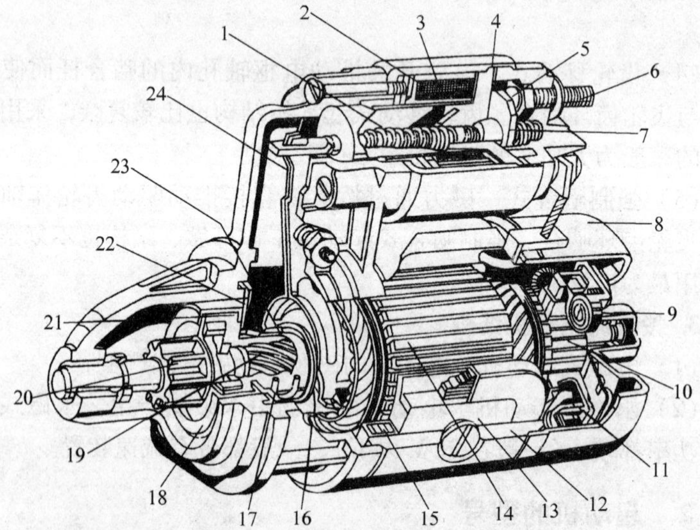

图 4-3 普通电磁操纵式起动机的组成与结构

1—回位弹簧 2—保持线圈 3—吸引线圈 4—电磁开关壳体 5—触点 6—接线柱 7—接触盘 8—后端盖 9—电刷弹簧 10—换向器 11—电刷 12—磁极 13—磁极铁心 14—电枢 15—磁极绕组 16—移动衬套 17—缓冲弹簧 18—单向离合器 19—电枢轴花键 20—驱动齿轮 21—罩盖 22—制动盘 23—传动套筒 24—拨叉

（1）直流电动机　直流电动机是起动机的动力源，它将蓄电池的电能转换为电磁转矩(机械动力)。

【课堂互动】

（2）传动机构　传动机构使起动机实现单向动力传递，在起动时将电动机的电磁转矩传递给发动机飞轮，而当发动机起动后则自动断开发动机向起动机的逆向动力传递。

（3）电磁开关　电磁开关是起动机的控制机构，用于控制起动机驱动齿轮与发动机飞轮的啮合与分离以及电动机电路的通断。

2. 起动机的工作原理

（1）直流电动机的原理　串励直流电动机主要由转子(电枢和换向器总成)、定子(磁极)、电刷与刷架等组成，其电路原理如图 4-4 所示。

串励直流电动机通电后，蓄电池电流经电动机励磁绕组、绝缘电刷与换向器、电枢绕组、换向器与搭铁电刷到搭铁构成回路。励磁绕组通电后使定子产生磁场，使转子置身于磁场中；通电电枢绕组受到磁场力的作用，使电枢产生一个电磁力矩；换向器使电枢绕组的电流按其位置的改变而换向，以使每一匝电枢绕组在磁场力作用下的力矩方向始终不变。

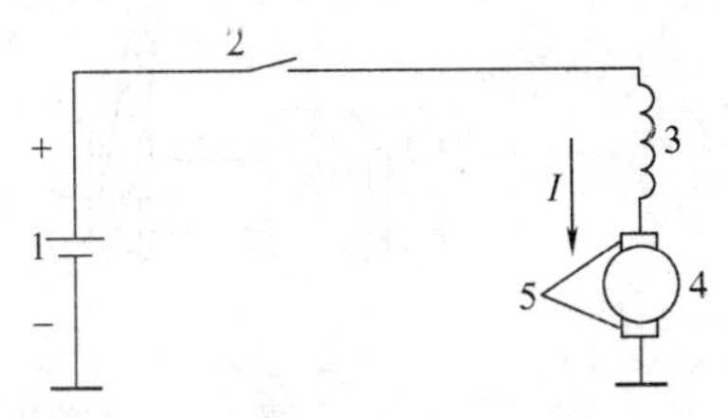

图 4-4　直流串激式电动机的电路原理

1—蓄电池　2—电源开关　3—励磁绕组　4—转子总成　5—电刷和电刷架

（2）传动机构的原理　传动机构主要由驱动齿轮、行星齿轮减速机构、单向离合器、传动套筒等组成。行星齿轮式减速起动机(见图 4-5)具有结构紧凑、传动比大、效率高的特点。行星齿轮式减速起动机的输出轴与电枢同心、同旋向，结构和布置形式除了增加了行星齿轮减速机构外，与普通起动机相同，外形也相似。

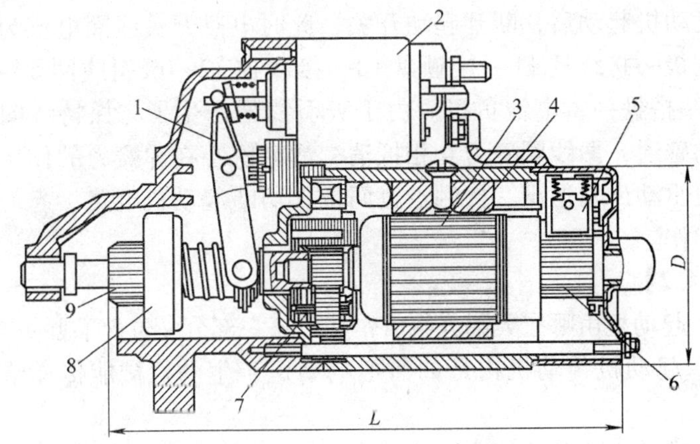

图 4-5　行星齿轮式减速起动机

1—拨叉　2—电磁开关　3—电枢　4—磁极　5—电刷　6—换向器　7—行星齿轮减速机构　8—单向离合器　9—驱动齿轮

【课堂互动】

起动时，由电磁开关控制的拨叉使驱动齿轮与飞轮啮合，电枢产生的电磁力矩经传动套筒、行星齿轮减速器、单向离合器、驱动齿轮传递给发动机飞轮；当发动机起动后，单向离合器可自动打滑，防止了发动机飞轮带动电动机电枢高速旋转而造成飞散事故的危险。

（3）电磁开关的原理　电磁开关的组成与原理如图4-6所示。

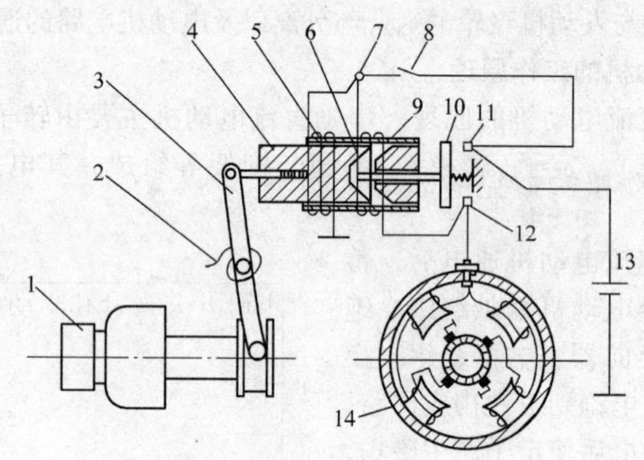

图4-6　电磁开关的组成与原理

1—驱动齿轮　2—回位弹簧　3—拨叉　4—活动铁心　5—保持线圈　6—吸引线圈　7—电磁开关接线柱　8—起动开关　9—铁心套筒　10—接触盘　11、12—接线柱　13—蓄电池　14—电动机

接通起动开关后，电磁开关线圈通电，在两线圈磁力的共同作用下，使活动铁心4克服弹簧力右移。活动铁心移动的结果带动了拨叉3，将驱动齿轮1推向飞轮，当驱动齿轮与飞轮啮合时，接触盘10也被活动铁心顶至与触点接触，使电动机14通入起动电流，产生正常电磁转矩而带动发动机转动。接触盘接通触点时，吸引线圈6被短路，活动铁心靠保持线圈5的磁力保持其吸合的位置。

发动机起动后，断开起动开关，此时电磁开关线圈电流为：蓄电池正极→接线柱11→接触盘10→接线柱12→吸引线圈6→保持线圈5→搭铁→蓄电池负极。由于吸引线圈产生了与保持线圈相反方向的磁通，两线圈磁力互相抵消，活动铁心在弹簧力的作用下回位，使驱动齿轮退出，接触盘也回位，切断起动机电路，起动机即停止工作。

【习题4.2】

1. 起动机由哪三大部分组成？其中每一部分又包含了哪些部件？

2. 起动机传动机构是如何把电动机产生的机械能传递给发动机的？

3. 简述电磁开关的工作过程。

【课堂互动】

4.3 起动机常见故障现象及排除方法

【本节目标】

1. 掌握起动机的常见故障现象与诊断方法。
2. 掌握起动机的常见故障检修方法。

【基本理论知识】

讨论：生活中常见的汽车起动不了的现象中，和起动系统有关的因素有哪些？

4.3.1 起动机的常见故障与诊断

1. 起动机不转动

起动时起动机无任何反应或可听到电磁开关吸合和驱动齿轮啮合声，但发动机不转动。

（1）故障原因 起动机不转动的可能故障原因有：

1）起动电源故障。蓄电池严重亏电或极板硫化、短路等，蓄电池极桩电缆与线夹接触不良，起动电路导线连接处松动而接触不良等。

2）起动机故障。换向器与电刷接触不良，励磁绕组或电枢绕组有断路或短路，绝缘电刷搭铁，电磁开关线圈断路、短路、搭铁或其触点烧蚀而接触不良等。

3）点火开关故障。点火开关接线松动或内部接触不良。

4）起动系控制线路故障。线路有断路，导线接触不良或松脱等。

教学过程建议采用实车训练，或者采用仿真课件教学。

（2）故障诊断 诊断方法如下：

1）按喇叭或开前照灯，听喇叭声响或看灯光是否正常。

如果喇叭声音小或嘶哑，灯光比平时暗淡，说明电源有问题。应先检查蓄电池极桩与线夹、起动机电源接线柱电缆接头的连接处是否有松动，触摸导线连接处是否发热（若某连接处松动或发热则说明该处接触不良），若有，应予以修理；若线路连接无问题，则应对蓄电池进行检查。

如果喇叭声音或前照灯灯光正常，说明起动电源正常，进行下一步诊断。

2）用旋具或较粗的导线将起动机上连接蓄电池和电动机的两接线柱短接，看起动机是否转动。

如果起动机不转，则说明是电动机内部有故障，应拆检起动机；如果起动机空转正常，则进行下一步检查。

3）将电磁开关线圈接线柱与起动机电源接线柱直接相连，看起动机是否转动。

【课堂互动】

如果起动机不转，则说明起动机电磁开关有故障，应拆检电磁开关；如果起动机运转正常，则应检修起动机电磁开关接线柱至点火开关之间的线路。

2. 起动机运转无力

起动时，起动转速明显偏低甚至于停转。

（1）故障原因　起动机运转无力可能的原因主要有：

1）起动电源有故障。例如蓄电池亏电或极板严重硫化，起动电源接线柱、蓄电池极柱、电源搭铁等电缆连接处接触不良等。

2）起动机故障。换向器与电刷接触不良，电磁开关接触盘和触点接触不良，电动机励磁绕组或电枢绕组有局部短路等。

（2）故障检修　检修方法如下：

1）检查起动电源电缆各连接处有无松动和接触不良。若有，予以修理；若无问题，则进行下一步检查。

2）确定蓄电池是否亏电或极板严重硫化。起动时，测量蓄电池的端电压，正常情况端电压应在8V以上。

如果起动时蓄电池正负极桩之间电压在8V以上，则应检查蓄电池极桩与电缆线夹的连接、起动机电源接线柱与电缆接头的连接、发动机的搭铁等是否有接触不良，若是，予以清洁，并将其重新连接牢固；若连接无问题，则应拆检起动机。

如果起动时蓄电池电压在8V以下，则应对蓄电池进行补充充电，若充电时蓄电池电压上升快、充电时间短、充电量少、放电时电压下降又很快、蓄电池电量很快就被用完，则说明蓄电池极板已严重硫化，则应更换蓄电池。

如果蓄电池起动时蓄电池电压在8V以下，检查线路、蓄电池无问题，则可能是起动机内部绕组或电刷等有短路故障，也需拆检起动机。

3. 起动机空转

起动时，起动机能转动，但发动机不转。

（1）故障原因　起动机空转的可能原因有：

1）单向离合器打滑。这是此种故障现象的常见原因。

2）飞轮齿圈或传动盘齿圈（自动变速器车型）的某一部分齿严重缺损，有时也会造成起动机空转。

（2）故障诊断　将发动机转一个角度，看发动机能否转动。

如果故障会随之消失（但以后还会再现），即为飞轮齿圈或传动盘齿圈齿缺损引起的起动机空转，应予以更换；如果起动机仍然空转，则为起动机单向离合器打滑，应拆检或更换起动机。

4. 电磁开关吸合不牢

起动时发动机不转，只听到驱动齿轮轴来回窜动的“哒哒”声。

（1）故障原因　电磁开关吸合不牢的可能故障原因有：

1）蓄电池亏电或起动机电源线路有接触不良之处。这是最常见的故障原因。

【课堂互动】

2）电磁开关保持线圈断路、短路或搭铁。

（2）故障诊断 先检查起动电源线路连接是否良好，若无问题，则应对蓄电池进行补充充电。如果蓄电池充足电后故障仍不能消除，则应拆检起动机电磁开关。

讨论如果发现起动机坏了怎么办？

4.3.2 起动机的故障检修

1. 起动机的拆卸与分解

（1）起动机的拆卸 断开起动机连接电缆，拧开起动机紧固螺栓后，卸下起动机(见图4-7)。

拆装教学建议采用演示法，或者仿真课件。

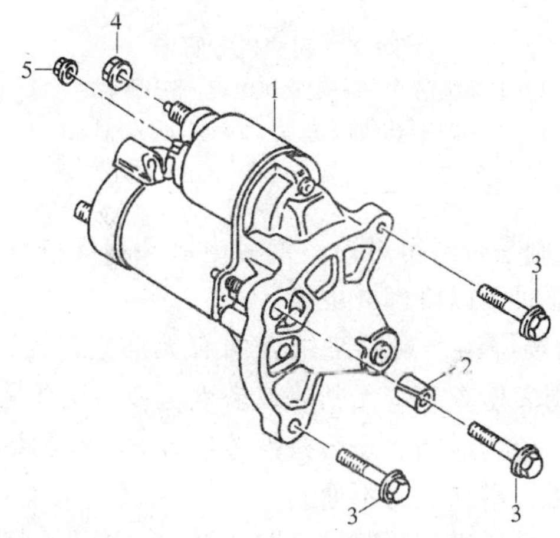

图4-7 起动机及与安装有关的部件

1—起动机 2—弹性销 3—紧固螺栓 4、5—螺母

（2）起动机的分解 起动机的分解如图4-8所示。

2. 直流电动机的检修

（1）直流电动机的常见故障 直流电动机的常见故障主要有：

1）电枢绕组或励磁绕组有断路、短路或搭铁，使电动机不产生电磁力矩或电磁力矩过小而使起动机运转无力。

2）电刷与换向器接触不良，如电刷磨损过度、电刷弹簧力过弱、换向器表面脏污或烧蚀、换向器云母片突出等都会使电刷与换向器接触不良，造成起动机不转动或运转无力。

（2）直流电动机的故障检修 直流电动机的故障检修内容与方法如下：

1）检查换向器，看其表面是否清洁，如果换向器表面轻微烧蚀，可用“00”号砂布修磨；如果严重烧蚀或已失圆，则只能将其车圆。换向铜片之间的云母片应低于铜片0.4~0.8mm，如果检查已小于0.2mm，则应对其进行修整。

【课堂互动】

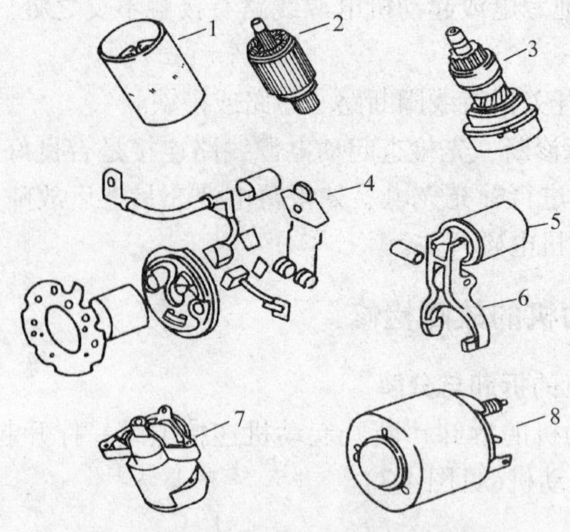

图 4-8　起动机分解图

1—起动机定子　2—起动机电枢　3—驱动轴总成

4—电刷与电刷架总成　5—移动铁心总成

6—拨叉　7—端盖总成　8—电磁开关

2）检查电刷是否磨得过短、绝缘电刷架有无搭铁、电刷弹簧是否过弱等，必要时予以修理或更换。

3）检查磁场绕组，观察绕组表面有无烧焦、线头脱焊或断裂；若无，再用欧姆表检查其有无断路或搭铁。断路检查是用欧姆表测绕组两端的电阻，应为通路。是否搭铁的检查方法是测量绕组某一端与搭铁之间的电阻，搭铁应为不通。

如果检查出励磁组有断路、短路或搭铁，则需更换定子总成。

检修过程建议采用实物演示教学。

4）检查电枢绕组，断路后用欧姆表测量两换向铜片之间的电阻（见图 4-9），若为通路则未断路。短路检查用电枢检验仪，如图 4-10 所示，电枢检验仪通电后，若放在电枢顶端槽上的铁片跳动则为电枢绕组有短路故障。搭铁检查是测量换向铜片与电枢轴之间的电阻（见图 4-11），若为不通则未搭铁。

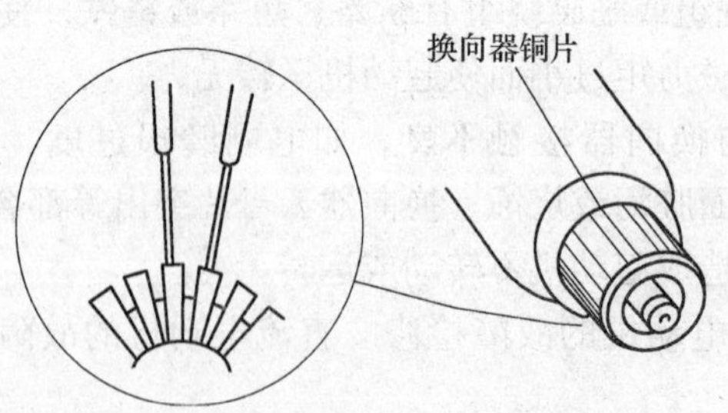

图 4-9　起动机电枢绕组断路检查

如果电枢绕组有断路、短路或搭铁，则需更换电枢总成。

3. 传动机构的检修

（1）传动机构的常见故障　传动机构的故障主要有：

【课堂互动】

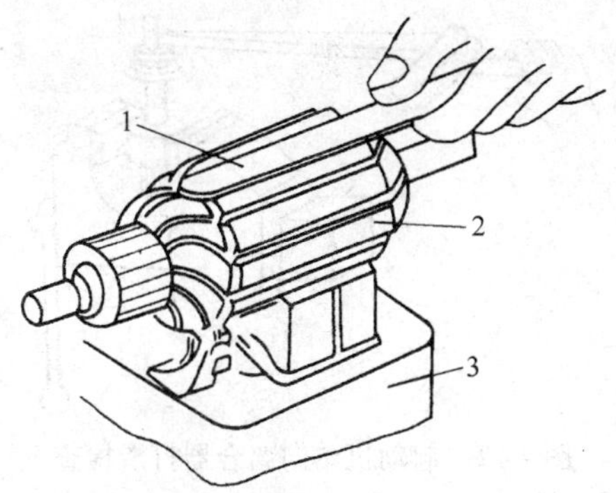

图 4-10 起动机电枢绕组短路检查
1—钢片 2—被检电枢 3—电枢检验仪

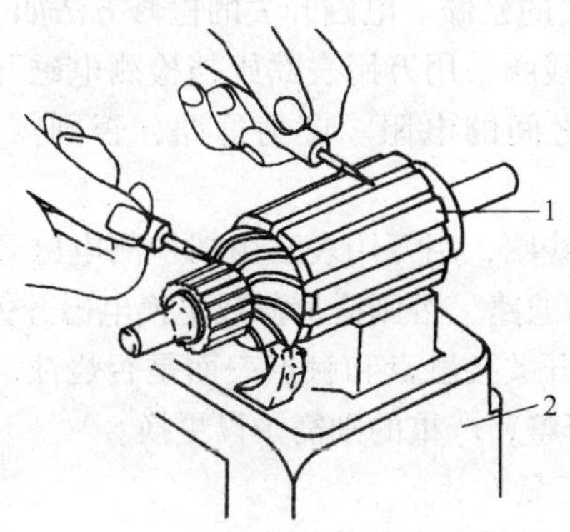

图 4-11 起动机电枢绕组搭铁检查
1—被检电枢 2—电枢检验仪

1）驱动齿轮损坏，不能与发动机飞轮啮合好而使发动机起动困难或不能起动。

2）单向离合器打滑，使起动机空转。

（2）传动机构的检修 传动机构的检修方法如下：

1）检查驱动齿轮有无过度磨损或损伤，若有则需更换。

2）检查单向离合器。固定电枢不动，用手顺时针转动驱动齿轮应转动自如，逆时针转动应不能转动。若顺时针转动有卡滞或两个方向都能转动，则需拆修或更换驱动轴总成。

3）用扭力扳手逆时针拧单向离合器(见图 4-12)，转动扭矩达 8.5N·m时不应打滑。否则，需拆修或更换驱动轴总成。

4. 电磁开关的检修

（1）电磁开关的常见故障 电磁开关的常见故障主要有：

1）电磁开关线圈有断路或短路，造成电磁开关不能动作，起动机无法工作。若只是保持线圈断路或短路，在起动时有可能会出现起动机驱动齿轮来回窜动，发出“咔嗒、咔嗒”的响声，而发动机不转动的情况。

【课堂互动】

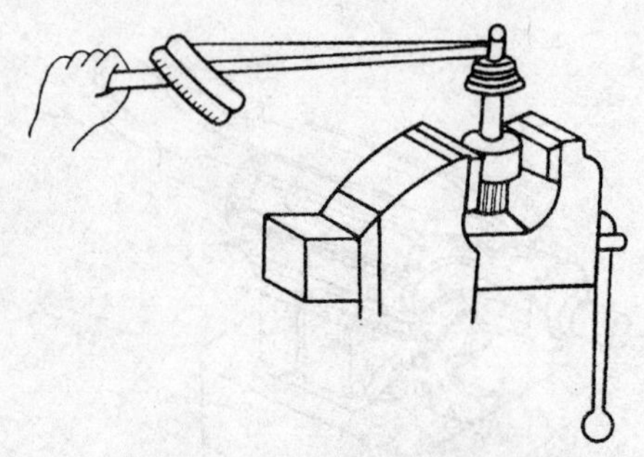

图 4-12　起动机单向离合器打滑检查

2）电磁开关接触盘与触点因烧蚀而接触不良，使电动机不能通电工作或电流过小而电动机运转无力。

（2）电磁开关的检修　电磁开关的检修方法如下：

1）检查吸引线圈，用万用表欧姆挡检测电磁开关接线柱与电动机导电片接线柱之间的电阻。应为通路，否则需拆修或更换电磁开关。

2）检查保持线圈，用万用表欧姆挡检测电磁开关接线柱与搭铁之间的电阻。应为通路，否则需拆修或更换电磁开关。

3）拆检电磁开关接触盘和触点表面是否烧蚀，烧蚀不严重，用砂布或锉刀予以修整，严重的则需予以更换。

5. 起动机的装复

按拆卸与分解相反的顺序进行。

装合后的起动机，如何确定它的好坏呢？

4.3.3　起动机的试验

起动机性能是否良好，应通过空载试验和全制动试验来检验。

（1）空载试验　将起动机夹紧，接上 12V 电源使其运转。起动机应无噪声，运转均匀，电刷无较强火花。否则，说明起动机有故障，需拆修起动机。

注意：每次空载试验不要超过 5s，以免起动机过热。

（2）全制动试验　全制动试验是在空载试验后，通过测量起动机全制动（锁止）时的电流和转矩来检验起动机的性能良好与否。试验方法如图 4-13 所示，通电后，迅速记下电流表、弹簧秤和电压表的示值。其全制动转矩应不小于 8.5N · m，制动电流在 350A 左右。

1）如果电流大而转矩小，则表明磁场绕组或电枢绕组有短路故障；

2）如果转矩和电流都小，则表明起动机内接触电阻过大；

3）如果试验过程中电枢轴转动，则说明单向离合器打滑。

注意：全制动试验要动作迅速，一次试验时间不要超过 5s，以免烧坏电动机和对蓄电池使用寿命造成不利影响。

【习题 4.3】

1. 起动机常见的故障现象有哪四种？

【课堂互动】

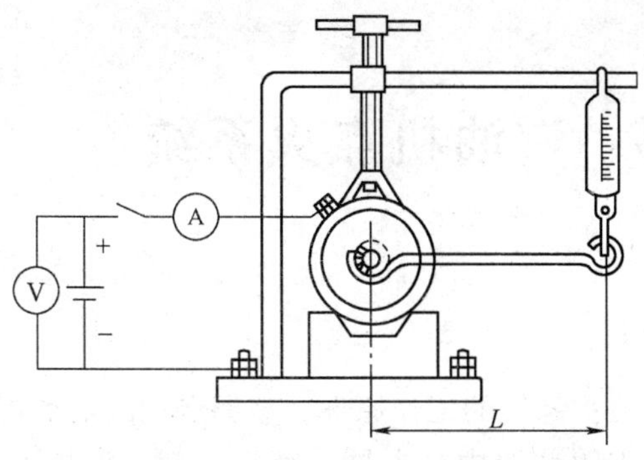

图 4-13 起动机全制动试验

2. 起动机不运转的原因有哪些？如何诊断？
3. 起动机运转无力的原因有哪些？如何诊断？
4. 起动机空转的原因有哪些？如何诊断？
5. 如何检查直流电动机电枢绕组断路、短路和搭铁故障？
6. 如何对电磁开关进行检修？
7. 简述起动机的空载试验和全制动试验过程。

前面学习了起动系统的原理和检修，那么生活中应该注意些什么呢？

4.4 起动机的正确使用和维护

【本节目标】

掌握起动机的使用和维护要求。

【基本理论知识】

为了延长起动机的使用寿命，并保证能迅速、可靠、安全地工作，起动机的正确使用和维护要求如下：

1）起动机是按短时间大电流工作设计的，其输出功率也是最大功率。因此，使用起动机时，每次工作时间不得超过5s，重复起动必须间隔15s以上。

2）在低温下起动发动机时，应先预热发动机后再起动。

3）起动机电路的导线连接要牢固，导线的截面积应满足要求。

4）使用不具备自动保护功能的起动机时，应在发动机起动后迅速松开起动开关。在发动机正常工作时，切勿随便接通起动开关。

5）应尽可能使蓄电池处于充足电的状态，保证起动机正常工作时的电压和容量，减少起动机重复工作的时间。

6）应定期对起动机进行全面的维护和检修。

【习题 4.4】

起动机的正确使用和维护要求有哪些？

模块5　汽油机点火系统

【课堂互动】

【学习目标】

1. 了解点火系统的工作原理，掌握点火的基本要求。

2. 熟悉点火装置中分电器、点火线圈、火花塞等各组成部件的功用、结构、原理。

3. 掌握普通电子点火系统的基本组成、电路和工作原理。

4. 掌握磁感应式点火系统和霍尔式点火系统的基本原理和工作过程。

5. 会进行点火系统的检查和故障的分析。

6. 了解其他点火系统组成。

5.1　概述

【本节目标】

了解点火系统的类型，掌握点火的基本要求。

【基本理论知识】

演示发动机点火燃烧的过程。

点火系统的作用是将蓄电池或发电机的低电压变成高电压(20～30kV)后，按发动机各气缸的工作次序，在发动机各种工况和使用条件下适时、可靠地点燃气缸中的可燃混合气。点火系统是汽油发动机和一些燃气发动机所必须的一个特有的系统。在汽车发动机的燃烧室里，装有火花塞，在火花塞两电极之间，给予一个高的电压后，可燃混合气会产生电离。当电压升高到一定值时，火花塞两极间隙被击穿放电，产生较强的电火花，点燃可燃混合气。此时活塞正好处于压缩行程的上止点附近，从而使气体燃烧产生巨大的压力推动活塞向下运动。

5.1.1　点火系统的类型和发展过程

点火方式经历了热管式点火、磁电机点火、蓄电池点火，进入21世纪后，新款汽车均为电子点火。

1. 按照所供电源的不同分

发动机点火系统按照所供电源的不同分为：磁电机点火系统和蓄电池点火系统。

【课堂互动】

(1) 磁电机点火系统 19 世纪 80 年代中期，德国发明了将低压磁电机替代电池作为点火电源，并利用机械方法断开装在燃烧室内触点的电源，产生电火花点火的装置并取得专利，这是汽车最基本的点火装置。最初为永磁微型发电机点火(磁电机点火的前身)，后来演变成低压磁电机与高压线圈结合，产生了高压磁电机点火装置。1886 年第一辆以四冲程内燃机为动力的汽车出现了以磁电机为电源的点火系统。目前这种点火系统主要应用在摩托车及大型拖拉机上，汽车上基本不使用。

(2) 蓄电池点火系统 1908 年试制出了可靠完善的蓄电池点火装置，由蓄电池和发电机提供电源，并不断在改进控制形式，目前在广泛应用。

2. 按照控制方式的不同分

发动机点火系统按照控制方式的不同分为：传统点火系统、晶体管点火系统、计算机控制点火系统。

(1) 传统点火系统 20 世纪初出现的传统点火系统，指一次电路的通断由触点控制的点火系统，如图 5-1 所示。

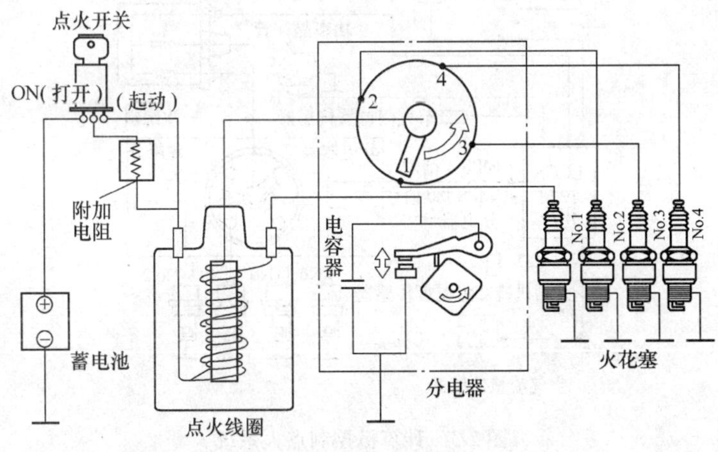

图 5-1 传统点火系统

(2) 晶体管点火系统 晶体管点火系统也称电子点火系统。20 世纪 60 年代出现了晶体管点火系统(有辅助触点)；20 世纪 70 年代，无触点晶体管点火系统开始应用，1971 年克莱斯勒公司在汽车上正式采用了全晶体管点火系统，如图 5-2 所示。

(3) 计算机控制点火系统 20 世纪 70 年代末，微机控制点火时刻的电子控制系统开始使用，由计算机根据各种传感器输入的信号，经过运算和判断，控制点火的时间，如图 5-3 所示。

目前较先进的点火系统是计算机控制无分电器电子直接点火，如图 5-4 所示。

3. 按点火系统储存点火能量的方式分

按点火系统储存点火能量的方式不同分为：电感储能式点火系统

【课堂互动】

和电容储能式点火系统。

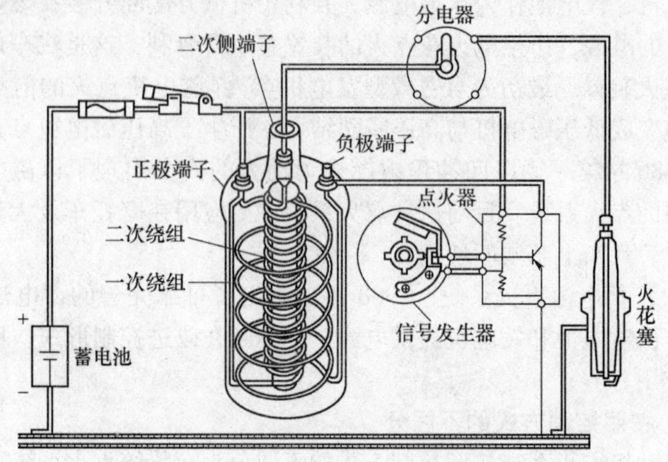

图 5-2 晶体管点火系统

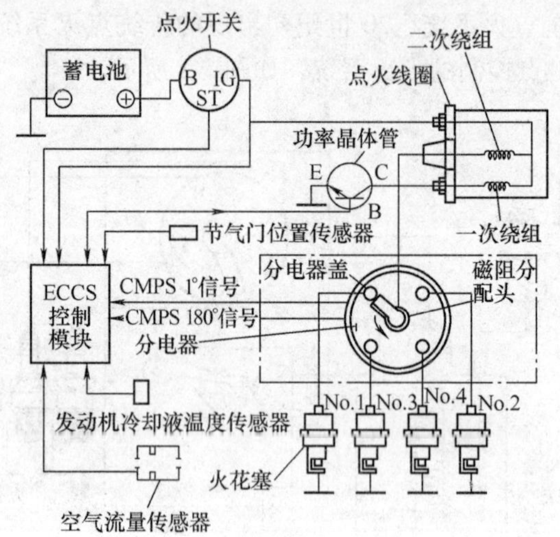

图 5-3 计算机控制点火系统

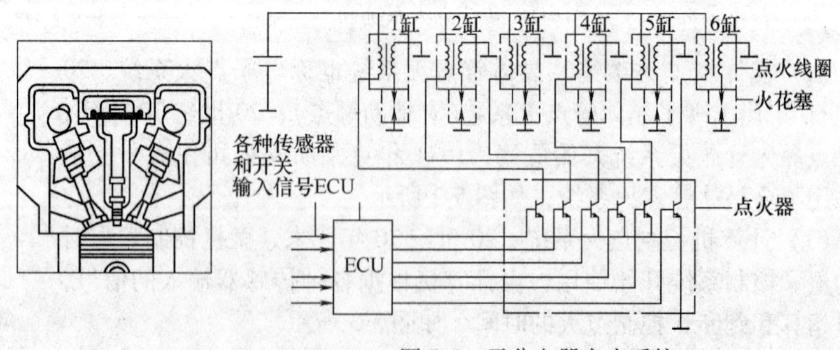

图 5-4 无分电器点火系统

（1）电感储能式点火系统 点火系统产生高压前从电源获取的能量，电感线圈以磁场能的方式储存，即以点火线圈建立磁场能量的

【课堂互动】

方式储存点火能量。目前使用的点火系统绝大部分为电感储能式。

（2）电容储能式点火系统　点火系统产生高压前从电源获取的能量以储能电容建立电场能量的方式储存。主要应用于赛车上，如图 5-5 所示。

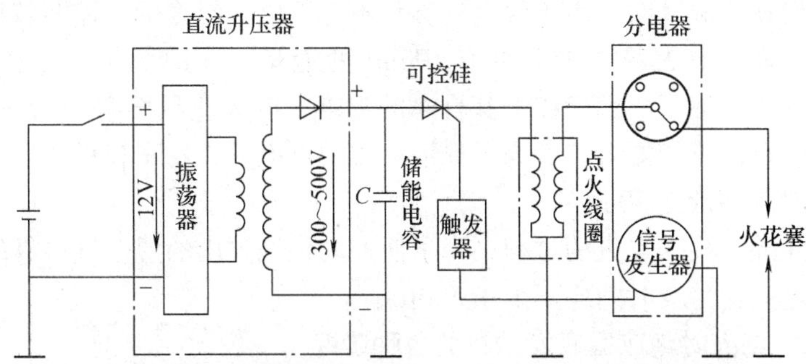

图 5-5　电容储能电子点火系统的基本原理图

4. 按点火信号产生的方式分类

按点火信号产生的方式不同分为：磁感应式、光电式、电磁振荡式、霍尔效应式。

（1）磁感应式　由分电器轴驱动的导磁转子转动，改变磁路磁阻，使感应线圈的磁通量发生变化而产生点火电压信号。

（2）光电式　由分电器轴驱动的遮光转了转动，通过阻挡和穿过发光二极管光线的变化，使光敏晶体管产生点火信号。

（3）电磁振荡式　由分电器轴驱动的耦合转子转动，通过振荡电路起振和不起振的变化，再经滤波电路滤波后而得到点火信号。

（4）霍尔效应式　由分电器轴驱动的触发叶片转动，通过霍尔元件能否接收到磁力线而产生的变化来产生点火信号。

5.1.2　点火系统的基本要求

点火系统应在发动机各种工况和使用条件下保证可靠而准确的点火，所以无论何种点火系统都必须满足以下要求。

1. 迅速产生足以击穿火花塞间隙的高电压

在火花塞两电极之间产生火花的电压称为击穿电压。其电压的高低受到许多因素的影响。这些因素有：混合气的密度、混合气的涡流、火花塞电极的间隙、火花塞电极的状态、气缸压缩压力与温度、二次电路电阻值以及发动机的工作情况等。为了确保发动机在工作过程中火花塞能在电极间产生可靠的电火花，发动机起动时需要的击穿电压高达 1 万 7 千伏，正常工作时也需要 8 千至 1 万伏。为了保证在困难条件下可靠的点火，点火系统需要有一定的高电压储备。因此，要求点火系统能产生 2 万至 3 万伏的高压电。但是，考虑电压过高带来的绝缘问题，使成本增加，一般不要超过 3 万伏。

2. 电火花应具备足够高的能量

【课堂互动】

要使可燃混合气可靠的点燃，点火系统除了需要产生足够高的点火电压之外，火花塞产生的电火花必须具备一定的能量，因为点火能量不足，会使发动机起动困难、动力性下降、油耗和排污增加，甚至发动机不能工作。

发动机起动时，由于混合气雾化不良，电极温度低，需要较高的能量，通常电火花至少应具有 100mJ 的能量；发动机正常工作时，混合气压缩终了的温度接近其自燃的温度，电火花只要有 1～5mJ 的能量就足以点燃混合气。为了保证可靠的点火，火花塞提供的点火能量一般应不低于 50mJ。

此外，根据点火的过程，为了使发动机气缸内的混合气可靠的燃烧，电火花持续时间应不少于 500μs。

3. 点火时刻应适应发动机的各种工况

首先，点火系统应按发动机的工作顺序来进行点火；其次，发动机中的每一缸都必须在最有利的时刻进行点火，使发动机发出的功率最大、油耗最低、排放污染物最少。

发动机的点火时刻用点火提前角表示。点火提前角是指火花塞跳火时的曲柄位置与活塞上止点时曲柄位置的夹角。因为混合气的燃烧从点火开始到完全燃烧需要一定的时间，所以不能在压缩行程终了才进行点火，必须有一个提前的角度，使活塞到达上止点时混合气已接近充分燃烧，产生最大的爆破力。发动机不同转速和负荷所要求的最佳点火提前角不同。点火系统必须能自动调节点火提前角，使点火时间能适应发动机的各种工况。

【习题 5.1】

1. 点火系统的作用是什么？
2. 简述点火系统的基本要求。
3. 点火系统按点火控制方式如何划分？
4. 火花塞上产生的电压高低与哪些因素有关？

5.2 传统点火系统的组成及工作原理

【本节目标】

熟悉点火系统的各组成件的作用，了解点火的基本原理和基本过程。

【基本理论知识】

5.2.1 传统点火系统的组成及作用

传统点火系统的组成主要有电源（蓄电池和发电机）、点火开关、点火线圈、附加电阻、分电器、电容器、火花塞、高低压线等，如图5-6所示。

【课堂互动】

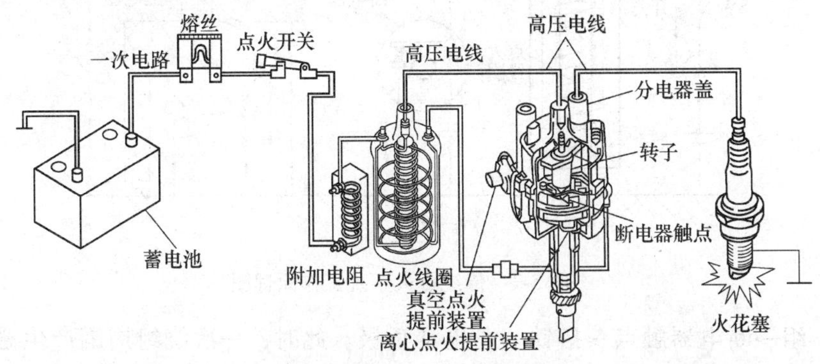

图5-6　传统点火系统的组成

电源：由蓄电池和发电机两部分组成，为点火提供电源。标称一般为低压电12V，起动时是蓄电池供电，起动后由发电机提供电源。

点火开关：接通点火系统的一次电路、起动电路等。

点火线圈：是点火系统的核心，实质是变压器，将低压电转变成高压电。

附加电阻：改善点火特性，串联在点火系统的一次电路中。

分电器：由断电器、配电器、点火自动调节机构等组成。

断电器：切断、接通一次电路，以产生高电压。

配电器：将高压电依点火次序分配给各缸火花塞。

点火自动调节机构：据不同转速、负荷自动调节点火时间(与断电器配用)。

电容器：减小断电触点产生的电火花，增大点火能量(提高二次电压)。与断电器触点并联。

火花塞：将高压电引入燃烧室，点燃混合气。

高压线：将点火线圈产生的高压电引入火花塞。

5.2.2　传统点火系统工作原理

点火装置是将低压电转变成高压电，并相互配合，在正确的时间内迅速点燃气缸内混合气，主要利用的是电磁感应原理。

基本原理如图5-7所示：系统中的点火线圈内含有两个绕组：一个一次绕组，一个二次绕组。点火开关接通，在发动机工作时，断电器凸轮旋转，交替开闭触点，使一次电路反复接通和切断。触点闭合时，一次电流流动方向为：蓄电池正极→点火开关→点火线圈一次绕

【课堂互动】

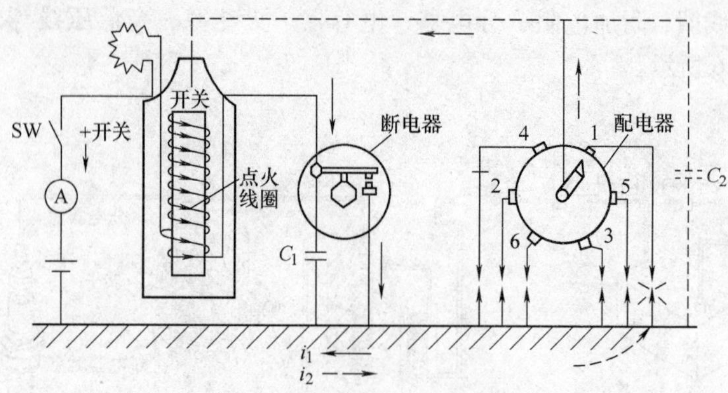

图 5-7 传统点火系统工作原理图

组→断电器触点→搭铁→蓄电池负极。此时，一次绕组周围产生磁场，并由于铁心的作用而加强。二次绕组在磁场中产生一个感应电动势，电动势的大小取决于两线圈的匝数比和磁场的变化率。接通时，因线圈的电感作用，电流变化是一个增长过程，较缓慢，在二次绕组中产生的感应电动势较小(约 1500～2000V)，不能进行点火。当触点断开时，一次电路瞬间断开，电流迅速下降到零，变化非常快，磁场也迅速变化，在二次绕组感应出高达 1.5 万至 2 万 V 的高电压。二次电流流动方向为：二次绕组→点火线圈“开关”接线柱→附加电阻→点火线圈“点火开关”接线柱→点火开关→电流表→蓄电池→搭铁→火花塞侧电极→火花塞间隙→火花塞中心电极→高压线→配电器→高压线→点火线圈二次绕组。此时，高电压击穿火花塞的间隙放电，产生电火花。

工作过程分为三个阶段：

① 触点闭合，一次电流增长(第一阶段)。电路如图 5-8 所示，等效电路图如图 5-9 所示，为电阻、电感串联电路，电流逐渐增大，磁场能量增强，线圈中磁通量增大。

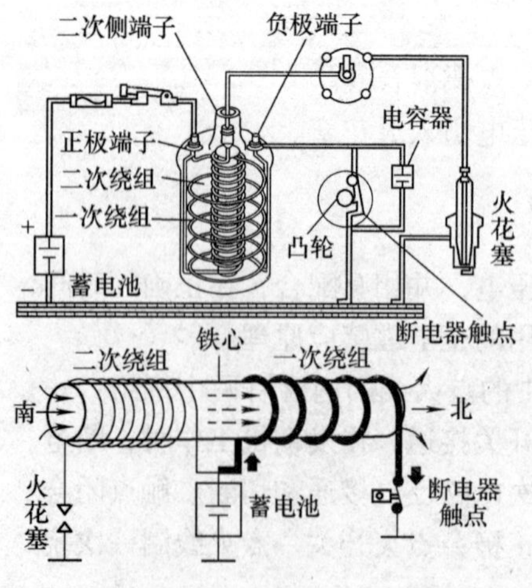

图 5-8 一次电路闭合示意图

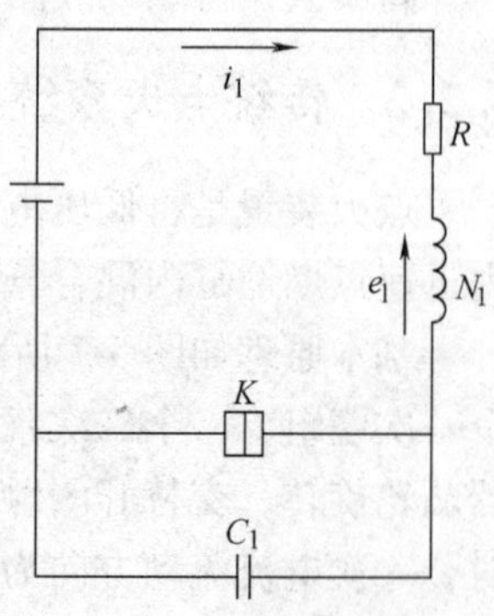

图 5-9 等效电路图

② 断电器触点断开，二次绕组产生高电压(第二阶段)。由于触点断开，一次电流迅速衰减、消失，磁通变化快，自感较大(约200～300V)，并向电容放电，如图5-10所示，等效电路图5-11所示。

【课堂互动】

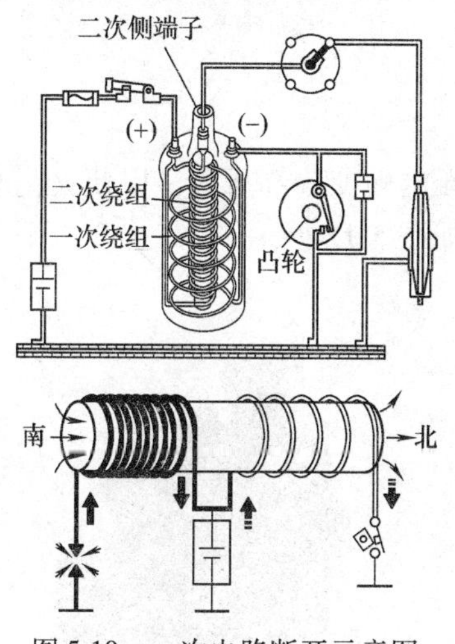

图5-10　一次电路断开示意图

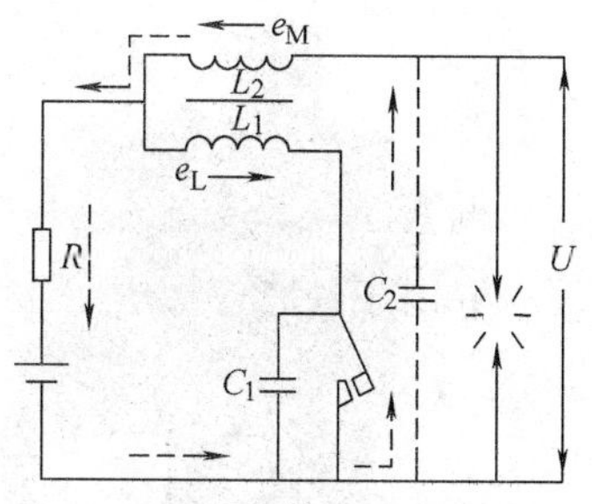

图5-11　等效电路图

同时，在二次绕组中产生了很强的互感电动势，互感电动势很高，达1万～3万伏，向分布电容放电，由于一次电路中的磁场变化，其产生的感应电动势也随之振荡，完成了一个电容电感衰减振荡过程。

当高电压足以点火时，在火花塞电极放电，产生电火花。电火花能量与电流有关，与磁场变化的快慢有关。

③ 火花放电过程：正常情况，二次电流不用达到最大值即可击穿火花塞间隙，放电。此时火花塞电极形成通路(约1万伏)，电阻小(相对)，二次电流大；分布电容释放能量，时间短(1μs)，电流大(称“电容放电”)。此时，线圈内储存磁场能消耗一部分，剩余的磁场能沿着已电离形成的通路——火花塞间隙放电，电压低(约600V)，时间长(千分之几秒)，电流小(称“电感放电”)，这样，有利于提高点火性能。

如火花塞不形成放电，则振荡慢，振荡时间长。

【习题5.2】

1. 传统点火系统工作过程经历了哪三个阶段？
2. 传统点火系统由哪些部分组成？

5.3　传统点火系统主要部件的结构与原理

【本节目标】

熟悉传统点火系统中主要部件的组成、结构，掌握其特点与工作

【课堂互动】

原理。

【基本理论知识】

5.3.1 点火线圈

1. 构造

点火线圈的作用是将电源的低压电转变为高压电，以使火花塞电极产生点燃混合气的电火花，外型如图5-12所示。

图5-12 点火线圈外型示意图

点火线圈实质为一变压器，将低压电转化成高压电，是一个核心元件。

点火线圈按磁路的结构形式不同，分为开磁路和闭磁路两种，如图5-13所示。传统触点式点火系统基本上都使用开磁路的点火线圈，闭磁路点火线圈多应用于电子点火系统。

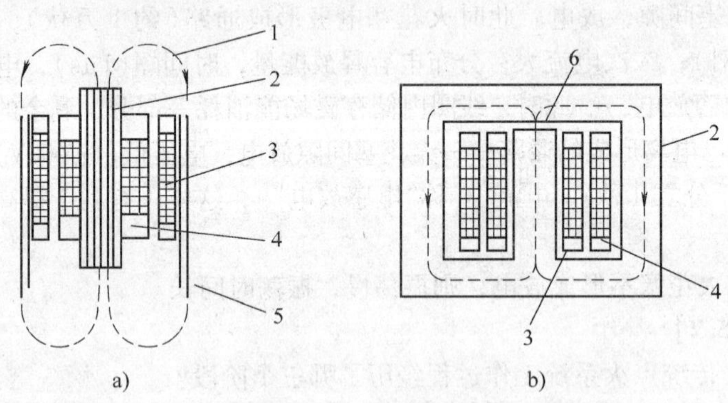

图5-13 点火线圈磁路

a）开磁路点火线圈的磁路 b）闭磁路点火线圈的磁路

1—磁力线 2—铁心 3—一次绕组 4—二次绕组

5—导磁钢片 6—空气隙

开磁路点火线圈按低压接线柱的数目分两接线柱和三接线柱两种，如图5-14所示。其基本结构相同，有两线圈和铁心等。

【课堂互动】

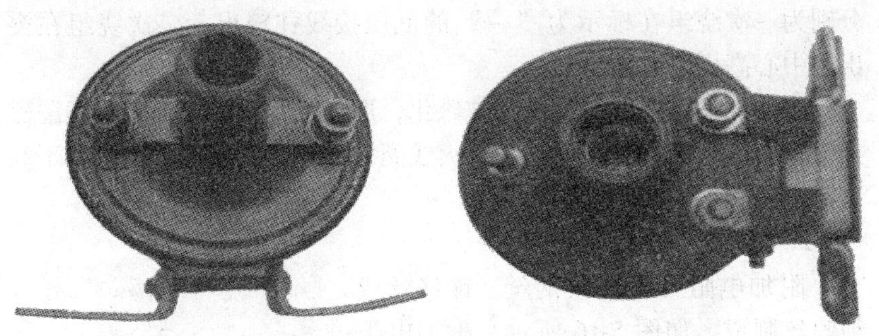
图5-14 点火线圈接线柱形式

两接线柱式点火线圈的低压接线柱上分别标有“+”、“-”的标记。三接线柱点火线圈与两接线柱式的主要区别是外壳上夹装有一个附加电阻，为连接和固定该电阻，又增加了一个接线柱。附加电阻就接在标有“点火开关”和“开关”的两接线柱上。所以点火线圈又分为有附加电阻和无附加电阻的点火线圈。图5-15是开磁路点火线圈的结构示意图。由硅钢片叠成的铁心外套有绝缘套管，套管上分层绕有二次绕组和一次绕组。二次绕组绕在绝缘套管上，用线径0.06~0.1mm的漆包线，绕出1.1万~2.3万匝。一次绕组通过的电流大，产生的热量多，其绕在二次绕组的外面有利于散热，用线径为0.5~0.8mm的漆包线绕在二次绕组外的绝缘纸上，约240~370匝，作通电回路。在绕组与外壳之间，有一个导磁钢套用以减少磁阻，增强磁场并利于散热。为加强绝缘、防止潮气侵入、固定内部各组成件并有利于散热，点火线圈外壳内充满沥青或变压器油。点火线圈的上端有胶木盖密封，并防止高压电击穿二次绕组的绝缘层，产生漏电。内部线路连接方式为二次绕组和一次绕组的一端连接在一起，另一端

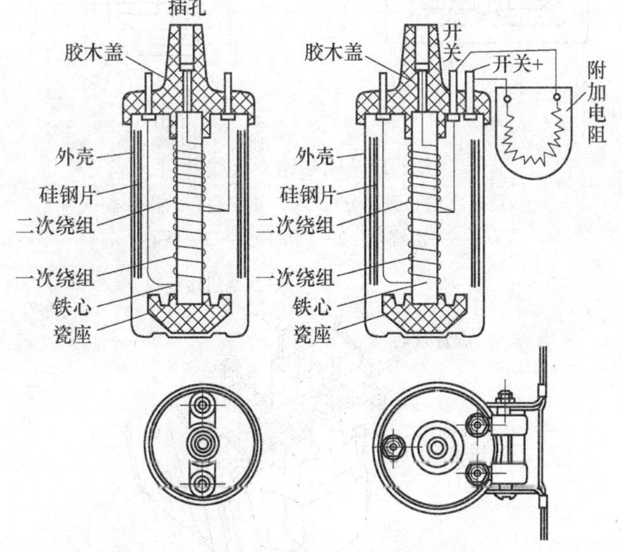

图5-15 开磁路点火线圈结构示意图

【课堂互动】

分别为一次绕组在标示为“-”的低压接线柱输出，二次绕组在突出的中心高压插孔输出。

当一次电阻通电时，铁心被磁化，形成磁路。由于开式线圈漏磁损失较多，因此这种开磁路的点火线圈一次、二次能量转换效率不高(60%左右)。

2. 附加电阻

附加电阻可由低碳钢丝、镍铬丝或纯镍丝制成。如图5-16所示，附加电阻是一个正热敏电阻，具有受热时电阻迅速增大，而冷却时电阻迅速降低的特性。因此，在发动机工作时，可利用附加电阻这一特性自动调节一次电流，改善高速时的点火特性。在安装时，应将附加电阻的一端标有“开关”的接线柱接至起动机开关的辅助触点上，以便起动时将其短路，提高起动时的一次电流和二次电压，使起动容易。

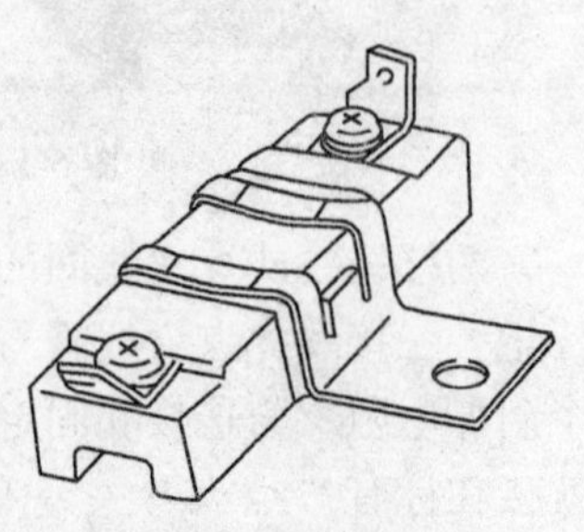

图5-16 附加电阻

3. 闭磁路点火线圈

闭磁路点火线圈的磁路和结构如图5-17、图5-18所示。这种点火线圈的铁心采用日字形结构或口字形，而不是条形的。磁路均由导磁率极高的铁心构成，铁心磁化后，其磁力线经铁心构成闭合回路，

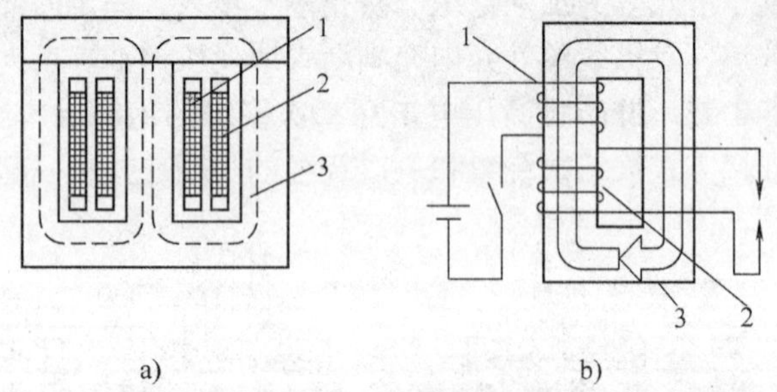

图5-17 闭磁路点火线圈

a）日字铁心磁路分布 b）口字铁心磁路分布

1—一次绕组 2—二次绕组 3—铁心

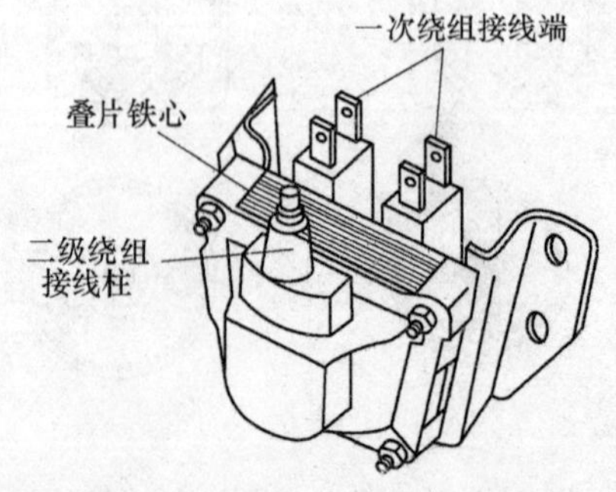

图5-18 闭磁路式点火线圈结构

因此漏磁少，点火线圈的能量转换效率高。此外，它结构紧凑，体积小，广泛应用在电子点火系中。

【课堂互动】

4. 型号、规格

点火线圈的型号一般为DQ□□□形式。

DQ为点火线圈的汉语拼音字母大写，如后面还有G或D则表示为干式点火线圈或电子点火系统用的点火线圈。

第一格代表电压等级：1—12V；2—24V。

第二格代表用途：1—单、双缸发动机用；2—4～6缸发动机用；3—4～6缸(有附加电阻)发动机用；4—6～8缸发动机用；5—6～8缸(有附加电阻)发动机用；8—高能点火。

第三格代表改进次数。

5.3.2 分电器

分电器总成由断电器、配电器、电容器和点火提前机构组成，其结构如图5-19所示。

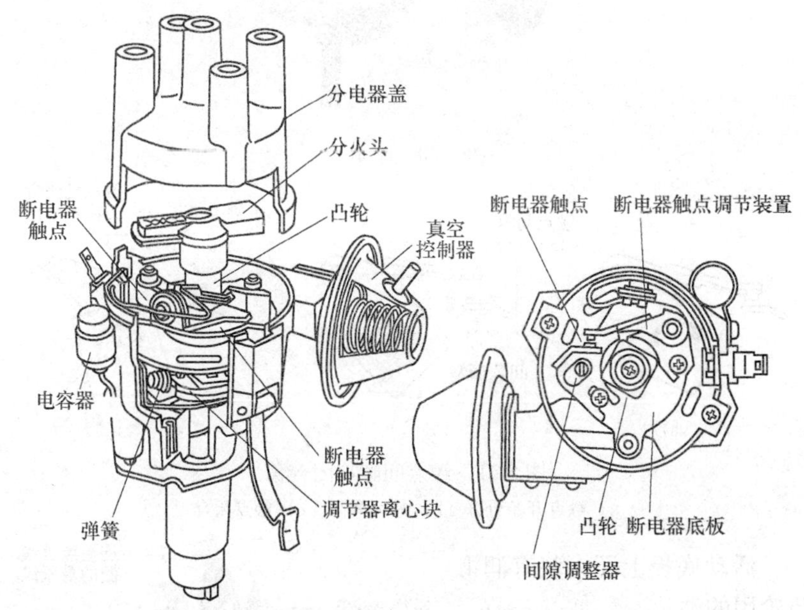

图5-19 分电器结构

分电器壳体一般由铸铁制成，下部压有石墨青铜衬套，分电器轴在衬套内旋转，靠油杯中的润滑油润滑。

1. 断电器

断电器的作用是周期性地通断点火线圈一次回路，使电流产生变化，产生感应电动势，安装在分电器的中部。它由一对触点、凸轮、活动底板、支架等组成。如图5-20所示，触点由钨制成，安装在能相对分电器外壳转动的活动底板上，其中固定触点搭铁，固定触点支架用紧固螺钉固定在活动板上，并可进行调整，两触点分开最大间隙

【课堂互动】

应为0. 35～0. 45mm。活动触点与壳体之间是绝缘的，它固定在触点臂上，触点臂的另一端通过绝缘套安装在活动底板的一个销子上。通过触点臂弹簧片的弹力使触点臂上的胶木顶块紧压在凸轮上，使触点间保持良好的接触。触点弹簧片与分电器低压接线柱相通。断电器凸轮为钢质、整体，套在轴上，螺钉固定，其凸角数目与气缸数相同。由分电器轴经离心点火提前调节机构带动旋转，使断电器触点周期性的开闭。开闭示意图如图5-21所示。

图5-20 断电器

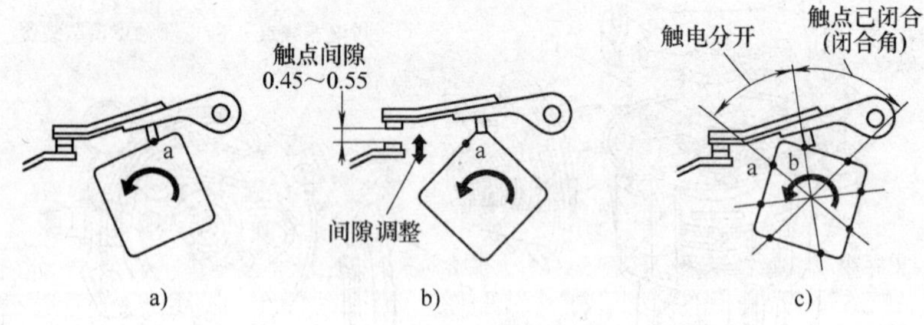

图5-21 触点间隙与闭合角

a）触点开始分开 b）最大间隙 c）触点闭合

活动底板上还夹装有润滑凸轮用的油毡。

2. 配电器

配电器的作用是将点火线圈二次侧产生的高压电按点火顺序配送至各缸火花塞。如图5-22所示，布置在分电器总成的上部。配电器由套在断电器凸轮上的胶木制成的分火头和分电器盖组成。分电器盖的中央插孔内有弹簧和接触炭

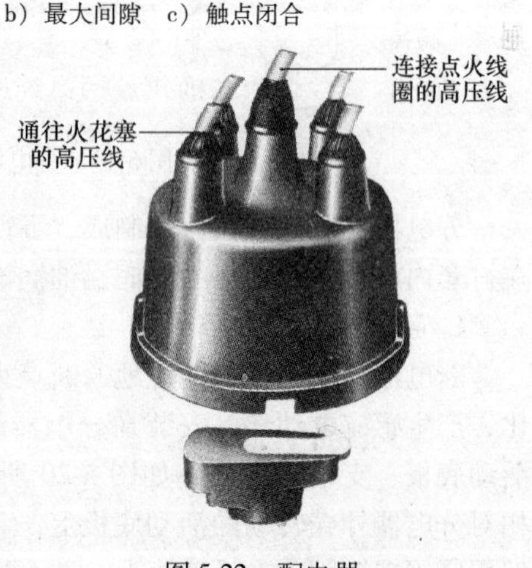

图5-22 配电器

柱，接触炭柱靠其小弹簧压在分火头的导电片上。分电器盖中央插孔的周围均布有与气缸数相同的铜套旁插孔，通过插入高压分线与各缸火花塞相连。旁插孔内连接着旁电极，工作时，分火头和断电器凸轮一起旋转，当断电器触点刚刚张开时，分火头导电片正好对准旁电极，点火线圈二次侧产生的高压电经分火头导电片跳至与其相对的旁电极，再经高压分线送至火花塞电极。分火头的导电片与旁电极保持0.2~0.8mm间隙。

【课堂互动】

3. 点火提前调节装置

分电器上装有随发动机转速和负荷的变化而自动改变点火提前角的离心式提前机构和真空式提前机构，还有进行人工调节的辛烷选择器。

（1）点火提前角　汽油燃料以相当稳定的恒速燃烧，但是发动机内的混合气燃烧不是瞬时完成的，而有一个燃烧过程。随着发动机转速的提高，空气和燃料混合物完全燃烧所需的时间将会缩短。为使混合气完全燃烧，并完全利用燃料的能量，必须要在上止点后曲轴转角在10°和20°之间产生最大燃烧压力，并发出最大功率，点火的时间不应在压缩行程上止点，应有一定的提前。从点火开始到活塞上行到上止点时曲轴所转过的角度，称为“点火提前角”。最佳的点火提前角与许多因素有关，特别是受发动机的转速和负荷的影响最大。当发动机转速一定，负荷增加(节气门开度加大)时，进入气缸内的可燃混合气增加，压缩终了的温度和压力增高，混合气燃烧速度加快，点火的提前角需要减小。反之，负荷减小时，点火提前角加大。在节气门开度一定时，当发动机转速增高，燃烧过程所占的曲轴转角加大，应适当增加点火的提前角；否则，产生过后燃烧，延续到膨胀过程中，使热损失加大。

发动机工作过程中，由于转速和负荷不断变化，为使发动机在各种工况下都能适时点火，分别由两套自动调节点火提前角的装置来完成。而点火是在触点断开的瞬间产生的，所以这两套装置主要是改变触点与凸轮的相对位置。

另外，最佳点火提前角还与汽油的抗爆性有关，不同辛烷值的汽油点火的提前角也不一样，使用较高辛烷值即抗爆性能好的汽油，点火的提前角可以适当大些，反之则小些。在发动机使用不同牌号的汽油时，可以使用辛烷值选择器调整。所以一般还有一套辛烷值选择器。但由于发动机使用的汽油牌号有规定，一般不随便改变，所以有必要时才使用。

（2）离心式点火提前调节机构　离心式点火提前调节机构随发动机转速的变化而自动调节点火提前角，发动机转速越高，最佳点火提前角越大。它通常安装在分电器总成中断电器的下方，安装在断电器固定底板的下面，其结构如图5-23所示。

在分电器轴上固定有托板，两个离心块分别套在托板的销轴上，

【课堂互动】

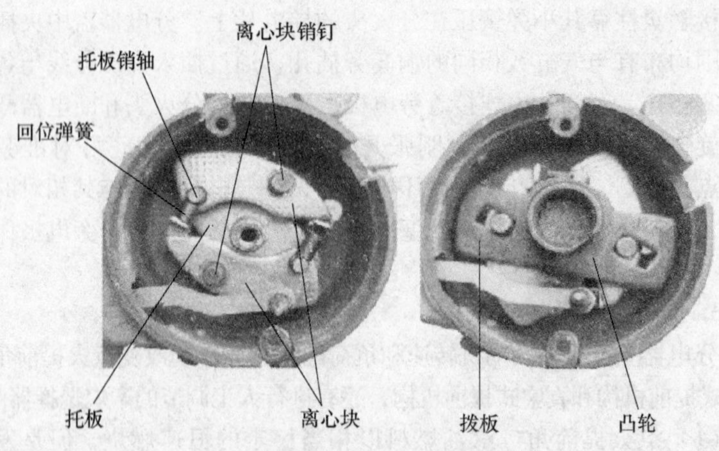

图 5-23 离心式点火提前调节机构

可绕销轴转动。离心块的另一端由回位弹簧拉向轴心。断电器凸轮及拨板为一体，套装在分电器轴上，拨板的矩形孔套在离心块的销钉上，受离心块驱动。当分电器轴转动时，离心块上的销钉即通过拨板带动断电器凸轮相对分电器轴转动一个角度。

离心提前机构的工作原理如图 5-24 所示。当发动机转速升高时，离心块的离心力逐渐增大，克服弹簧拉力使离心块向外甩开。离心块上的销轴便推动拨板带着断电器凸轮顺着分电器轴旋转的方向向前转过一个角度，使断电器凸轮提前顶开触点，点火提前角增大。转速越高，离心块的离心力越大，离心块甩开的程度就越大，点火提前角也就越大。反之，当转速降低时，离心力减小，弹簧便拉动离心块、拨板和断电器凸轮向着原来的方向退回一个角度，使点火提前角减小。

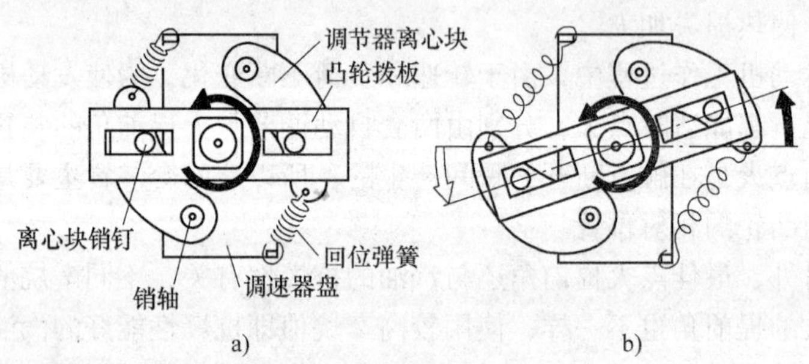

图 5-24 离心提前机构原理

a）点火正时提前之前 b）点火正时提前之后

为使点火提前角的变化适应发动机的工况，两个离心块上的弹簧弹性不同，由不同粗细的钢丝制成。在低速范围内，只有细弹簧起作用，随着转速的提高，使点火提前角增加较快；在高速时，两根弹簧同时起作用，以便点火提前角增加比较平缓；当转速提高到一定程度后，点火提前角不再增加。即点火提前角与转速不是线性关系，而是更符合发动机转速变化时对点火提前角的要求。离心提前机构的工作

【课堂互动】

特性如图 5-25 所示。

（3）真空式点火提前机构

真空式点火提前机构是随发动机负荷的大小而自动改变点火提前角的装置。真空式点火提前机构通常安装在分电器壳体的外侧。内部构造如图 5-26 所示。壳内装有膜片，将其内部分成两个腔室，位于分电器壳体一侧的腔室与大气相通，膜片中心固装着拉杆，拉杆的另一端装一销钉，断电器活动底板就套装在拉杆的销钉上，因此拉杆的运动可拉动断电器活动底板转动。转动的最大角度由固定底板上的长形孔限制。另一腔室是一个密闭的空间，用管子与化油器空气道靠近节气门附近的一个专设小孔相通。平时在膜片右方弹簧的作用下，膜片拱向分电器一侧，并通过拉杆，带动断电器活动底板处于某一位置。它是用改变触点与凸轮的相对位置关系的方法来进行调节的。

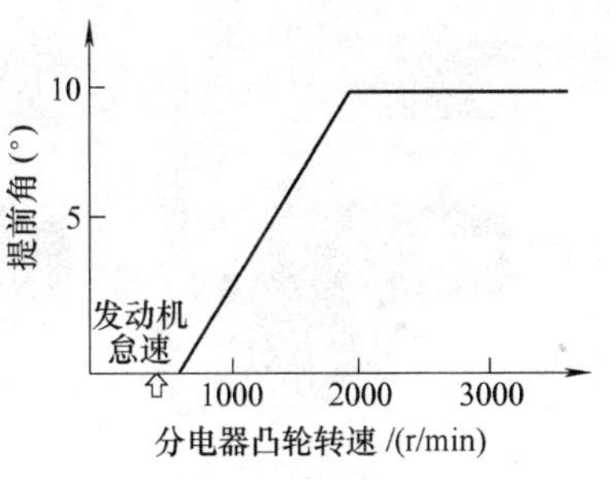

图 5-25　离心提前机构工作特性

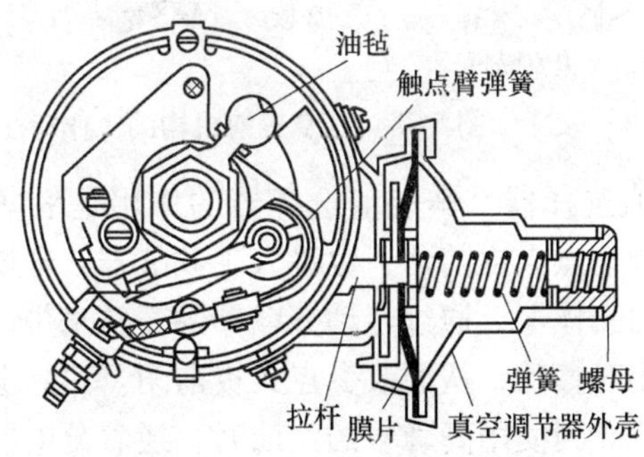

图 5-26　真空式点火提前机构

真空提前机构的工作原理如图 5-27 所示。图 5-27a 为当发动机负荷小时，节气门开度小，小孔位于节气门之下，小孔处的真空度较大，吸动膜片，克服弹簧张力向右拱曲，拉杆拉动活动底板并带着断电器触点逆分电器旋转方向转动一定角度，使触点提前打开，点火提前角增大。图 5-27b 为当发动机负荷增大即节气门开度增大时，小孔处真空度减小，吸力下降，在弹簧张力的作用下，膜片向左拱曲，拉杆带动活动底板顺着凸轮旋转方向转动一定角度，使点火提前角自动减小。图 5-27c 为发动机在怠速时，节气门接近全闭，如果点火提前角较大，容易使发动机反转，怠速运转不稳，此时化油器空气道中的小孔应位于节气门的上方，该处的真空度几乎为零，在弹簧力作用下，推动膜片使点火提前角减小或基本不提前，满足怠速时的要求。

真空提前机构的工作特性如图 5-28 所示。

【课堂互动】

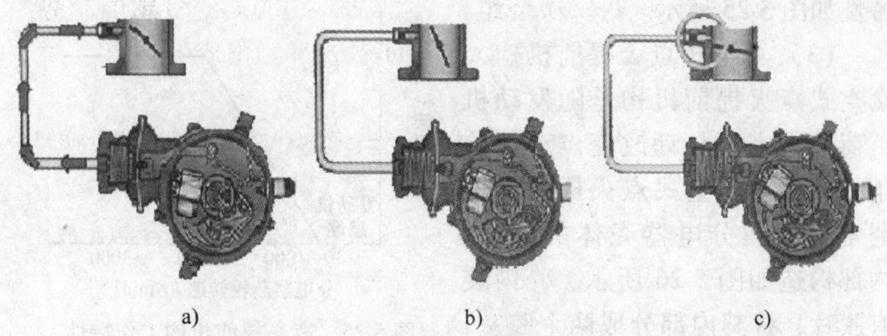

图 5-27 真空提前机构的工作原理

a）发动机负荷小 b）发动机负荷大 c）发动机怠速

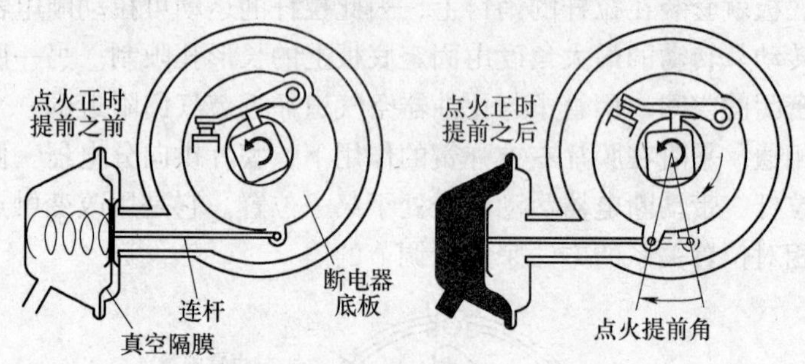

图 5-28 真空提前机构的工作特性

（4）辛烷值选择器 辛烷值选择器的作用是根据燃油辛烷值的不同，由人工调节点火提前角，也称人工调节器。辛烷值选择器安装在分电器下部的壳体上，通过转动分电器的壳体来带动触点，使触点与分电器轴作相对移动，从而改变点火提前角。实际上是一个分电器总成的固定装置。当使用高牌号的汽油时，逆着分电器轴旋转方向转动分电器壳体，点火提前角增大；反之，当使用低牌号汽油时，则顺着分电器轴旋转方向转动分电器壳体，点火提前角减小。

4. 电容器

电容器的作用是减小断电触点产生的电火花，防止触点烧蚀，增大点火能量（提高二次电压）。

电容器夹装在分电器壳外，与断电器触点并联，为纸介质，固定式，如图 5-29 所示。

结构：两条锡箔带（或铝箔）组成两极，中间夹上石蜡纸使之相互间绝缘，其中一条与搭铁极片相连，利用铝质外壳用固定夹搭铁；另一条与导电片相连接，引出软导线（+）极。把它们卷成圆筒状，用真空泵抽出中间空气，石蜡密封处理。由于电容器工作

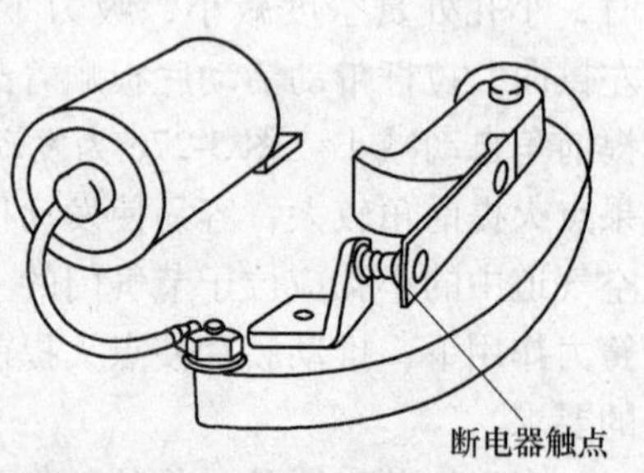

图 5-29 电容器结构

时要承受触点打开瞬间一次绕组产生的200～300V的自感电动势，因此要求其耐压为600V，并在1min内不被击穿。电容器在20℃时，绝缘电阻应不低于50MΩ。

【课堂互动】

电容器容量一般为0.15～0.25μF。当电容器容量过小时，吸收电火花的能力下降，触点间的电弧放电增强，点火能量损失增大，触点烧蚀加重；当电容器容量过大时，触点火花减小，但电容器充放电的周期较长，磁通变化的速率降低，使二次电压下降。

5. 国产分电器的型号、规格

国产分电器型号形式为FD□ □ □ □

FD：分电器的拼音字母大写。

第一格表示缸数代号：2——双缸；4——四缸；几代表几缸。

第二格表示结构代号：1——无离心；2——无真空；3——拉偏心；4——拉圆心；5——拉外壳；7——特殊。

第三格表示改进型。

5.3.3 火花塞

火花塞的作用是将点火线圈产生的高压电引入发动机的燃烧室，在其电极间形成电火花，点燃气缸内的可燃混合气。

1. 火花塞的工作条件及要求

由于火花塞安装在气缸盖上火花塞螺孔内，下端电极伸入燃烧室内，工作条件恶劣：承受气缸内高温、高压燃气的作用，还受到燃烧强烈的腐蚀作用，所以对火花塞要有一定要求：

1）应有足够的机械强度。由于瞬时燃烧压力可达5～7MPa，频繁对火花塞进行机械冲击。所以要能承受冲击载荷。

2）足够的绝缘强度。由于将高达20kV的高压电引入燃烧室，承受冲击性很强的高压电作用，要求不能产生漏电现象，有足够的绝缘强度。

3）耐高温，并能承受温度的剧烈变化。混合气燃烧时，火花塞的下端将受到1500～2000℃高温的作用，而在进气过程中，温度又降到50～60℃的低温。要求火花塞能承受此急剧的变化，并在工作过程中裙部保持一定温度，不可局部过冷和过热，保持在500～700℃范围内。

4）耐腐蚀性。发动机工作过程中，燃烧产生的气体如一氧化碳、硫化物等有一定的腐蚀性。火花塞的电极和裙部长期工作在此环境下，其使用的材料必须有耐腐蚀性。

5）密封性好。由于涉及气缸的密封性，火花塞安装位置要恰当，并能保证气缸的密封。

2. 火花塞的构造

火花塞的结构如图5-30所示，最外层是钢质壳体，上部的外侧

【课堂互动】

制成六方平面以便于拆装，下部的螺纹便于安装在发动机气缸盖的火花塞孔内，壳体最下端固定有弯曲的侧电极。中间层为高氧化铅的陶瓷绝缘体，使中心层和外层钢制壳体间隔开。中心层分三个部分：最上层为金属杆，两端有螺纹，上端螺纹拧接高压导线的接线头，用来连接高压导线；中间层为带有金属粉的导电玻璃，用以密封和提高电压；最下层装有中心电极。另外，铜制内垫圈起密封和导热作用。中心电极和侧电极一般都是采用镍锰合金或贵金属合金制成的，具有良好的耐高温、耐腐蚀性能。火花塞的电极间隙一般为0.6～0.8mm。采用高能电子点火装置，其火花塞间隙可增大至1.0～1.2mm。

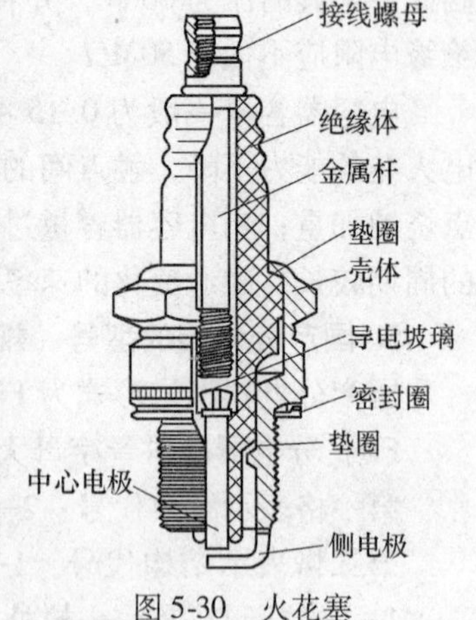

图5-30 火花塞

3. 火花塞的热特性及类型

要使火花塞工作良好，其绝缘体裙部的温度应保持在500～700℃范围内，使落在绝缘体上的油滴立即烧掉，不致形成积炭，该温度为火花塞的“自净温度”。如果绝缘体裙部的温度低于自净温度，就会引起火花塞积炭，产生漏电，导致不点火；若温度过高，则混合气与炽热的电极接触时，火花塞不跳火也会引起炽热点火而产生形成早燃、爆燃等现象。

火花塞的工作温度除了受到发动机工作状态的影响外，本身结构也是主要的影响因素。主要由火花塞裙部在工作中的受热情况和散热条件来决定，当火花塞吸收的热量和散出的热量达到平衡时，火花塞即可保持一定的温度。火花塞的传热路径如图5-31所示。

火花塞的热特性就是指其瓷绝缘管裙部的热传导能力。主要取决于绝缘体裙部的长度。裙部长，受热面积大，散热路径长，散热困难，因此工作温度高，则裙部温度高，称为热型火花塞；反之，裙部短，受热面积小，散热路径短，散热容易，裙部温度低，称为冷型火花塞，如图5-32所示。热型火花塞适用于功率小、转速和压缩比低的发动机；冷型火花塞适用于功率大、转速高和压缩比大的发动机。

目前各国对火花塞的热特性表示的方法不尽相同，我国用火花塞瓷绝缘管的裙部长度来标定，并用热值表示。1、2、3为低热值火花塞(热型)；4、5、6为中热值火花塞(中型)；7、8、9为高热值火花塞(冷型)。

火花塞的选用应按照厂家规定型号。

【课堂互动】

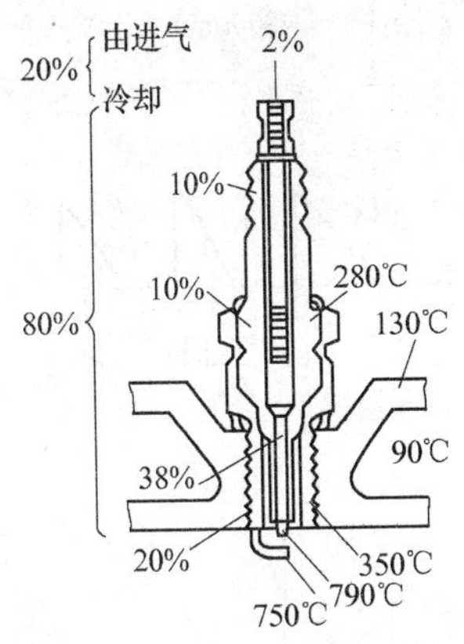

图5-31　火花塞传热路径图

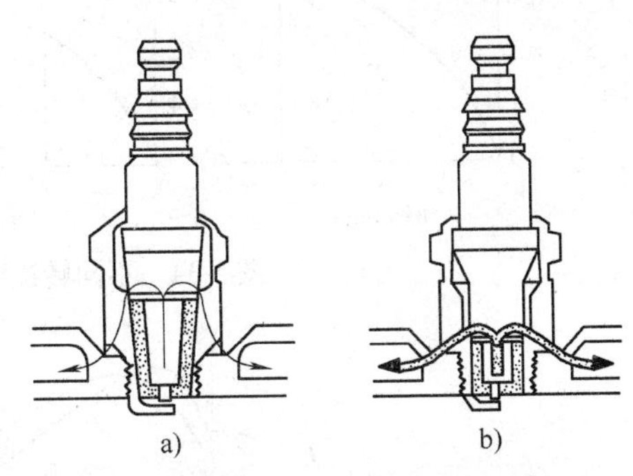

图5-32　热型和冷型火花塞
a）热型火花塞　b）冷型火花塞

5.3.4　其他

1. 点火开关

现代汽车的点火开关已演变成多功能的开关，并且有些带防盗密码。

2. 高压线

要求高压导线应该毫无损失地将分电器内的高电压传送到火花塞上；没有干扰产生，与收音机和电视不发生干扰；绝缘良好，因为导线要承受10000V或者更高的电压。

除了上面提到的，火花塞导线必须有很高的拉伸强度以及对天气环境的优良抵抗性。

高压线的构造如图5-33所示。

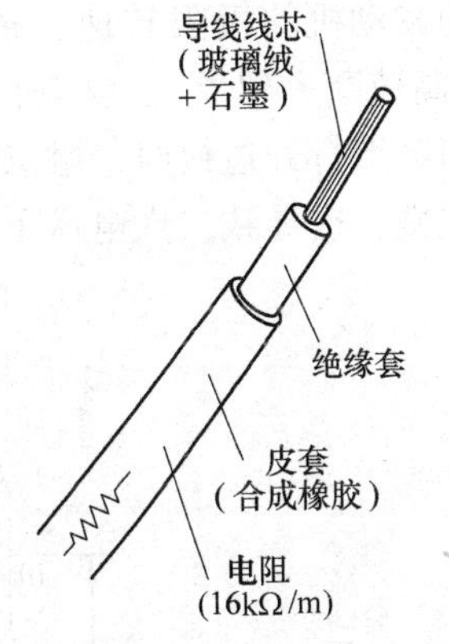

图5-33　高压线

5.3.5　传统点火系统工作特性

点火系统的主要功用是产生高电压点燃气缸中的混合气，其工作特性就是指点火线圈所产生的电压高低，它直接影响发动机的工作性能。现分析在实际使用过程中对二次电压的影响因素。

1. 发动机的转速和气缸数对二次电压的影响

二次电压的最大值将随发动机转速的升高和气缸数量的增加而降低。这是因为由于电感的作用，电流的增长有个过程，当发动机的转速越高，触点闭合的时间越短，一次电流越小，如图5-34所示。凸轮的凸起数与气缸数相同，发动机的气缸数越多，凸轮每转一周触点闭合与打开的次数就越多，于是触点的闭合时间缩短，也使一次电流减小，因而使

【课堂互动】

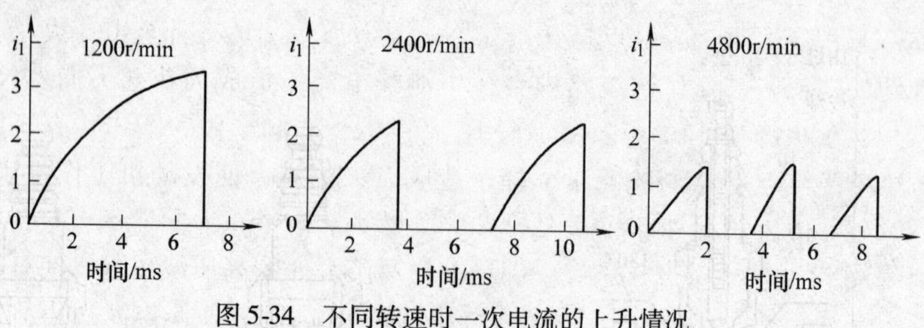

图 5-34　不同转速时一次电流的上升情况

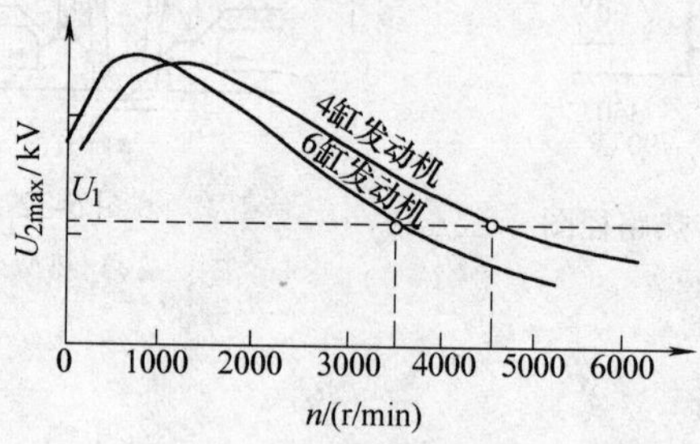

图 5-35　气缸数不同时
二次电压与转速的关系

二次电压降低，如图 5-35 所示。二次电压随转速升高而降低的现象，是发动机高速时容易断火的原因。如果在图 5-36 中作一条相当于发动机最不利情况下所需击穿电压的水平虚线，则水平虚线与特性曲线的交点即为发动机的极限转速，超过此转速将不能保证可靠点火，即发生所谓“高速断火现象”。触点打开的速度也影响二次电压。在较低的转速下，当触点打开过慢时，触点容易产生火花，一次电路断开不彻底，磁通变化慢，也导致二次电压下降，如图 5-36 所示。

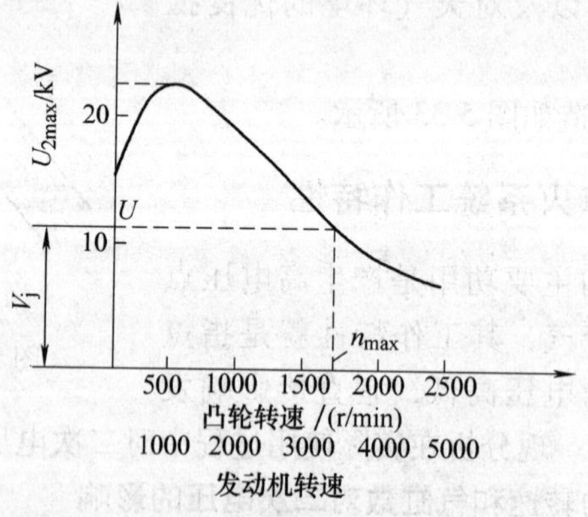

图 5-36　发动机的转速对二次电压的影响

2. 火花塞积炭对二次电压的影响

发动机工作时，若点火不准、火花塞选用不当、化油器调整不当或窜机油等，在火花塞的裙部会产生积炭。积炭虽然有较大的电阻值，但在高压电作用下，会成为具有一定导电性能的物质，因此相当于在火花塞电极间并联一个分路电阻，如图 5-37 所示，使二次电路形成闭合回

【课堂互动】

路。若积炭严重，当触点打开，二次电压增长，还没有升至击穿火花塞间隙的电压时，在二次电路内会产生泄漏电流，造成火花塞不能点火；若积炭不很严重，由于电阻的作用，产生漏电，也会使二次电压有不同程度的下降，使点火的能量下降，造成点火困难，使发动机工作不良。点火电压下降情况如图5-38所示。当火花塞积炭严重而不能点火时，可以采用“吊火”的方式解决，即把火花塞接头处的高压线拔起，使其距离火花塞接线头3～4mm，等于给它附加一个间隙，使漏电状况得到改善，需要二次电压达到较高时才能击穿附加间隙和火花塞间隙而产生电火花，点燃混合气。

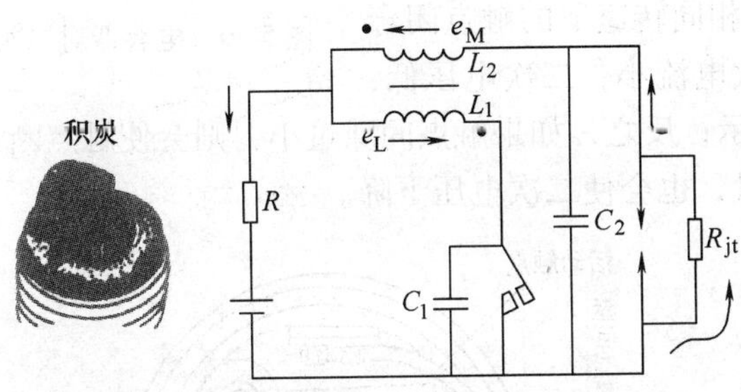

图5-37 火花塞积炭对点火能量的影响

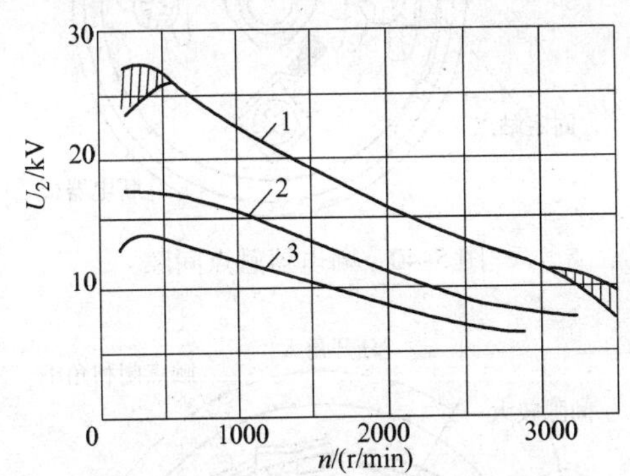

图5-38 火花塞积炭对二次电压的影响

1—火花塞轻微积炭时 2—火花塞较严重积炭时

3—火花塞严重积炭时

3. 电容对二次电压的影响

从理论上讲，二次电压的最大值与一次侧电容 C_1 和二次侧电容 C_2 成反比，分电器上的电容 C_1 的容量越小越好。但实际上，C_1 容量太小就不能很好吸收触点火花，点火线圈一次绕组自感电动势的作用使触点断开时火花加大，消耗一部分能量，使二次电压降低，如图5-39所示；电容值过大则会使触点通断时电容的充放电时间延长，导致一次电流的变化速率减小而降低二次电压。电容 C_1 的容量一般为0.15～0.35μF。

就提高二次电压而言，二次侧分布电容 C_2 越小越好，但它是高压线路的分布电容，由点火系统二次侧回路结构所限制，有时还使它增大。

【课堂互动】

4. 断电器触点的间隙

断电器触点的间隙是指断电器凸轮将动触点顶开至最大位置时，动触点和静触点间的气隙，正常间隙应为 0.35 ~ 0.45mm，如图 5-40 所示。当转速、气缸数、行程一定时，点火周期是一常量，如果触点间隙过大，凸轮顶开触点早，触点关闭迟，触点闭合段所占的角度（称闭合角）小，相同转速下的触点闭合时间短，一次电流小，二次电压低，如图 5-41 所示；反之，如果触点间隙过小，则会使触点断开时的火花加大，消耗能量，也会使二次电压下降。

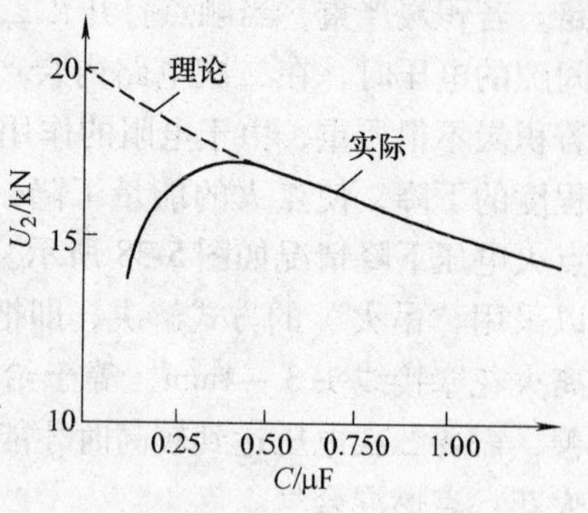

图 5-39　电容器对二次电压的影响

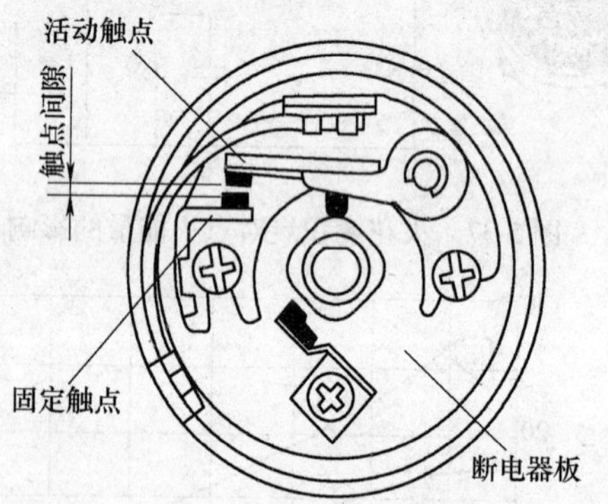

图 5-40　断电器触点间隙

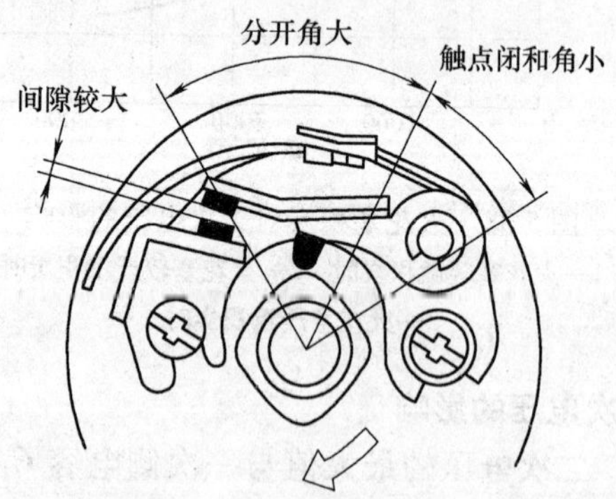

图 5-41　断电器触点间隙较大时

同时，触点间隙大小也影响点火的时间，间隙过大，点火过早；间隙过小，点火过迟。

5. 其他因素影响

触点技术状况影响：如弹簧压紧度，接触面平整度、重合度，影响电流的大小；触点的氧化、烧蚀、脏污等影响触点接触电阻，都使电流

【课堂互动】

减小，二次电压下降。理想情况下触点接触后是无电阻的。

点火线圈的温度影响：点火线圈的温度升高时，一次绕组的电阻会增大，从而使一次电流减小，二次电压下降。

一次侧电感 L 影响：L 增大，二次电压高，L 过大，又使一次电流变化慢，震荡频率下降，使二次电压下降。

二次绕组与一次绕组的匝数比影响：N_2/N_1 越大，则二次电压越高，但绝缘要求也高。

【习题 5.3】

1. 影响点火二次电压的因素有哪些？
2. 何为火花塞的“自洁温度”？
3. 传统点火系统的基本组成是什么？

模块6　照明系统　信号系统　报警装置

【课堂互动】

【学习目标】

1. 了解汽车照明系统、信号系统及报警装置的构成。
2. 了解汽车照明系统、信号系统及报警装置的基本工作原理。
3. 掌握前照灯的安装及调整方法。
4. 掌握电喇叭的调整方法，掌握喇叭继电器的原理及检修。
5. 掌握汽车照明系统一般故障的判断及检测方法。

讨论：大家在马路上看到的汽车中，都经常见到哪些类型的灯光系统？

6.1　汽车照明灯的种类和用途

【本节目标】

1. 掌握前照灯的结构。
2. 了解前照灯电子控制装置。
3. 了解前照灯的常见类型。

【基本理论知识】

6.1.1　前照灯

为了确保夜间行车的安全，前照灯应保证车前有明亮而均匀的照明，使驾驶员能够辨明车前100m（或更远）内道路上的任何障碍物。前照灯应具有防炫目的装置，以免夜间会车时，使对方驾驶员目眩而发生事故。

汽车前照灯的结构一般由光源（灯泡）、反光镜、配光镜（散光镜）三部分组成，如图6-1所示。

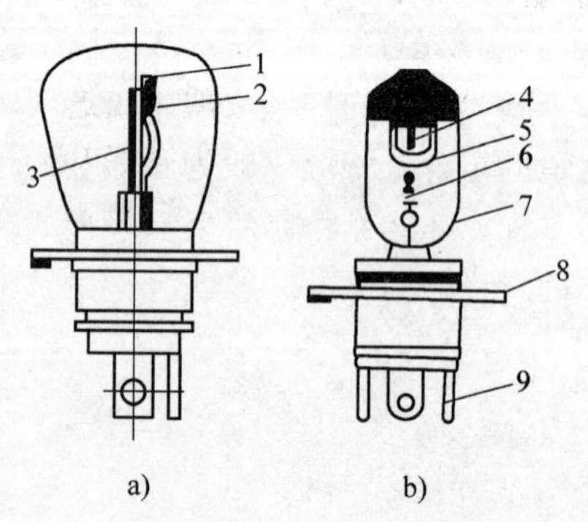

图6-1　前照灯的灯泡
a）普通灯泡　b）卤素灯泡
1、7—配光镜　2、4—近光灯丝
3、5—远光灯丝　6—定焦盘
8—泡壳　9—插片

1. 灯泡

目前汽车前照灯所用的灯泡有普通灯泡（白炽灯泡）和卤素灯泡，两种灯泡的灯丝均采用熔点高、发光强的钨制成。普通灯泡灯丝用钨丝制成，玻璃泡内抽出空气，然后充以约86%的氩气和

14%的氮气的混合惰性气体以减少钨丝受热蒸发，延长其使用寿命，灯丝制成紧密的螺旋状。灯泡在长期使用后发黑，表明灯丝的损耗依然存在，因此并不能阻止钨丝的蒸发。卤素灯泡是在惰性气体中加入了一定量的卤族元素(如碘、溴)，使得从灯丝上蒸发出来的气态钨与卤族元素反应生成了一种挥发性的卤化钨，在扩散到灯丝附近的高温区域后又受热分解，使钨重新回到灯丝上，如此循环防止了钨的蒸发和灯泡黑化的现象。白炽灯泡发光效率一般为8～12lm/W，卤素灯泡发光效率高比白炽灯泡20%以上。由于卤钨灯泡体积小、耐高温、发光强度高、使用寿命长，故而目前得到广泛的应用。

【课堂互动】

大家还记得初中物理中学习过有关透镜和球面镜的知识吗?

2. 反射镜

反射镜的表面形状呈旋转抛物面，如图6-2所示，一般由0.6～0.8mm的薄钢板冲压而成或由玻璃、塑料制成。其内表面镀银、铝或铬，然后抛光处理。目前反射镜内面采用真空镀铝的较多。

反射镜的作用是将灯泡的散射光反射成平行光束，使光度大大增强，增强几百倍乃至上千倍，以保证汽车前方150～400m范围内足够的照明，如图6-3所示。

图6-2 半封闭式前照灯的反射镜

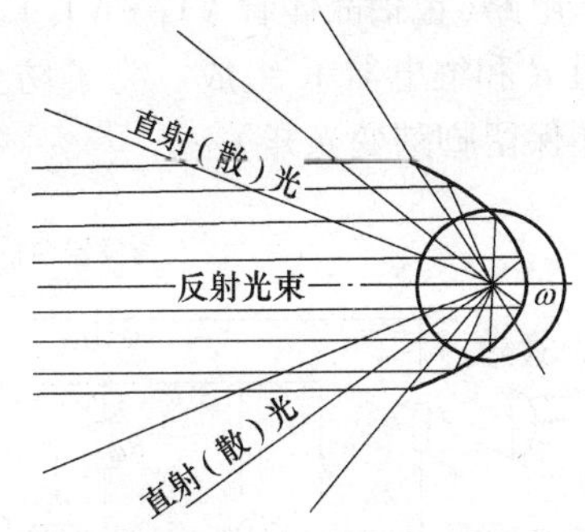

图6-3 反射镜的作用

3. 配光镜

配光镜又称散光玻璃，由透光玻璃压制而成，是多块特殊棱镜和透镜的组合，外形一般为圆形和矩形，如图6-4所示。

配光镜的作用是将反射镜反射出的平行光束进行折射，使车前的路面有良好而均匀的照明，如图6-5所示。

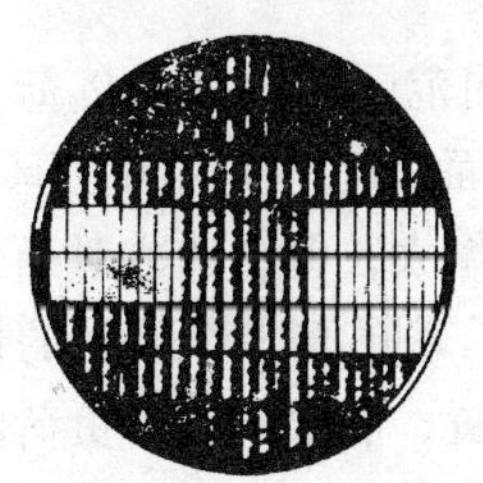

图6-4 配光镜的结构

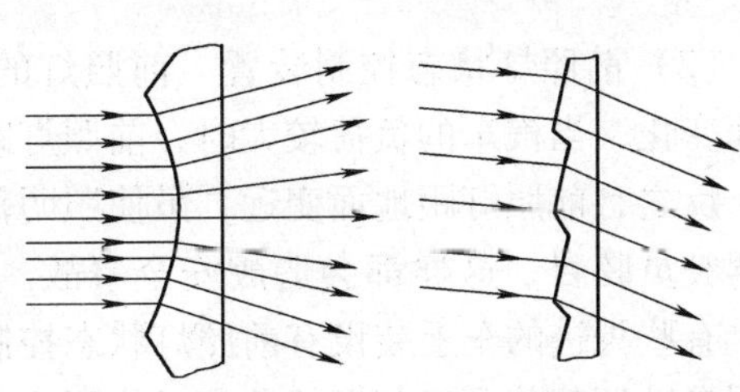

图6-5 配光镜的作用

【课堂互动】

当我们晚上走在没有路灯的马路上，对面一辆开着前照灯的汽车迎面开过来，会有什么感觉？

6.1.2 前照灯电子控制装置

前照灯是汽车夜间行驶必不可少的照明设备，为了提高汽车夜间行驶的速度，确保行车安全，不少汽车上采用了前照灯电子控制装置，对前照灯进行自动控制。常用的控制装置有：前照灯自动变光器、前照灯状态控制装置、前照灯昏暗自动发光器、前照灯关闭自动延时器等。

（1）前照灯自动变光器　这是一种根据对方车辆灯光的亮度自动变远光为近光或变近光为远光的控制装置。它的优点是实现了自动控制，不需要驾驶员操纵，其次是它的体积小，性能稳定可靠，且灵敏度高。

夜间两车相对行驶，当相距为 150～200m 时，对方的灯光照射到自动变光器上，自动变光器就立即变远光为近光，从而有效地避免了远光给对方驾驶员带来的眩目，待两车相会后，自动变光器又变近光为远光，汽车即可恢复原来的行驶速度。

图 6-6 所示为具有光敏电阻的自动变光器的电路图。它主要由电子电路(包括晶体管 VT_1～VT_6)，二极管 VD 及电阻 R_1～R_{15}，光敏电阻 R 和继电器 K 组成。为了防止电子电路出故障后影响夜间行驶，还保留脚踏变光开关。

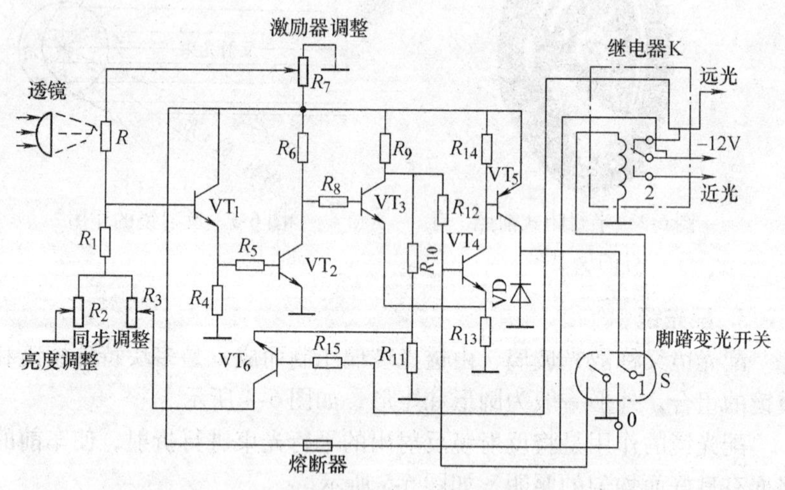

图 6-6　具有光敏电阻的自动变光器的电路

（2）前照灯状态控制装置　前照灯的照明范围随汽车的负荷变化而变化，当汽车的负荷较大时，前照灯距地面变近，使照明范围变小；反之，前照灯距地面变远，虽使照明范围增大，但会造成对面来车驾驶员眩目，这样都会造成安全事故。为了克服负荷对照明的影响，有些先进的车上装设有前照灯状态控制装置，能根据汽车负荷的不同自动调整前照灯前倾的角度，使照明范围保持不变。图 6-7 为博世公司生产的前照灯状态控制装置工作原理图。

【课堂互动】

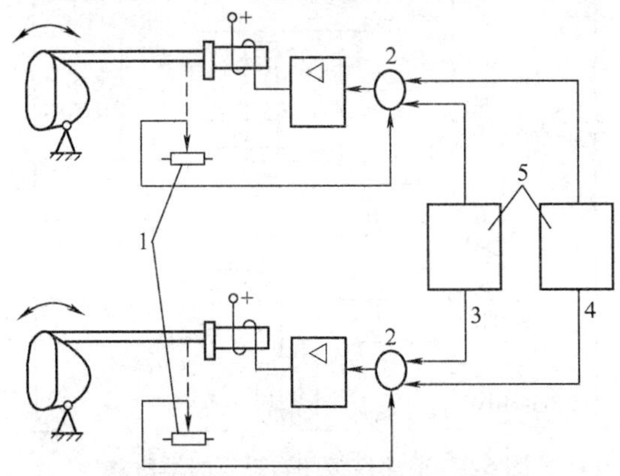

图 6-7　前照灯状态控制装置工作原理图

1—电感传感器　2—信号合成器　3—前桥
4—后桥　5—标准信号发生器

(3) 前照灯昏暗自动发光器　前照灯昏暗自动发光器的功用是，在行驶中，当车前的自然光的强度减低到一定程度时，自动将前照灯的电路接通，以确保行车安全，同时还有延时关灯的作用。图 6-8 所示为昏暗自动发光器电路。它主要由光传感器和控制元件及晶体管放大器组件（图 6-8 单点画线框内）两大部分组成。

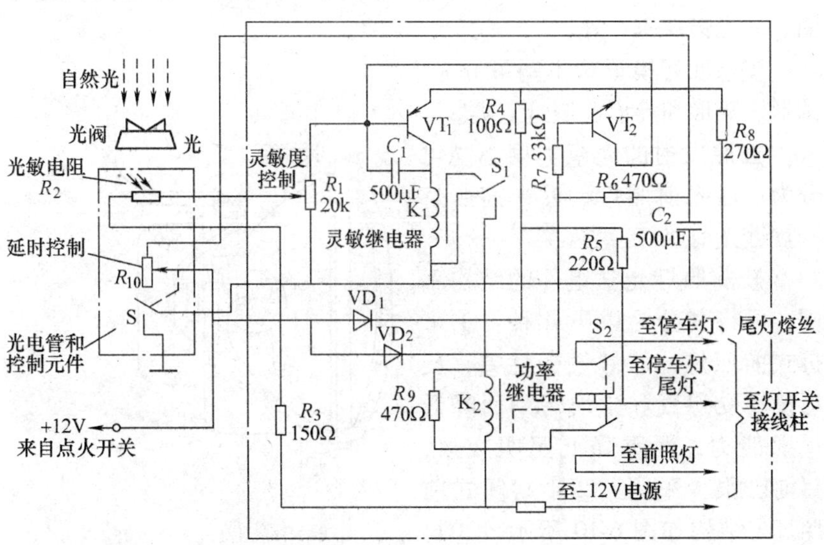

图 6-8　昏暗自动发光器电路

(4) 前照灯关闭自动延时器　前照灯关闭自动延时器的主要功能是：当汽车夜间停入车库后，为驾驶员下车离开车库提供一段时间的照明，以免驾驶员摸黑走出车库时造成事故。图 6-9 为集成电路 ICCSG5551 和继电器 K 组成的前照灯关闭延时装置电路，其延时关闭时间为 50s。

【课堂互动】

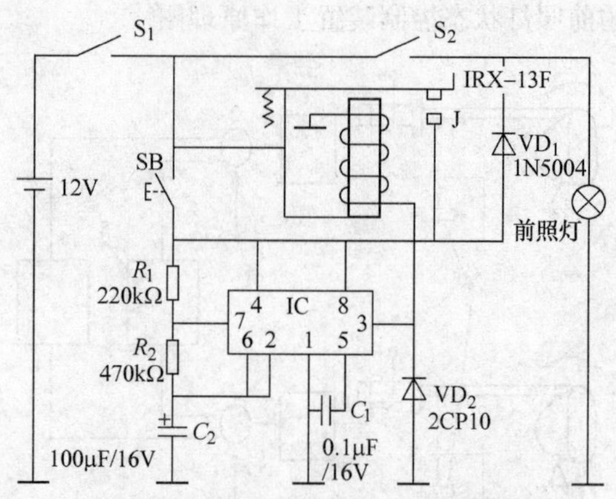

图 6-9 前照灯关闭自动延时器电路

S_1—电源开关 S_2—车灯开关 SB—延时按钮

6.1.3 前照灯的类型

按照安装数量的不同可分为：两灯制前照灯和四灯制前照灯。前者每只灯具有远、近光双光束；后者外侧一对灯为远、近光双光束，内侧一对灯为远光单光束。

按照安装方式的不同可分为：外装式前照灯和内装式前照灯。前者整个灯具在汽车上外露安装；后者灯壳嵌装于汽车车身内，装饰圈、配光镜裸露在外。

按照配光镜形状不同可分为：圆形、矩形和异形前照灯三类。

按照发射的光束类型不同可分为：远光前照灯、近光前照灯和远近光前照灯三类。

按前照灯光学组件的结构不同，可将其分为以下几种：①可拆式前照灯：该灯气密性差，反射镜易受湿气和尘埃污染而降低反射能力，严重降低照明效果，目前已很少采用。②半封闭式前照灯，结构如图 6-10 所示。③封闭式前照灯，结构如图 6-11 所示。④投射式前照灯，如图 6-12 所示。投射式前照灯的反射镜近似于椭圆形状，它具有两个焦点。第一焦点处放置灯泡，第二焦点是由光线形成的，凸形配光镜聚成第二焦点，再通过配光镜将聚集的光投

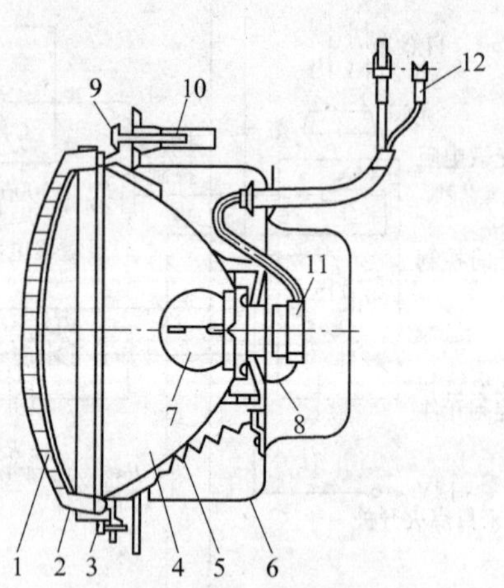

图 6-10 半封闭式前照灯

1—配光镜 2—固定圈 3—调整圈 4—反射镜 5—拉紧弹簧 6—灯壳 7—灯泡 8—防尘罩 9—调节螺钉 10—调整螺母 11—胶木插座 12—接线片

射到前方，投射式前照灯所采用的灯泡为卤钨灯泡。第二焦点附近设有遮光板，可遮挡部分光，形成明暗分明的配光。由于它的这种配光特性，因此也可用于雾灯。

【课堂互动】

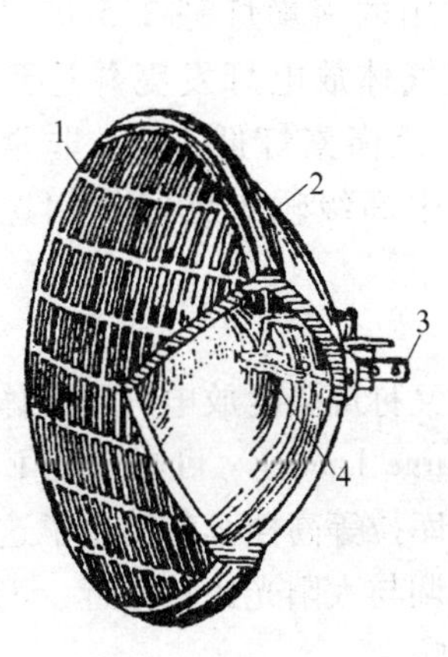

图 6-11　封闭式前照灯

1—配光镜　2—反射镜

3—插头　4—灯丝

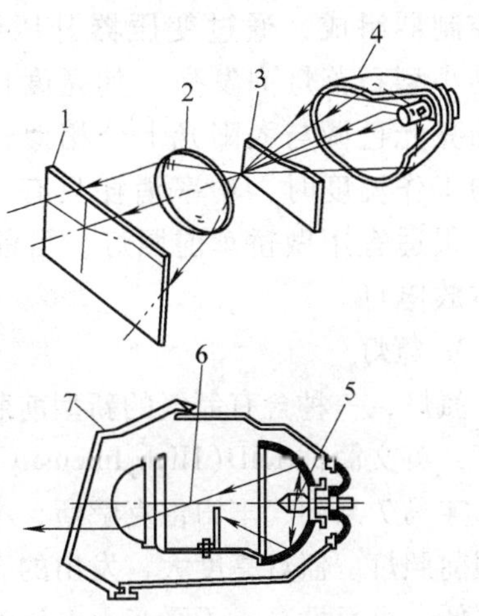

图 6-12　投射式前照灯

1—屏幕　2—凸形配光镜　3—遮光板

4—椭圆反射镜　5—第一焦点(F_1)

6—第二焦点(F_2)　7—总成

6.1.4　其他形式的前照灯

为什么马路上的汽车灯光有的是黄色的光线，有的是白色的光线？

1. 高亮度弧光灯

高亮度弧光灯的结构如图 6-13 所示，这种灯的灯泡里没有灯丝，取而代之的是装在石英管内的两个电极，管内充有氙气及微量金属(或金属卤化物)。在电极上加上 5000～12000V 电压后，气体开始电离而导电。由气体原子激发到电极间少量水银蒸气弧光放电，最后转入卤化物弧光灯工作，采用多种气体是为了加快起动。弧光式前照灯由弧光灯组件、电子控制器和升压器三大部分组成。其灯泡的光色和日光灯相似，亮度是目前卤钨灯泡的 2.5 倍，寿命是卤钨灯泡的 5 倍，灯泡的功率为 35W，可节能 40%。

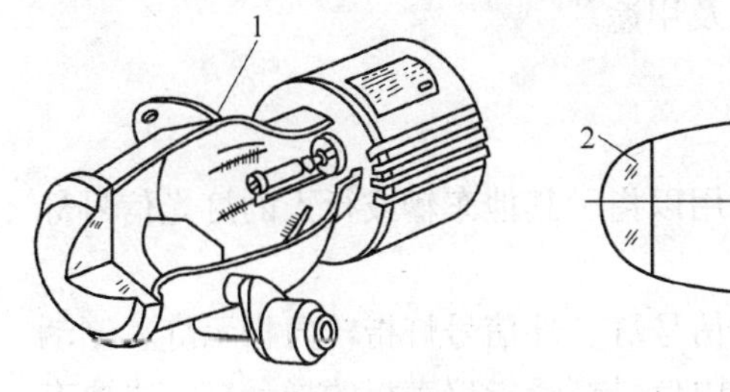

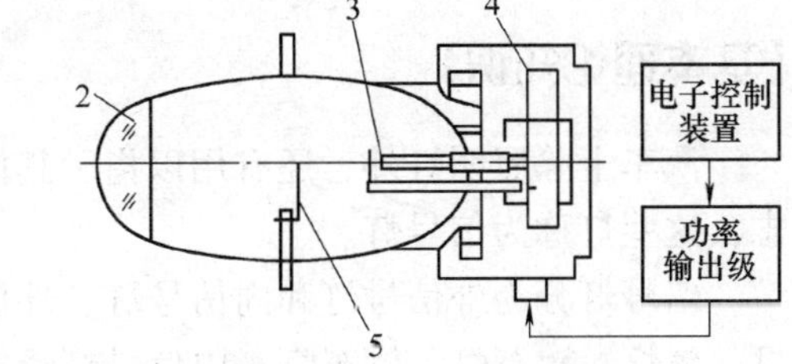

图 6-13　高亮度弧光灯

1—总成　2—透镜　3—弧光灯　4—引燃及稳弧部件　5—遮光板

【课堂互动】

2. 气体放电灯

近年德国宝马公司和博世公司携手研制了一种更新式的前照灯——气体放电灯。气体放电灯是由小型石英灯泡、变压器和电子控制器组成，通过变压器升压到0.5万~1.2万V的高压电，激励小型石英灯泡发亮，其亮度比现在用的卤素灯亮2.5倍，发出的亮光色调与太阳光十分相似，而且气体放电灯发亮并达到规定的工作温度时，功率消耗只有35W，比卤素灯低1/3，非常经济，很适宜用做轿车前照灯。目前一些中高级轿车已经使用这种气体放电灯。

3. 氙灯

氙灯，一种含有氙气的新型前照灯，又称高强度放电灯或气体放电灯，英文简称HID(High Intensity Discharge Lamp)。目前奔驰E级车、宝马7系列、丰田雷克萨斯、本田阿库拉等高档车都使用了这种新型前照灯。氙灯亮度大，发出的亮光色调与太阳光比较接近、消耗功率低、可靠性高，不受车上电压波动影响。

4. LED 车灯

现在汽车照明灯已有白炽灯、卤素灯、氙灯等。除了前照灯外，其他灯具例如小灯、指示灯、厢内照明灯等多是采用白炽灯。但近年也流行LED作指示灯，例如制动指示灯、转向指示灯等。

【习题6.1】

1. 前照灯是由哪几部分组成的?
2. 前照灯电子控制装置有哪些?分别有什么作用?
3. 前照灯的常见类型有哪些?它们的特点分别是什么?

6.2 信号灯的种类和用途

汽车上除了用于照明的前照灯外，还有什么其他的灯光系统?他们都有什么作用呢?

【本节目标】

学习信号灯的种类、特点及用途。

【基本理论知识】

汽车上除照明灯外，还有用以指示其他车辆或行人的灯光信号标志，这些灯称为信号灯。

信号灯分为外信号灯和内信号灯。外信号灯指转向指示灯、制动灯、尾灯、示宽灯、倒车灯；内信号灯泛指仪表板的指示灯，主要有转向、机油压力、充电、制动、关门提示等仪表指示灯。各种信号灯的特点及用途见表6-1。

表6-1 信号灯的种类、特点及用途

【课堂互动】

种类	外信号灯					内信号灯	
	转向灯	示宽灯	停车灯	制动灯	倒车灯	转向指示灯	其他指示灯
工作时的特点	琥珀色交替闪亮	白或黄色常亮	白或红色常亮	红色常亮	白色常亮	白色闪亮	白色常亮
用途	告知路人或其他车辆本车将转弯	标志汽车宽度轮廓	标明汽车已经停驶	表示已减速或将停车	告知路人或其他车辆本车将倒车	提示驾驶员车辆的行驶方向	提示驾驶员车辆的状况

【习题6.2】

轿车中常见信号灯有哪些？它们分别有什么用途？

6.3 汽车转向灯及其闪光器

【本节目标】

1. 了解转向灯的作用。
2. 学习常见闪光器的原理。

【基本理论知识】

汽车转向灯主要是用来指示车辆的转弯方向，以引起交通民警、行人和其他驾驶员的注意，提高车辆行驶的安全性。另外，汽车转向灯同时闪烁还用做危险警报的指示。汽车转向灯的闪烁是通过闪光器来实现的，通常按照结构的不同和工作原理分为电热丝式、电容式、翼片式、水银式、晶体管式、集成电路式等。

过去汽车转向灯闪光器多采用电热丝式结构，由于它们工作稳定性差、寿命短、信号灯的亮暗不够明显，因而目前多采用结构简单、体积小、工作稳定、使用寿命长的电子式闪光器即晶体管式和集成电路式两大类。

汽车转向灯电路中为什么要加装闪光器？

6.3.1 电热丝式闪光器

电热丝式闪光器是利用镍铬丝的热胀冷缩特性接通或断开转向灯电路，从而实现转向信号灯及转向指示灯的闪烁的。如图6-14所示为SD56型电热丝式闪光器的结构与工作原理。

6.3.2 电容式闪光器

电容式闪光器是利用电容器充、放电延时特性，使继电器的两个线圈产生的电磁吸力时而相同叠加，时而相反削减，从而使继电器产

【课堂互动】

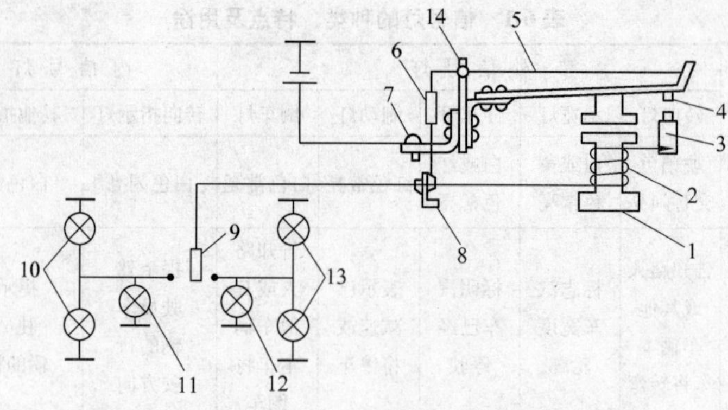

图 6-14 电热丝式闪光器

1—铁心 2—线圈 3—固定触点 4—活动触点 5—镍铬丝
6—附加电阻丝 7、8—接线柱 9—转向开关 10—左(前、后)转向信号灯
11—左转向指示灯 12—右转向指示灯 13—右(前、后)转向信号灯 14—调节片

生周期性开关动作，使得转向信号灯及指示灯实现闪烁的。图 6-15 所示为电容式闪光器的结构及工作原理。

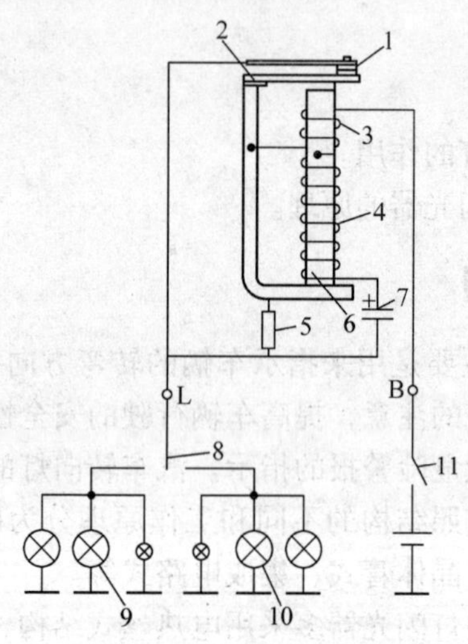

图 6-15 电容式闪光器

1—触点 2—弹簧片 3—串联线圈
4—并联线圈 5—灭弧电阻 6—铁心
7—电解电容器 8—转向灯开关
9—左转向信号灯及指示灯 10—右
转向信号灯及指示灯 11—电源开关

6.3.3 翼片式闪光器

翼片式闪光器是利用电流的热效应，以热涨条的热胀冷缩为动力，使翼片产生突变动作，接通和断开触点，使转向信号灯及转向信号指示灯实现闪烁的。图 6-16、图 6-17 所示分别为直热及旁热翼片弹跳式闪光器工作原理图。

【课堂互动】

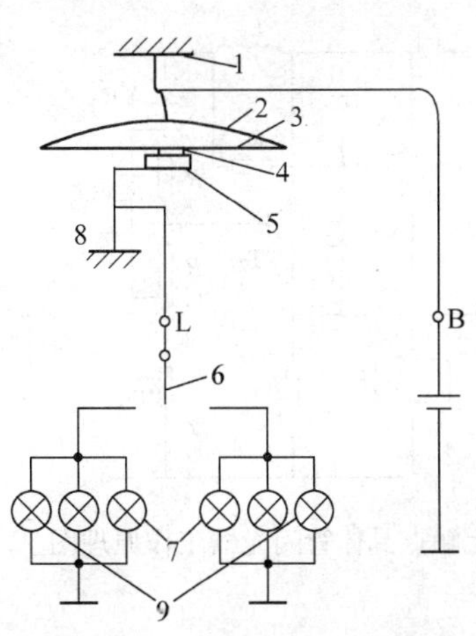

图6-16　直热翼片弹跳式闪光器

1、8—支架　2—翼片　3—热涨条　4—动触点　5—静触点　6—转向开关　7—转向指示灯　9—转向信号灯

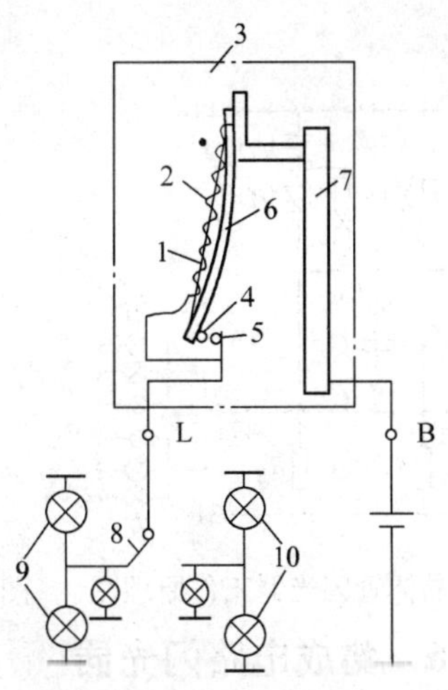

图6-17　旁热翼片弹跳式闪光器

1—热涨条　2—电阻丝　3—闪光器　4—动触点　5—静触点　6—翼片　7—支架　8—转向开关　9—左转向信号灯及指示灯　10—右转向信号灯及指示灯

6.3.4　水银式闪光器

水银式闪光器是利用柱塞的上下运动及水银的流动使得串入转向灯电路中的电极接通或断开，从而实现转向信号灯及指示灯的闪烁。图6-18所示为水银式闪光器的工作原理图。

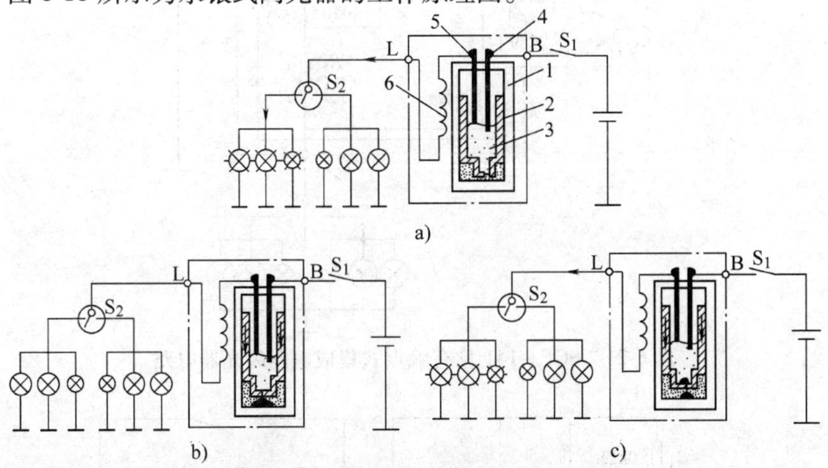

图6-18　水银式闪光器的工作原理

a）开关闭合，水银接通两电极，左侧灯亮　b）柱塞上移，水银通过柱塞底部小孔下流，两电极断开，灯熄　c）柱塞下移，水银重新将两电极接通、左侧灯亮

1—外壳　2—柱塞　3—水银　4、5—电极　6—线圈

6.3.5　晶体管式闪光器

晶体管闪光器分有触点式和无触点式两种：有触点式晶体管闪光器如图6-19所示，无触点晶体管闪光器如图6-20所示。

【课堂互动】

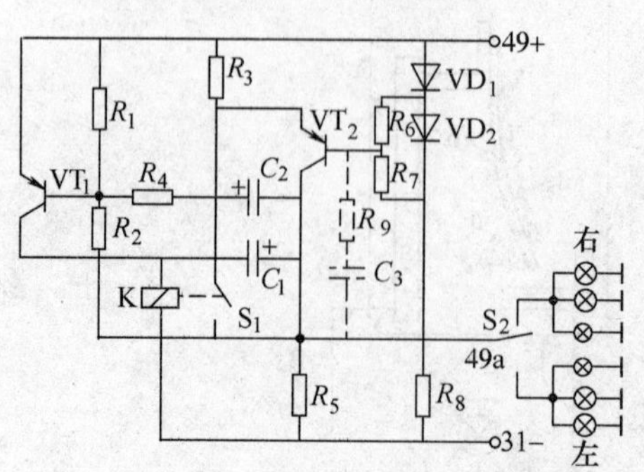

图 6-19 有触点式晶体管闪光器工作原理图

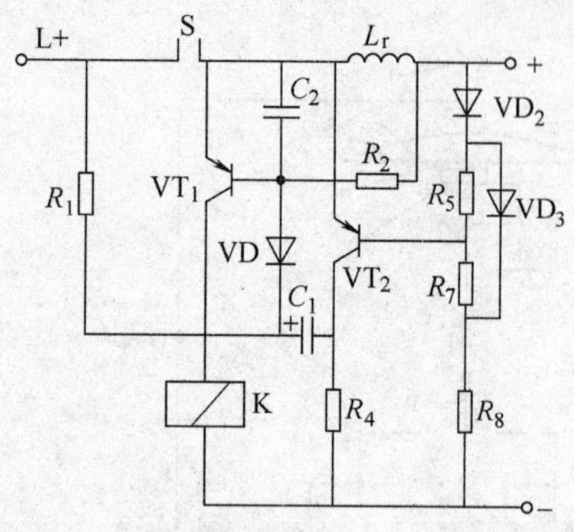

图 6-20 无触点晶体管闪光器工作原理图

6.3.6 集成电路闪光器

集成电路闪光器与晶体管闪光器的不同之处就是用集成电路 IC 取代了晶体管振荡器，这类闪光器也分有触点式和无触点式两种。图 6-21为 SGF—141 型有触点式集成电路闪光器电路，图 6-22 为带有蜂鸣器无触点式集成电路闪光器电路。

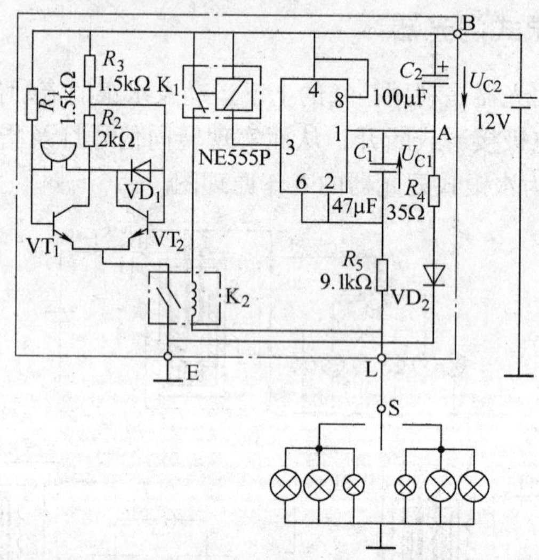

图 6-21 SGF—141 型有触点式集成电路闪光器电路

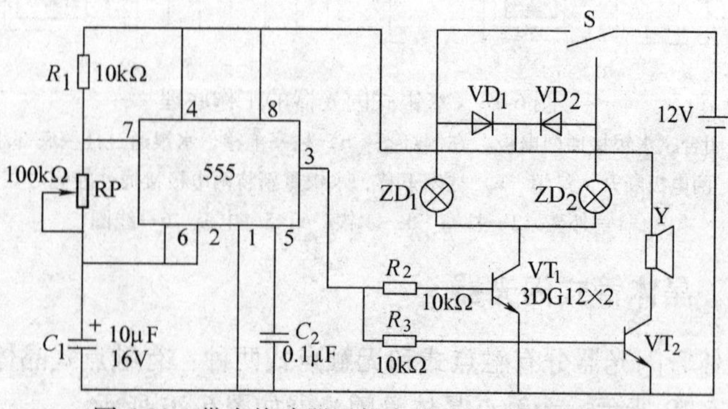

图 6-22 带有蜂鸣器无触点式集成电路闪光器

【习题6.3】

1. 转向灯系统中常用的闪光器有哪些类型？各有什么特点？
2. 转向灯的作用是什么？

【课堂互动】

大家都听到过汽车喇叭的声音吗？

汽车喇叭有多少种声音？

6.4 汽车电喇叭的结构及电路

【本节目标】

1. 了解汽车电喇叭的类型。
2. 学习电喇叭的控制电路。

【基本理论知识】

目前汽车上所装用的喇叭多为电喇叭，主要用于警告行人和其他车辆，以引起注意，保证行车安全。喇叭按发音动力分有气喇叭和电喇叭；按外形分有螺旋形、筒形、盆形；按声频分有高音和低音；按接线方式分有单线制和双线制。气喇叭是利用气流使金属膜片振动产生音响，外形一般为筒形，多用在具有空气制动装置的重型载重汽车上。电喇叭是利用电磁力使金属膜片振动产生音响，其声音悦耳，广泛应用于各种类型的汽车上。

电喇叭按有无触点可分为普通电喇叭和电子电喇叭。普通电喇叭主要是靠触点的闭合和断开，控制电磁线圈激励膜片振动而产生音响的；电子电喇叭中无触点，它是利用晶体管电路激励膜片振动产生音响的。在中小型汽车上，由于安装的位置限制，多采用螺旋形电喇叭。盆形电喇叭具有体积小、重量轻、指向好、噪声小等优点。

6.4.1 电喇叭构造和工作原理

1. 筒形、螺旋形电喇叭

筒形、螺旋形电喇叭的构造如图6-23所示。其主要机件有山形铁心、线圈、衔铁、膜片、共鸣板、扬声器、触点以及电容器等。膜片和共鸣板借中心杆与衔铁、调整螺母、锁紧螺母联成一体。通过线圈的通断使得膜片不断振动，从而发出一定音调的音波，由扬声器加强后传出。

2. 盆形电喇叭

盆形电喇叭工作原理与筒形、螺旋形电喇叭相同，都是通过控制线圈的开闭使得膜片振动引起共鸣板共鸣来发声的。只不过盆形电喇叭的发声效果更好些，在没有扬声器的情况下，仍能够发出较大的声响。其结构特点如图6-24所示。

3. 电子电喇叭

图6-25为盆形电子电喇叭的结构，其电路如图6-26所示。

【课堂互动】

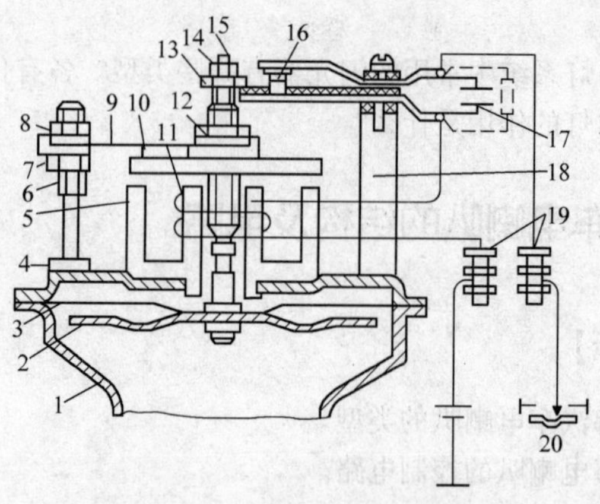

图 6-23　筒形、螺旋形电喇叭

1—扬声器　2—共鸣板　3—膜片　4—底板　5—山形铁心　6—线螺柱　7、13—调整螺钉　8、14—锁紧螺母　9—弹簧片　10—衔铁　11—线圈　12—锁紧螺母　15—中心杆　16—触点　17—电容器　18—导线　19—接线柱　20—按钮

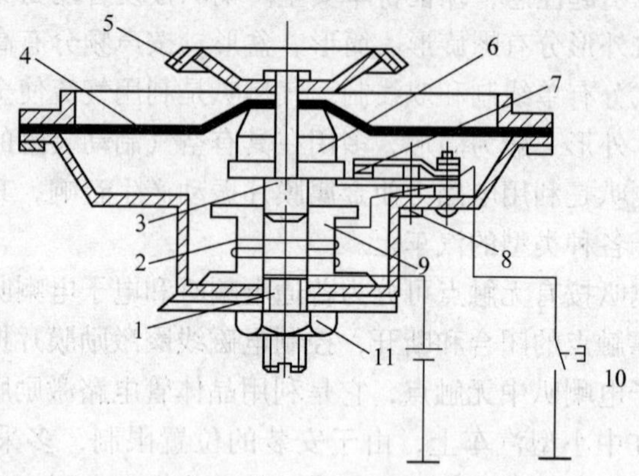

图 6-24　盆形电喇叭

1—下铁心　2—线圈　3—上铁心　4—膜片　5—共鸣板　6—衔铁　7—触点　8—调整螺母　9—铁心　10—按钮　11—锁紧螺母

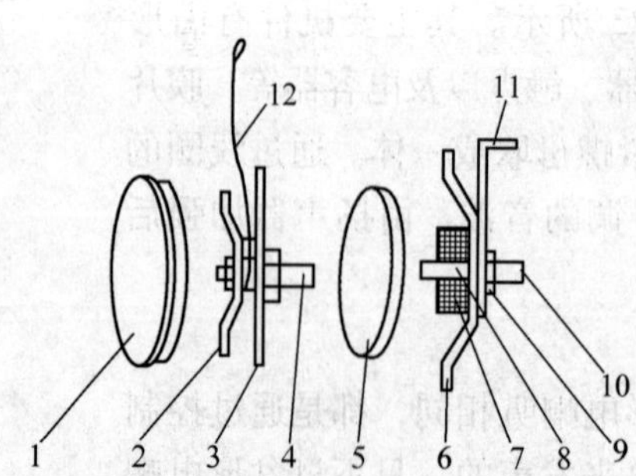

图 6-25　盆形电子电喇叭的结构

1—罩盖　2—共鸣板　3—绝缘膜片　4—上衔铁　5—绝缘垫圈　6—喇叭体　7—线圈　8—下衔铁　9—锁紧螺母　10—调节螺钉　11—托架　12—导线

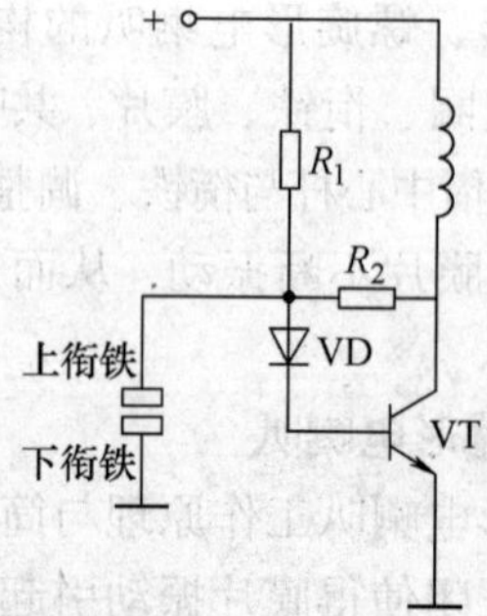

图 6-26　WDL—120G 型电子电喇叭电路

R_1—100Ω　R_2—470Ω　VD—2CZ　VT—D478B

【课堂互动】

由于晶体管取代了触点，避免了触点烧蚀等故障的产生，使得电喇叭的工作性能更为可靠。

6.4.2　喇叭继电器

为了得到更加悦耳的声音，在汽车上常装有两个不同音调(高、低音)的喇叭。其中高音喇叭膜片厚，扬声筒短，低音喇叭则相反。有时甚至用三个(高、中、低)不同音调的喇叭。装用单只喇叭时，喇叭电流是直接由按钮控制的，按钮大多装在转向盘的中心。当汽车装用双喇叭时，因为消耗电流较大(喇叭继电器 15～20A)，用按钮直接控制时，按钮容易烧坏。为了避免这个缺点，采用喇叭继电器，其构造和接线方法如图 6-27 所示。

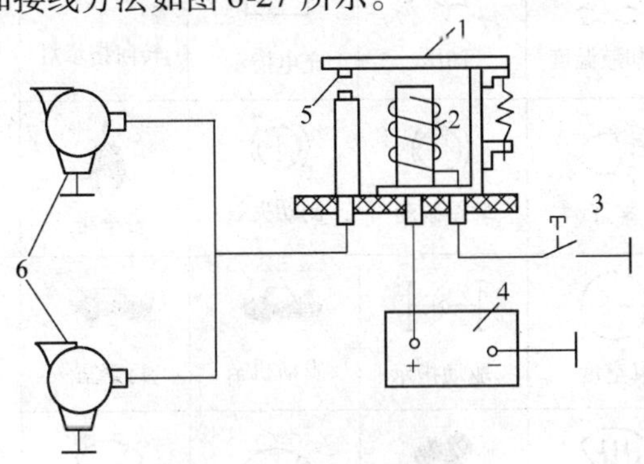

图 6-27　喇叭继电器构造

1—触点臂　2—线圈　3—按钮　4—蓄电池　5—触点　6—喇叭

6.4.3　电喇叭的发展

随着科技的不断发展，一种新型喇叭——“环保喇叭”问世了，它采用语言压缩技术，由集成电路制成，是一种结构简单、制作容易，耗能少、无噪声污染、低分贝、声音轻细柔和、音质悦耳动听，门铃式发音装置。“环保喇叭”不需要更改汽车线路设备，直接并联到警示灯上。只要按下警示灯开关，就有声音、灯光双重提示，既完善了汽车警示功能，又解决了城市禁鸣喇叭的难题。

大家讨论：汽车主动报警系统有哪些？

被动报警系统有哪些？

【习题 6.4】

1. 汽车喇叭有什么作用？
2. 汽车喇叭常见的有哪几种？
3. 喇叭继电器的作用是什么？

6.5　汽车报警信号装置

【本节目标】

1. 学习汽车常见的报警灯及其控制原理。

【课堂互动】 2. 学习声音报警灯的原理及其控制电路。

【基本理论知识】

6.5.1 报警灯及报警开关

报警灯通常安装在驾驶室内仪表板上，功率为1~3W。在灯泡前有滤光片，以使灯泡发黄或发红。滤光片上常刻有图形符号，以显示其功能，其含义如图6-28所示。

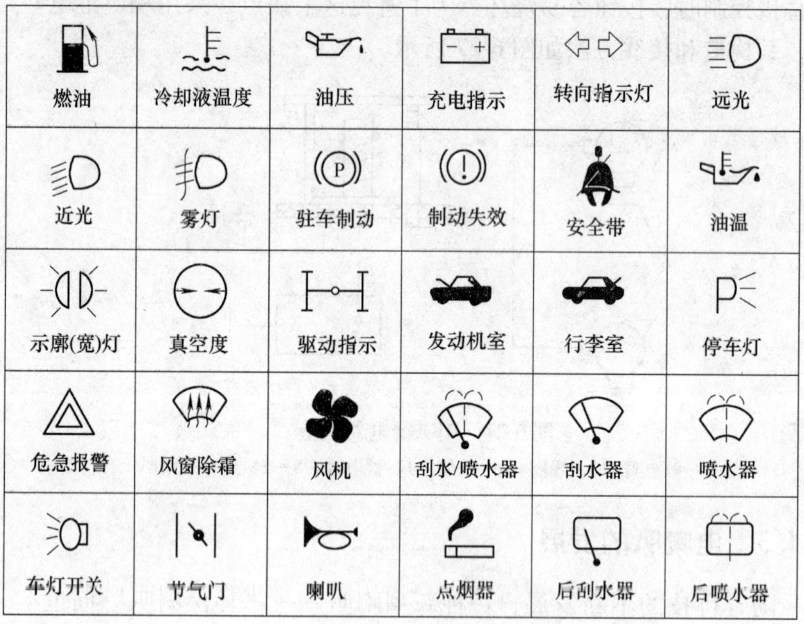

燃油	冷却液温度	油压	充电指示	转向指示灯	远光
近光	雾灯	驻车制动	制动失效	安全带	油温
示廓(宽)灯	真空度	驱动指示	发动机室	行李室	停车灯
危急报警	风窗除霜	风机	刮水/喷水器	刮水器	喷水器
车灯开关	节气门	喇叭	点烟器	后刮水器	后喷水器

图6-28 常见图形符号及其含义

一般报警灯和报警灯开关串联后接入电路，报警灯开关监视相应值，并按照设定条件动作，使得报警电路接通，报警灯点亮。其基本电路如图6-29所示。

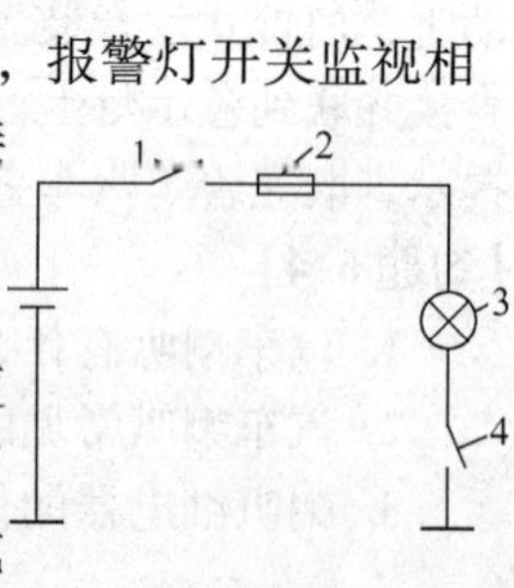

图6-29 报警灯电路
1—电源开关 2—熔丝
3—报警灯 4—报警开关

1. 机油压力报警灯

机油压力的正常与否，直接影响汽车的使用性能与工作的可靠性，因此许多车辆设置了油压报警灯。图6-30、图6-31所示为弹簧管式油压报警灯开关和膜片式油压报警灯开关。打开点火开关发动机尚未起动时，油压开关处于接通状态，报警灯点亮。发动机起动后，主油道压力升高，开关的触点断开，报警灯熄灭，表明润滑系统工作正常。如果运行过程中，油道出现堵塞、泄漏等情况，使得机油压力

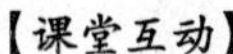

低于某一设定值，开关将接通，报警灯点亮，以提醒驾驶员立即停车修理。另外，有的车辆设有低压、高压两个压力值，当机油压力低于低压值或高于高压值时，低压常闭开关打开或高压常开开关接通，点亮报警灯。

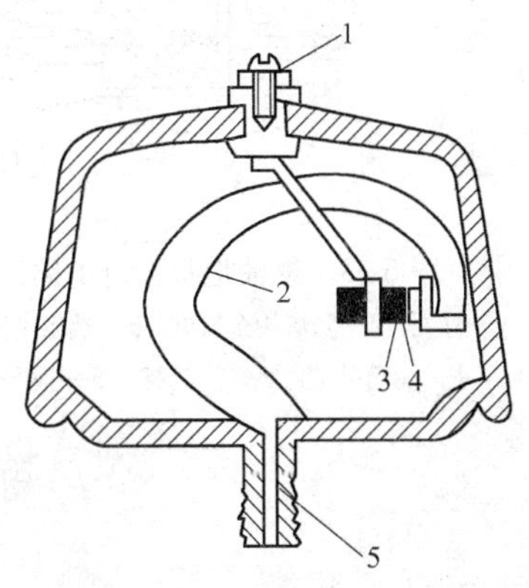

图6-30 弹簧管式油压报警灯开关

1—接柱 2—管形弹簧 3—静触点 4—动触点 5—管接头

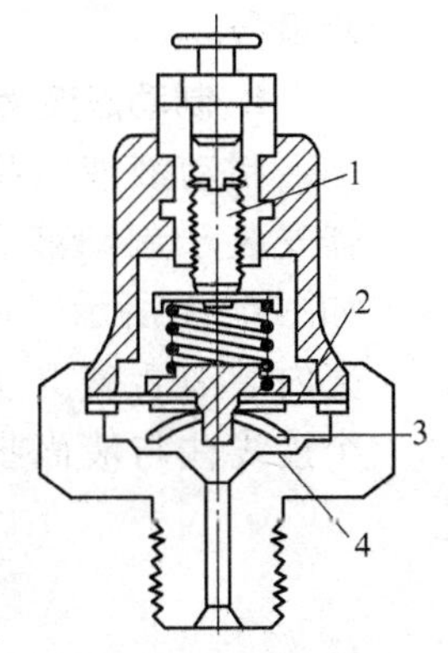

图6-31 膜片式油压报警灯开关

1—调整螺钉 2—膜片 3—活动触点 4—搭铁点

2. 冷却液温度报警灯

冷却液温度报警灯的作用是当冷却液温度升高至一定限度时，报警灯自动点亮，以示报警，其电路图如图6-32所示。在传感器的密封套管内装有条形双金属片，其自由端焊有动触点，而静触点直接搭铁。当温度升高至限定值时，由于双金属片膨胀系数的不同，向静触点方向弯曲，一旦两触点接触，便接通报警灯电路，红色报警灯点亮。

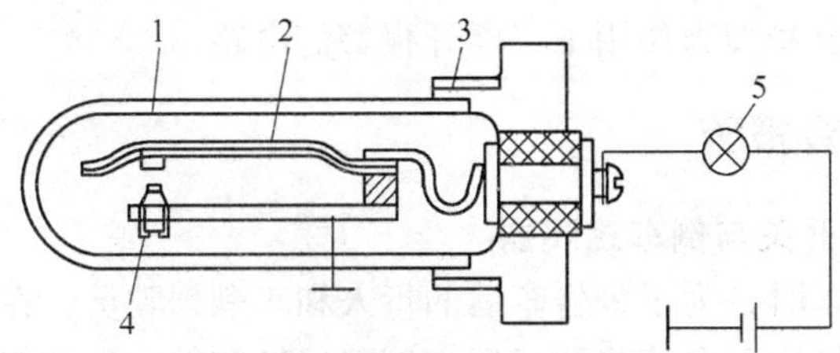

图6-32 冷却液温度报警灯电路

1—套管 2—双金属片 3—螺纹接头 4—静触点 5—报警灯

3. 燃油量报警灯

当燃油箱内的燃油减少到某一限定值时，为了告知驾驶员引起注意，在许多车辆上都装有燃油量报警灯，其电路图如图6-33所示。它由负温度系数热敏电阻式燃油量报警传感器和报警灯组成。当油箱内燃油量充足时，热敏电阻元件浸没在燃油中散热较快，其温度较低，电阻值相应大，故此电路中的电流较小，报警灯处于熄灭状态；

【课堂互动】

当燃油不足时，热敏电阻元件露出油面，散热慢，温度升高，电阻值相应减小，电路中的电流增大，报警灯因此点亮，以示报警。

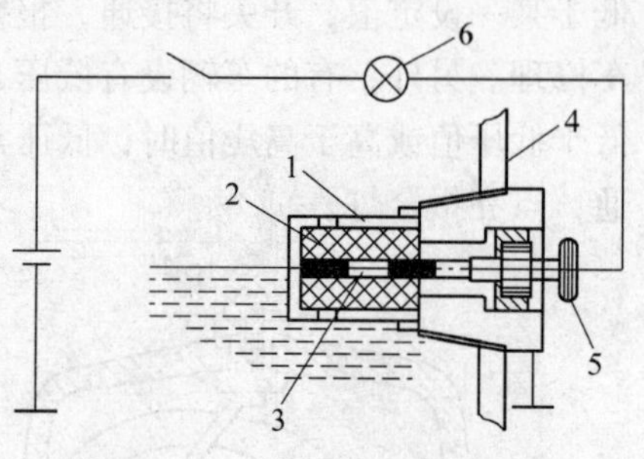

图 6-33 燃油量报警灯电路图
1—外壳 2—防爆用金属网 3—热敏电阻元件 4—油箱外壳 5—接线柱 6—报警灯

4. 制动液液面报警灯

制动液液面报警灯的传感器安装于制动液管内，其结构如图 6-34 所示。在传感器的外壳内装有舌簧开关，开关的两个接线柱与液面报警灯及电源相连接，浮子上固装有永久磁铁。当浮子随制动液面下降至规定值以下时，永久磁铁的电磁吸力使得舌簧开关闭合，接通报警灯电路，发出报警；当制动液液面在限定值以上时，浮子上升，由于吸力减弱，舌簧开关在自身弹力作用下，断开报警灯电路。

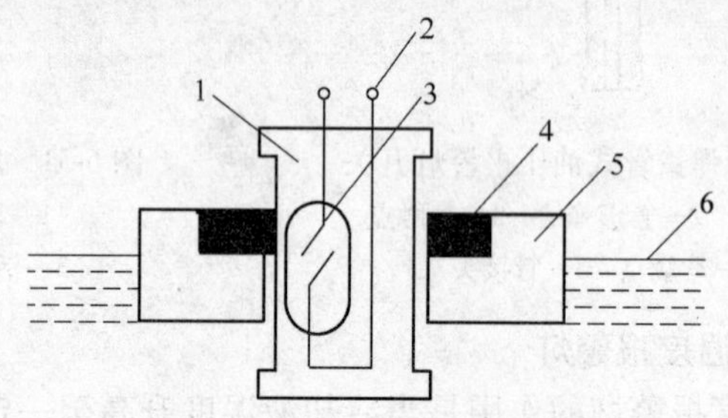

图 6-34 制动液液面传感器
1—外壳 2—接线柱 3—舌簧开关 4—永久磁铁 5—浮子 6—液面

6.5.2 声音报警

1. 倒车开关与倒车蜂鸣器

汽车倒车时，为了警告车后的行人和车辆驾驶员，在汽车的后部常装有倒车灯、倒车蜂鸣器或语音倒车报警装置，他们都由装在变速器盖上的倒车开关自动控制。

倒车开关的结构如图 6-35 所示，当把变速杆拨到倒挡时，由于倒车开关中的钢球 1 被松开，在弹簧 5 的作用下，触点 4 闭合，于是倒车灯、倒车蜂鸣器便与电源接通，使倒车灯发出闪烁信号、蜂鸣器发出断续鸣叫声。

倒车蜂鸣器是一种间歇发声的音响装置，其发声部分装用的是一只功率较小的电喇叭，控制电路如图 6-36 所示。

2. 语音倒车报警

随着集成电路技术的发展，将语音信号压缩存储于集成电路用于安全报警已被广泛采用，语音倒车报警器即是其中之一。当汽车倒车

【课堂互动】

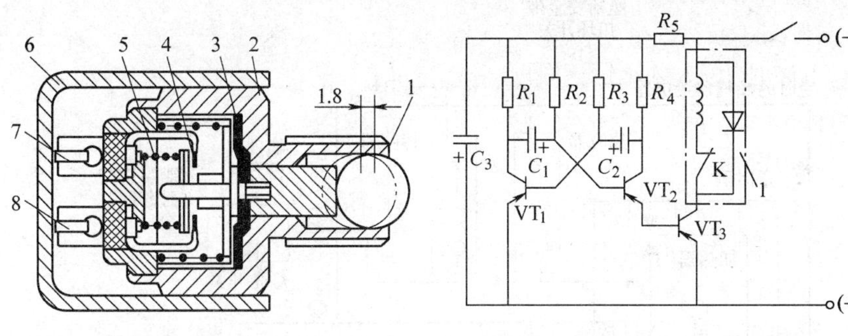

图 6-35 倒车开关

1—钢球 2—壳体 3—膜片 4—触点
5—弹簧 6—保护罩 7、8—导线

图 6-36 倒车蜂鸣器控制电路图

时，倒车报警器便发出“倒车，请注意!”的提示音，以提醒行人或其他车辆的驾驶员注意避让，从而确保车辆安全倒车。图 6-37 为语音倒车报警器的电路。

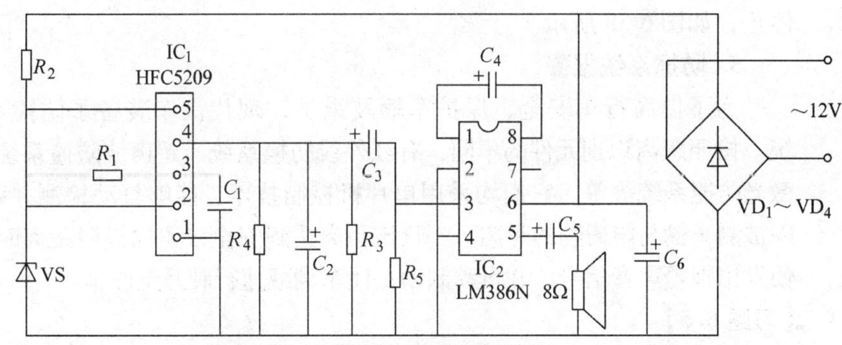

图 6-37 语音倒车报警器电路图

3. 座椅安全带报警系统

当接通点火开关而没有扣紧座椅安全带时，座椅安全带报警系统蜂鸣器发出报警声响并点亮报警灯约 8s。座椅安全带扣环开关是一端搭铁的常闭开关，如图 6-38 所示。当座椅安全带被扣紧时，开关才张开，蓄电池电压随点火钥匙置于点火位时加至定时器，如果此时安全带未扣好，电路便通过常闭开关搭铁，接通蜂鸣器及报警灯电路。如果在安全带扣好的状态下接通点火开关，来自蓄电池的电流便通过加热器使得双金属带发热，达到一定程度后，使触点张开从而切断电路。

4. 前照灯未关及点火钥匙未拔报警系统

如果驾驶员在离开车辆打开车门时没有关闭前照灯，蜂鸣器或发音器便发出鸣叫提示。驾驶员侧车门控制开关为常闭式、一端搭铁的开关，只有车门关闭时，该开关才断开。如果前照灯开关在关闭状态或点火钥匙在停车挡却未拨出时，蓄电池电压经蜂鸣器和灯光开关加

【课堂互动】

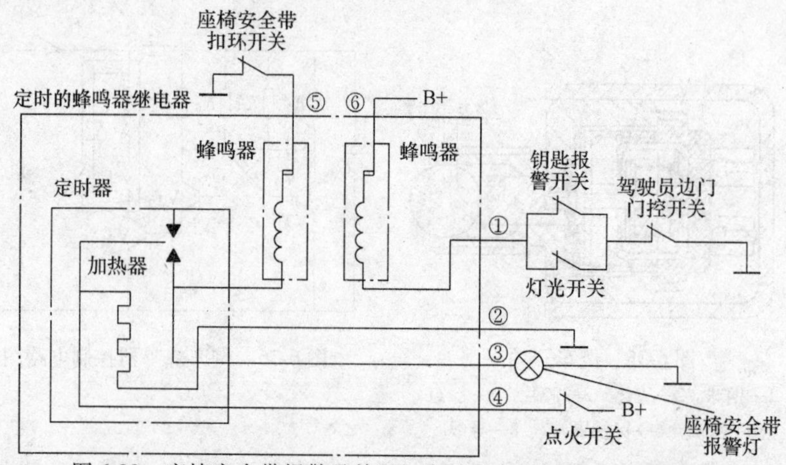

图 6-38　座椅安全带报警及前照灯未关及点火钥匙未拔报警系统

至驾驶员侧车门控制开关。如果此时驾驶员打开车门，蜂鸣器电路即被接通，于是发出鸣叫提示，直到前照灯关闭或驾驶员侧车门关闭才停止，如图 6-38 所示。

5. 防撞系统报警

为了提高行车安全，保护车辆及乘员，现代汽车装备了防撞系统。按照距离识别元件的不同，有红外线防撞系统、超声波防撞系统、激光防撞系统等等。它们均采用单片机控制技术，能够自动检测并跟踪被测车辆与障碍物的距离，一旦该距离达到安全设置的极限距离时，便发出报警声音信号，并自动制动，使车辆减速行驶乃至停车。

前面我们学习灯光系统的专业理论知识，是不是灯光系统只要亮就是好的呢？灯光有角度要求吗？

【习题 6.5】

1. 汽车常见的报警灯有哪些？各有什么作用？
2. 汽车上语音报警系统有哪些？
3. 对图 6-33 说明燃油量报警灯的原理，并在图上用彩色笔描绘出电流的方向。

6.6　前照灯的检测与调整

【本节目标】

学习汽车前照灯的调整方法，能够对一般车辆的前照灯光束进行正确的调整。

【基本理论知识】

6.6.1　汽车灯光调试仪器与工具

屏幕一张，集光式、银幕式或投影式调试仪一台，车辆一部，常用工具一套。

【课堂互动】

6.6.2　调整方法

调整前的准备：将轮胎气压调整到规定值；前照灯配光镜表面保持清洁；汽车空载；驾驶室内乘坐1名驾驶员；将汽车行驶到平整的场地上。

在调整过程中对装用远、近光双丝灯泡的前照灯，调整时以调整近光光形为主，下面分别介绍前照灯调整的常用仪器以及简单的使用方法。

1. 利用屏幕检验与调整前照灯

不同车型其调整方法和数据也不同，现以东风EQ1090型汽车装用的ND170-Ⅲ型前照灯为例。其检验方法如图6-39所示。

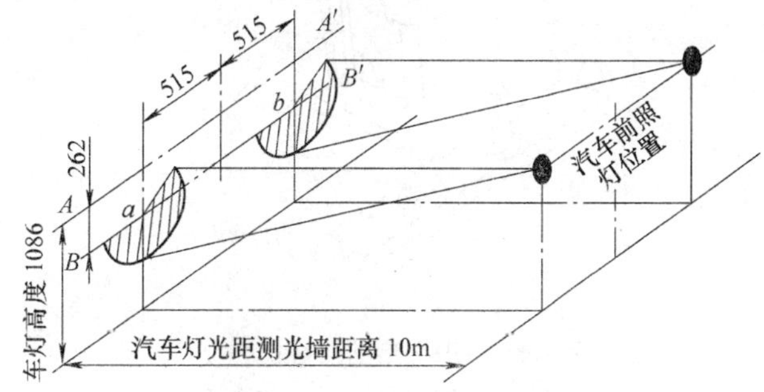

图6-39　利用屏幕检验与调整前照灯

2. 采用集光式前照灯检验仪调整前照灯

集光式前照灯检验仪的结构如图6-40所示。

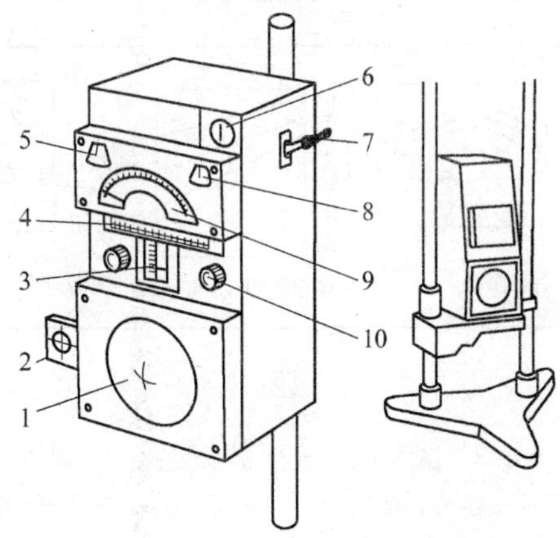

图6-40　集光式前照灯检验仪

1—集光镜　2—瞄准孔　3—垂直调整刻度
4—水平调整刻度　5—水平调整标准刻度
6—瞄准缝　7—转换开关　8—垂直调整标准刻度
9—光度计　10—调整钮

【课堂互动】

3. 利用前照灯检验仪检验与调整前照灯

前照灯检验仪根据其结构与原理的不同，可分为聚光式、屏幕式、投影式以及自动追踪式四种。它们的检验项目基本相同。可以检验前照灯的光束照射位置与发光强度或光照度。国产QD-2型前照灯检验仪属于屏幕式，结构如图6-41所示，其光度指示装置如图6-42所示。

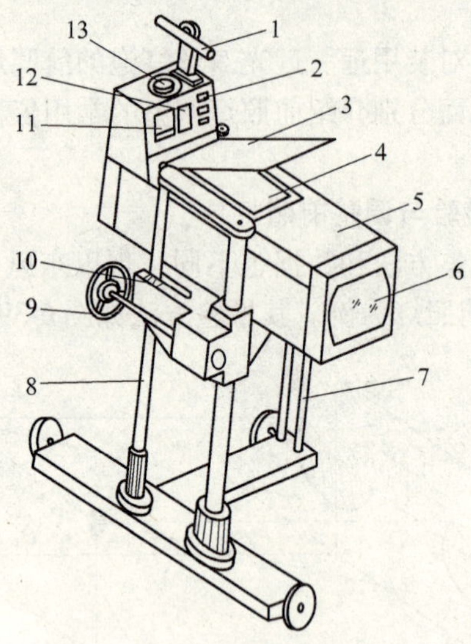

图6-41　QD-2型前照灯检验仪

1—对正器　2—光度选择按钮　3—观察窗盖　4—观察窗　5—仪器箱　6—透镜　7—仪器移动把手　8—支架　9—仪器箱升降手轮　10—仪器箱高度指示标　11—光度表　12—光束照射方向参考表　13—光束照射方向选择指示旋钮

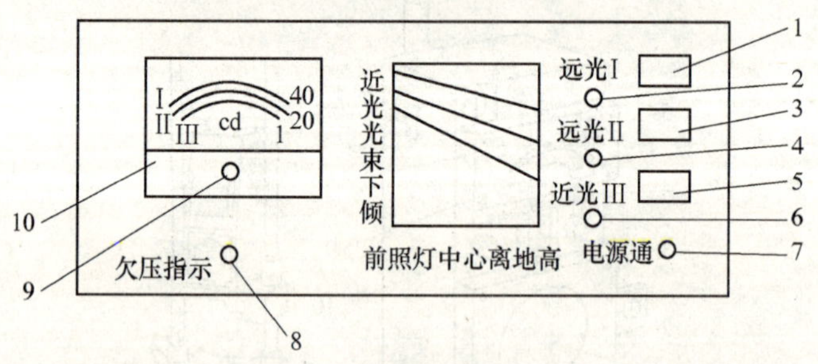

图6-42　光度指示装置

1—远光Ⅰ按键　2—远光Ⅰ调零旋钮　3—远光Ⅱ按键　4—远光Ⅱ调零旋钮　5—近光按键　6—近光调零旋钮　7—电源开关　8—电源电压指示灯　9—光度表调零旋钮　10—光度表

4. 前照灯照射角度调整

前照灯的照射角度是前照灯调整的主要内容，调整部位如图6-43所示。

【课堂互动】

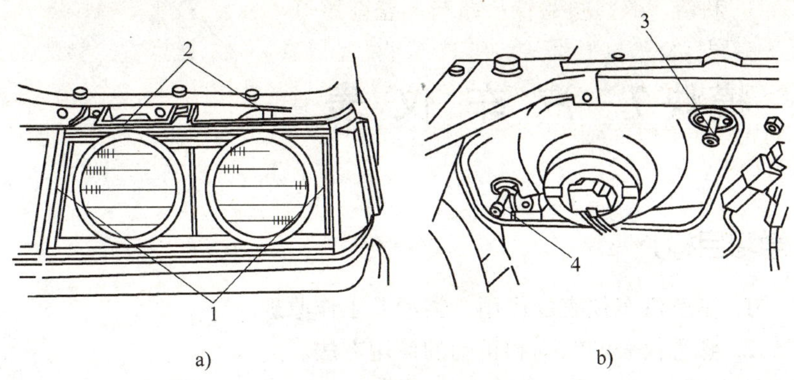

图6-43　前照灯的调整部位

a）外侧调整式　b）内侧调整式

1、3—左右调整螺钉　2、4—上下调整螺钉

【习题6.6】

设计一份前照灯测试的试验报告书。

模块7　汽 车 仪 表

【课堂互动】

【学习目标】

1. 了解汽车仪表的作用、类型及工作原理。
2. 熟悉仪表的结构和正确的使用方法。

7.1　仪表

【本节目标】

1. 了解汽车仪表的作用及类型。
2. 熟悉电流表、电压表的结构和正确的使用方法。

【基本理论知识】

为了使汽车驾驶员能够随时了解和观察到汽车各系统的工作状况，保证汽车安全可靠的行驶，在汽车驾驶员转向盘前方面板上都装有仪表，常用的有电流表、电压表、机油压力表、冷却液温度表、燃油表、车速里程表和发动机转速表等。图7-1所示为捷达轿车仪表板，图7-2所示为北京现代索纳塔轿车仪表板。

图7-1　捷达型轿车仪表板

【课堂互动】

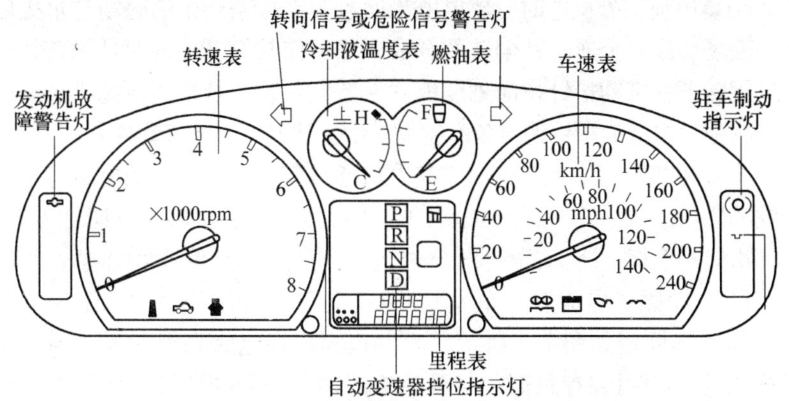

图 7-2 北京现代索纳塔轿车仪表板

7.1.1 电流表、电压表

1. 电流表

电流表用来指示蓄电池的充、放电电流值，同时监视电源系统是否正常工作。它串接在蓄电池与发电机之间的线路上，电流表的“+”接线柱接发电机的“电枢B”接线柱，电流表的“-”接线柱接蓄电池的“+”接线柱。当电流表的指针指向“+”侧时，表示发电机向蓄电池充电；当电流表的指针指向“-”侧时，表示蓄电池向用电设备放电。汽车常用电流表的结构可分为电磁式和动磁式两种。

(1) 电磁式电流表 解放CA1092型汽车装用电磁式电流表，其结构与工作原理如图7-3所示。黄铜板条固定在绝缘底板上，两端与接线柱相连，条形永久磁铁两端分别与黄铜板条固定连接，磁铁内侧支撑有转轴，在转轴上装有带指针的软钢转子。

电流表的单位：A（安培）

电流表的量程一般有：-20～20A、-30～30A、-40～40A等多种。

不同型号的发电机应配用不同量程的电流表。

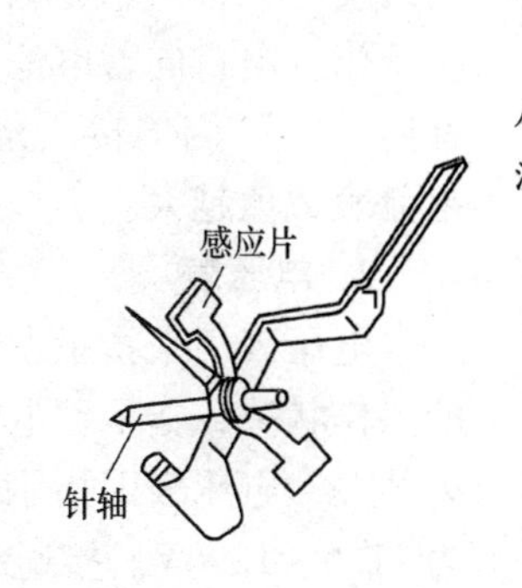

图 7-3 电磁式电流表结构与工作原理

当没有电流通过电流表时，软钢转子被永久磁铁磁化而相互吸引，使指针保持在中间“0”的位置。

【课堂互动】

当蓄电池向外供电时，放电电流通过黄铜板条产生的磁场与永久磁铁的磁场形成一个逆时针偏转的合成磁场，使软钢转子逆时针偏转，于是软钢转子就带动指针指向刻度板“－”的一侧。放电电流越大，合成磁场越强，电流表指针偏转角度越大，指示放电电流数值就越大。

当发电机向蓄电池充电时，其电流通过黄铜板条产生的磁场与永久磁铁的磁场形成一个顺时针偏转的合成磁场，使软钢转子顺时针偏转，指针指向刻度板“＋”的一侧，充电电流越大，指针偏转角度越大。

（2）动磁式电流表　东风 EQ1092 型汽车装用动磁式电流表，其结构与工作原理如图 7-4 所示。导电板固定在绝缘底板上，两端与接线柱相连，中间装有磁轭，与导电板固装在一起的转轴上装有指针与永久磁铁转子组件。

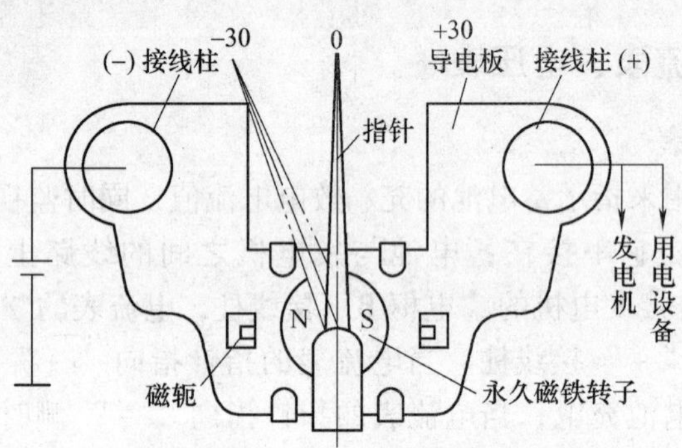

图 7-4　动磁式电流表结构与工作原理

当没有电流通过电流表时，永久磁铁转子通过磁轭构成磁回路，使指针保持在中间“0”的位置。

当蓄电池向外供电时，放电电流通过导电板产生磁场，使永久磁铁转子带动指针向“－”侧偏转一定角度，放电电流越大，指针偏转角度越大，指示放电电流数值越大。

电流表串接在蓄电池与发电机之间的线路上。讨论：电压表与蓄电池、发电机如何连接？

当发电机向蓄电池充电时，充电电流通过导电板产生的磁场使指针向“＋”侧偏转，充电电流越大，指针偏转角度越大，指示充电电流表数值越大。

2. 电压表

电压表用来指示发电机和蓄电池的端电压，监控发电机和调节器的工作状况，指示蓄电池的技术状况，通常与负载并联连接。接通点火开关，电压表即指示蓄电池的端电压，对 12V 蓄电池的汽车一般为 11.5～12.6V。接通起动机的瞬间，电压将下降至 9～10V，若电压表指示值过低，则表明蓄电池亏电或有故障。

请仔细观察捷达型轿车仪表板和北京现代索纳塔轿车仪表板上有无电流表或电压表？

现代汽车用充电指示灯代替了电流表或电压表。

发电机以正常转速运转时，电压表应指示在 13.5～14.5V 的规定范围内，若发动机起动前后电压表读数不变，则表明发电机不发电；若发动机起动后电压表指示值不在规定范围内，则表明调节器调整不当或损坏。电压表在结构形式上有电热式、电磁式两种。

【课堂互动】

（1）电热式电压表 电热式电压表结构如图7-5所示。当在两接线柱间加有电压时，电热丝中有电流通过而发热，导致双金属片变形而推动指针摆动。两端电压越高，电热丝发热量越大，双金属片变形越大，则指针偏转角度越大；反之电压低，指针偏转角度小。

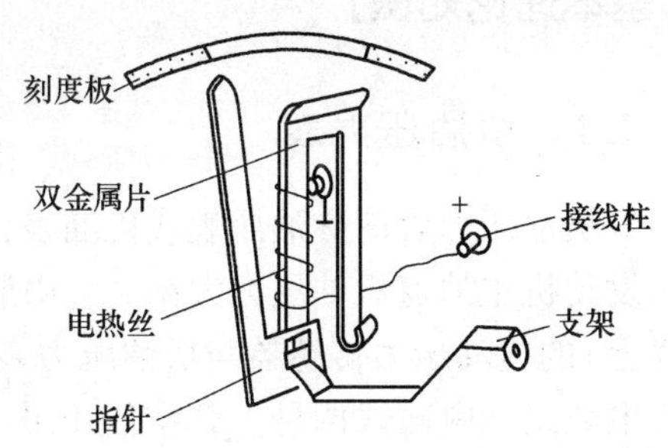

图7-5 电热式电压表结构

电热式电压表结构简单，当接通或切断电源时，指针摆动较迟缓，要待指针指示稳定后才可读数。

（2）电磁式电压表 北京切诺基汽车上装用的电压表为电磁式电压表，其结构如图7-6所示。它由两只十字交叉布置的电磁线圈、永久磁铁、转子、指针及刻度盘等零件组成。电路中两只线圈与稳压管及限流电阻串联。稳压管的作用是当电源电压达到一定数值后，才将电压表电路接通。在电压表未接入电路或电源电压低于稳压管击穿电压时，永久磁铁将转子磁化，保持电压表指针在初始的位置(9V)。接通电路，当电源电压达到稳压管击穿电压后，两十字交叉线圈产生的磁场与永久磁铁产生的磁场相互作用，从而使转子带动指针偏向高电压方向。电源电压越高，通过十字交叉线圈的电流就越大，其电磁场就越强，指针偏转角度就越大。

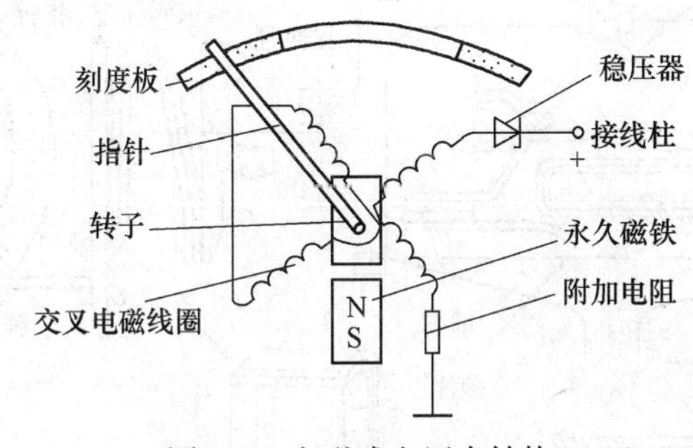

图7-6 电磁式电压表结构

【习题7.1】

1. 简述电流表的作用及其分类是什么？
2. 简述电压表的作用及其分类是什么？

7.2 机油压力表、冷却液温度表

【本节目标】

熟悉机油压力表、冷却液温度表的结构和正确的使用方法。

机油压力单位：Pa（帕）

K、M、G倍数关系

数值	符号	中文
10^9	G	吉
10^6	M	兆
10^3	k	千

【课堂互动】

【基本理论知识】

7.2.1 机油压力表

机油压力表简称油压表或机油表，其作用是在发动机运转时，指示发动机主油道机油压力大小。它由装在发动机主油道上(或粗滤器壳上)的机油压力传感器与机油压力表配合工作。常用的机油压力表有电热式和电磁式两种，其中应用最为广泛的是电热式机油压力表，结构和工作电路如图 7-7 所示。

1. 结构

机油压力表由装在发动机主油道上的机油压力传感器和仪表板上的机油压力指示表两部分组成。传感器内有膜片，膜片下方的油腔与润滑系主油道相通，机油压力可直接作用在膜片上。膜片上方顶着弓形弹簧片，弹簧片一端焊接的触点与双金属片触点接触，另一端与外壳固定搭铁。双金属片上绕有加热线圈，线圈的一端焊在双金属片上，另一端接在接触片上，电阻与加热线圈并联。

机油压力指示表内装有双金属片，其上绕有加热线圈，加热线圈两端分别与两接线柱连接。双金属片的一端制成钩状，钩在指针上，另一端则固定在调节齿扇上，如图 7-7 所示。

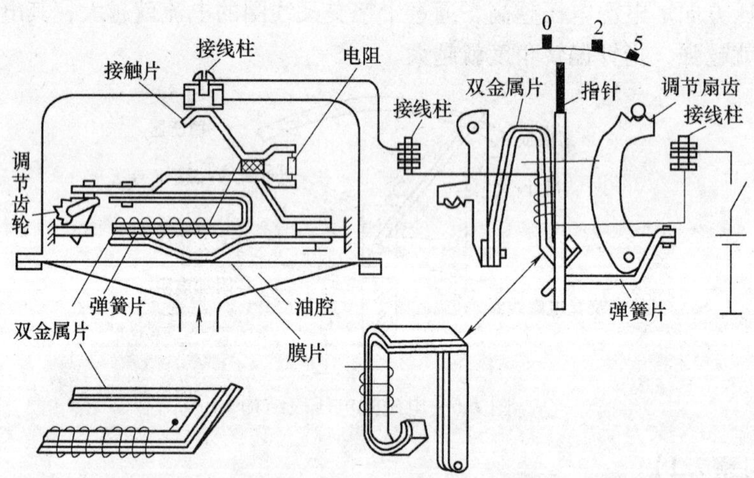

图 7-7 电热式机油压力表结构和工作电路

2. 工作原理

接通点火开关时，电流由蓄电池正极→点火开关→接线柱→表内双金属片上的加热线圈→接线柱→传感器内接触片→

{传感器内双金属片上的加热线圈 / 电阻→双金属片}→传感器内双金属片上的触点→弹簧片→搭铁→蓄电池负极构成回路。

当机油压力较小时，传感器膜片几乎没有变形，作用在传感器内触点上的压力很小。当电流通过不久而温度略有上升时，传感器内双金属片受热稍有弯曲就使触点分开，切断通电回路。待双金属片冷却伸直，触点又闭合，电路又被接通。触点闭合时间短，打开时间长，通过表内加热线圈的电流平均值小，指针偏转角度很小，指示机油压力较低。

当机油压力升高时，膜片向上拱曲，触点上的压力增大，传感器内加热线圈必须经过较长时间通电后，才能使双金属片弯曲变形将触点分开。触点分开后，只需较短时间的冷却，又使触点重新闭合。因此，传感器内触点断开的时间短，闭合时间长，通过表内加热线圈的电流平均值大，指针偏转角度大，指示机油压力较高。

发动机处于怠速工况时，机油压力表的指示值不得低于100kPa；处于低速工况时，指示值不得低于150kPa。一般正常值应为200～400kPa，最高不允许超过500kPa。

3. 油压表使用注意事项

1）油压表必须和与其配套的传感器一起使用。

2）安装电磁式油压表时必须注意接线柱极性，保证各导线连接可靠。

3）安装电热式油压表传感器时，一定要使外壳上的箭头符号向上，箭头与垂直中心线的夹角不得超过30°，否则会造成示值误差。

7.2.2 冷却液温度表

冷却液温度表的作用是指示发动机冷却液的温度。其正常指示值一般为90～105℃。冷却液温度表由装在发动机水套上的冷却液温度传感器和装在仪表板上的冷却液温度指示表两部分组成。常用的有电热式和电磁式两种。

1. 电热式冷却液温度表

（1）电热式冷却液温度表配电热式冷却液温度传感器　电热式冷却液温度表配电热式冷却液温度传感器的结构和工作电路如图7-8所示。由图可见电热式冷却液温度表除刻度板示值与电热式机油压力表不同外，其他结构都是相同的。

冷却液温度传感器外面是铜质外壳，壳内的底板支架上装有可动触点，并直接搭铁。双金属片与支架平行固定于底板上，其上绕有加热线圈，线圈一端接触点，另一端经接线柱与冷却液指示表相连。双金属片使触点具有一定的初始压力，当冷却液温度升高时，传感器铜壳及双金属片周围温度升高，双金属片向离开固定触点方向弯曲，使触点间压力减弱，触点的闭合时间变短，断开时间变长，流过加热线圈的脉冲电流平均值减小，冷却液指示表指针指在高温区。冷却液温度降低时，触点间压力增大，触点的闭合时间变长，断开时间缩短，电流的平均值增大，冷却液温度表指针指在低温区。通常指针停留在

【课堂互动】

冷却液的沸点？

水冷却系中，冷却液温度应保持在80～90℃；在冷却液中加入防冻剂后，冷却液温度应保持在90～105℃。

在冷却液中加入防冻剂既可以降低冷却液冰点，又可以提高冷却液的沸点。

【课堂互动】

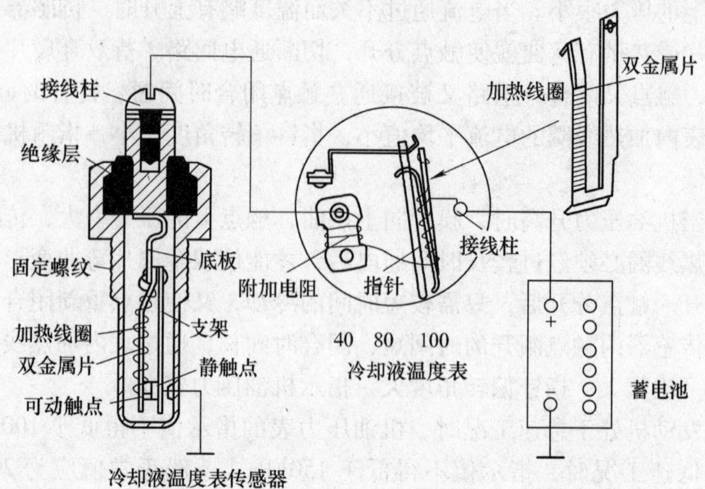

图 7-8 电热式冷却液温度表配电热式冷却液温度传感器的电路

刻度值最高位置。

（2）电热式冷却液温度表配热敏电阻式冷却液温度传感器 电热式冷却液温度表配热敏电阻式冷却液温度传感器的结构和工作电路如图 7-9 所示。热敏电阻式冷却液温度传感器主要由热敏电阻、弹簧、壳体等组成。热敏电阻下端与壳体接触，通过壳体搭铁，上端通过弹簧与导电柱、接线柱相通。热敏电阻有负温度系数与正温度系数两种。负温度系数热敏电阻的基本特性是温度上升，电阻值减小；温度下降，电阻值上升。正温度系数热敏电阻的基本特性是温度上升，电阻值增大；温度下降，电阻值减小。现代汽车多采用负温度系数热敏电阻传感器。

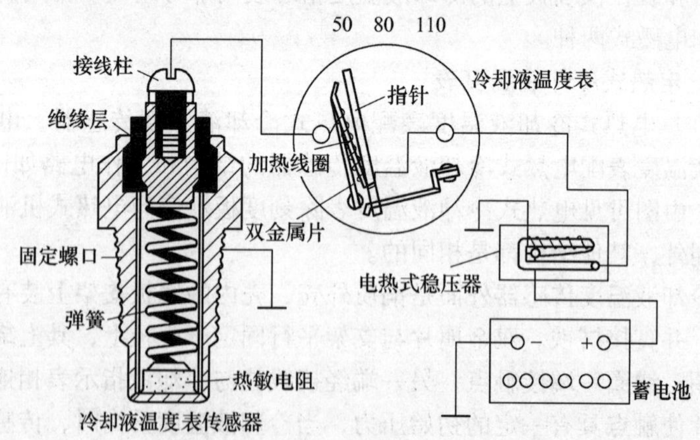

图 7-9 电热式冷却液温度表配热敏电阻式冷却液温度传感器的电路

当发动机冷却液温度较低时，传感器负温度系数热敏电阻阻值较大，电路电流较小，冷却液指示表内加热线圈温度较低，双金属片受热弯曲变形量较小，推动指针指示低温区。当发动机冷却液温度上升

【课堂互动】

后，热敏电阻阻值减小，电路电流增大，冷却液指示表内加热线圈温度上升，双金属片受热弯曲变形量增大，推动指针指示高温区。

由于电源电压变化，将影响与热敏电阻式传感器配套使用的电热式冷却液温度表的指示值，因此在这种电路中需配有电源稳压器。其作用是当电源电压波动时，起稳定电路电压的作用，以保证仪表的读数准确。

2. 电磁式冷却液温度表

电磁式冷却液温度表的结构和工作电路如图 7-10 所示。

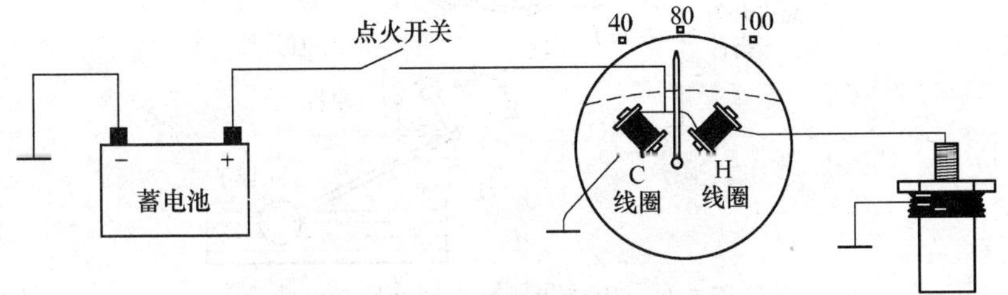

图 7-10　电磁式冷却液温度表结构和电路

电磁式冷却液指示表内有两个互成一定角度的铁心，铁心上分别绕有磁化线圈，铁心的下端是带指针偏转的衔铁。

电磁式冷却液温度表一般配用负热敏电阻式冷却液温度传感器，而且不需要电源稳压器。当冷却液温度低时，负热敏电阻传感器的阻值大，磁场力吸引衔铁向低温方向偏转从而带动指针指向低温；当冷却液温度高时，负热敏电阻阻值小，磁场力吸引衔铁向高温方向偏转而带动指针指向高温。

【习题 7.2】

1. 简述机油压力表的作用是什么?
2. 冷却液温度表由哪几部分组成?

7.3　燃油表

【本节目标】

1. 熟悉燃油表的结构和正确的使用方法。
2. 了解仪表稳压器的作用、结构及原理。

【基本理论知识】

燃油表用来指示汽车油箱中的存油量，它与装在油箱内的燃油传感器配套工作。燃油表分电磁式和电热式两种，传感器一般为可变电阻式。

【课堂互动】

仔细观察图 7-7 电热式机油压力表结构和工作电路、图 7-8 电热式冷却液温度表配电热式冷却液温度传感器的电路，想想为什么不用仪表稳压器？

这是因为电热式机油压力表传感器、电热式冷却液温度传感器都是由线圈和双金属片制作的，本身具有稳定电压的功能，因此不用仪表稳压器。

7.3.1 电磁式燃油表

电磁式燃油表的结构和工作电路如图 7-11 所示。

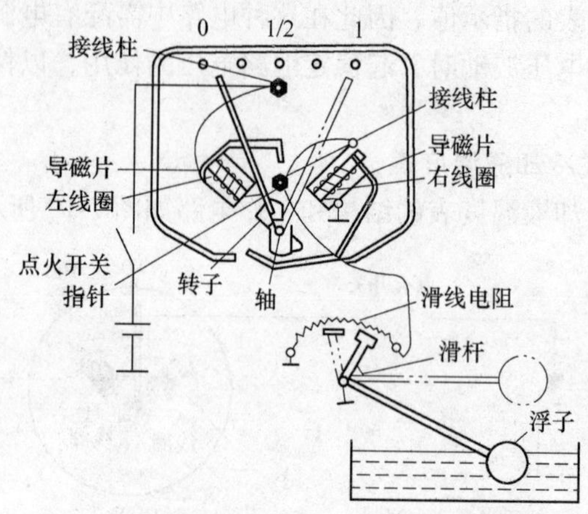

图 7-11 电磁式燃油表的结构和电路

1. 结构

燃油指示表由两个绕在铁心上的线圈、转子、指针等组成。燃油指示表刻度盘从左至右标明 0、1/2、1，分别表示油箱内无油、半箱油、满油。可变电阻式传感器由电阻、滑杆、浮子等组成。浮子漂浮在油面上，随油面的高低而起落，从而带动滑杆使电阻的阻值随之改变。

2. 工作原理

当油箱无油时，浮子下降到最低位置，带动滑杆滑向最右端，将右线圈短路。左线圈产生的电磁力吸引转子带动指针偏向最左，指在“0”位上。

当向油箱中加油时，随着油量的增多，浮子上升，带动滑杆向左滑动，电阻逐渐增大，左线圈中的电流逐渐减小，右线圈中的电流逐渐增大，磁场加强，吸引指针顺时针偏转，指示油量增多。

当油已注满时，浮子上升到最高处，带动滑杆滑向最左端，传感器电阻被全部接入电路中，此时左线圈中的电流最小，而右线圈中的电流最大，电磁力也达到最大，带动指针偏向最右端，指在“1”的刻度，表示油箱已盛满油。

7.3.2 电热式燃油表

电热式燃油表的结构和工作电路如图 7-12 所示。在电热式燃油表的电路中，为了稳定电源电压，在电路中还串接了一个仪表稳压器。当燃油较多时，浮子上升，传感器阻值减小，流过指示表加热线圈中的电流较大，双金属片变形大，指针指向燃油较多的方向；相反燃油较少时，浮子下降，传感器电阻较大，双金属片变形小，指针指向燃油较少的方向。

电热式燃油表在使用时，应在电路中串入仪表稳压器，其作用是当电源电压变化时稳定仪表平均电压，避免仪表的指示误差。常用的仪表稳压器有电热式和电子式两种。

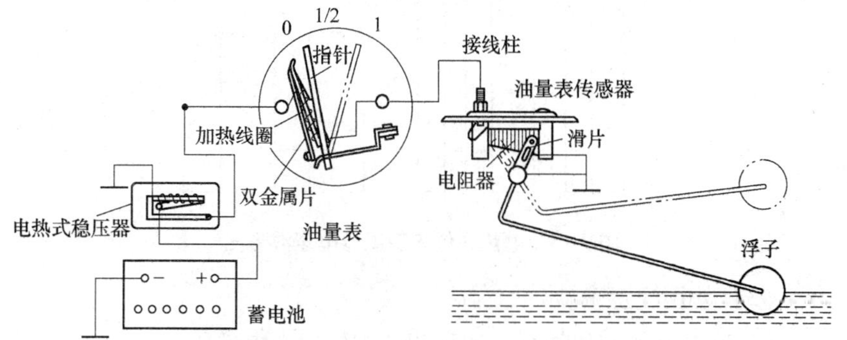

图7-12　电热式燃油表的结构和电路

1. 电热式仪表稳压器

（1）结构　如图7-13所示，由双金属片、静触点、电热丝、座

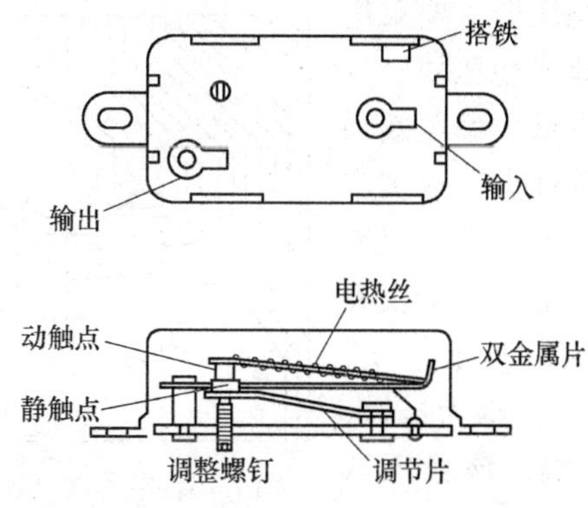

图7-13　电热式仪表稳压器结构图

板和外壳等组成。双金属片上的电热丝一端搭铁，另一端焊在双金属片上。双金属片的一端用铆钉固定并与接线柱相连，另一端为动触点。静触点铆在调节片上，调节片的另一端也用铆钉固定并与电源接线柱相连。两触点之间的压力可通过调整螺钉调节。

（2）工作原理　如图7-14所示，当电源电压偏高时，电热丝中的电流增大，双金属片加热快，触点很快断开，断开的触点需要较长时间冷却才能闭合，于是触点断开时间长，闭合时间短，从而将偏高的电压降低到某一输出电压平均值。

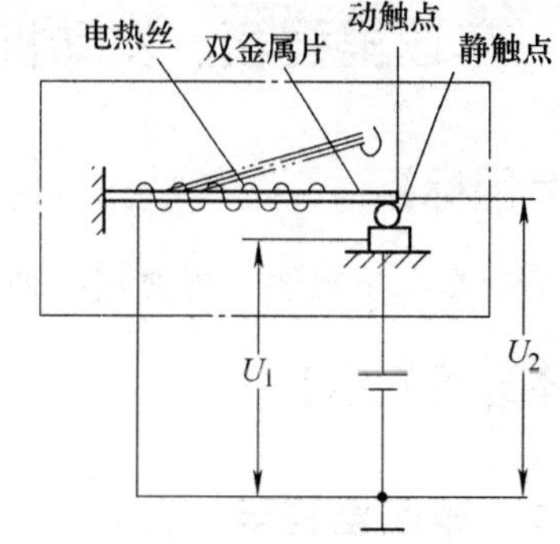

图7-14　电热式仪表稳压器工作原理图

【课堂互动】

当电源电压偏低时，电热丝中的电流减小，产生的热量少，于是触点断开时间短而闭合时间长，从而将偏低的电压提高到某一输出电压平均值。工作时的电压波形如图 7-15 所示。

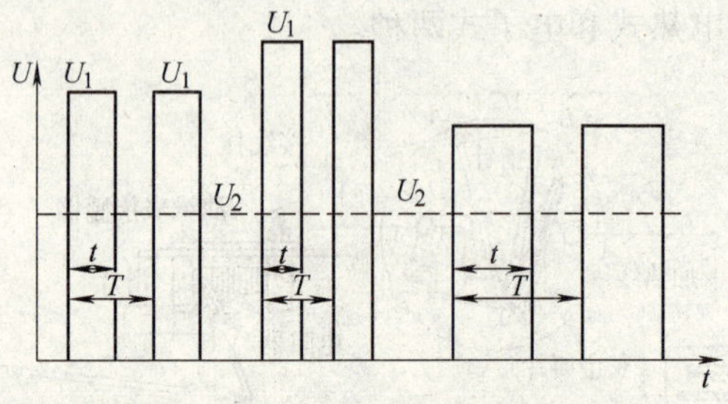

图 7-15 电热式仪表稳压器电压波形图

（3）使用注意事项

1）安装仪表稳压器时，两接线柱的接线不得接错。

2）使用仪表稳压器的燃油表及冷却液温度表，不允许直接与电源相接，否则会烧坏仪表。

2. 电子式仪表稳压器

电子式仪表稳压器主要采用汽车专用的三端集成稳压块。具有结构简单、成本低、稳压效果好、使用寿命长等优点，故被广泛应用。桑塔纳、奥迪轿车仪表板采用了专用的三端式电子仪表稳压器。如图 7-16 所示，“1”脚为输出脚，“⊥”脚为搭铁，“2”为电源输入端。该稳压器输出电压为 9.5 ~10.5V。

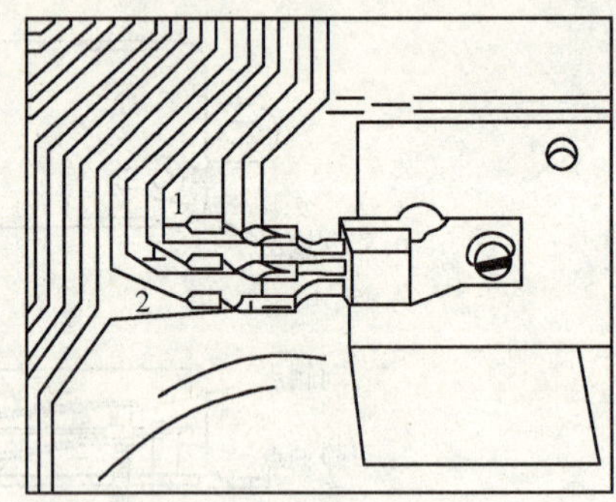

图 7-16 电子式仪表稳压器结构图

【习题 7.3】

1. 燃油表的工作原理是什么？
2. 仪表稳压器的作用是什么？应用于哪两种仪表电路中？

7.4 车速里程表、发动机转速表

【本节目标】

了解车速里程表、发动机转速表的结构、作用及原理。

【基本理论知识】

7.4.1 车速里程表

车速里程表是用来指示汽车行驶速度和累计汽车行驶里程的。它由车速表和里程表两部分组成。按其工作原理的不同可分为磁感应式和电子式两种。

【课堂互动】

汽车行驶速度的单位是什么?

1. 磁感应式车速里程表

磁感应式车速里程表的结构如图 7-17 所示。磁感应式车速里程

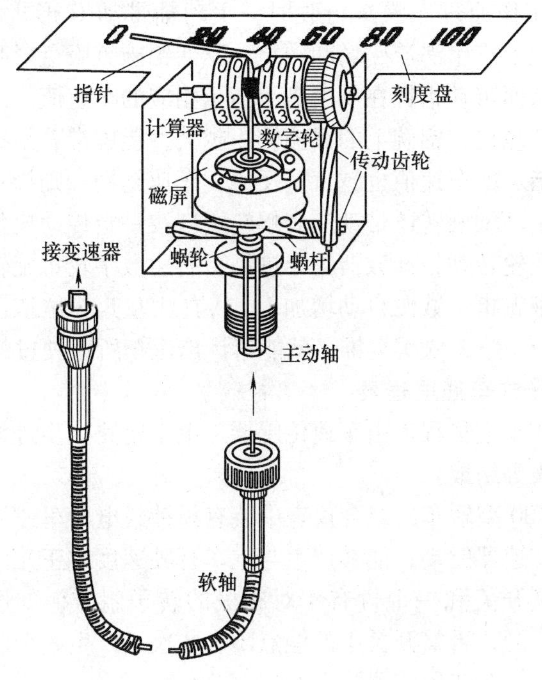

a)

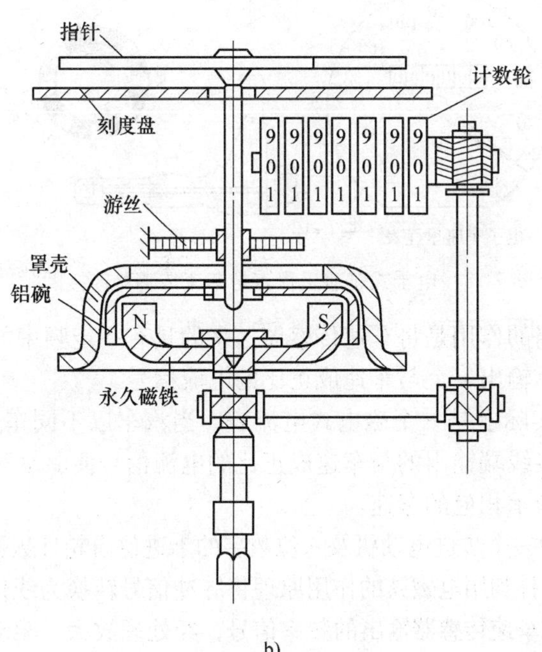

b)

图 7-17　磁感应式车速里程表结构原理图

【课堂互动】

汽车里程表计数单位？

看图 7-17 汽车里程表显示：0000001，汽车行驶的里程是多少？

汽车里程表显示：0000996，汽车行驶的里程是多少？

汽车里程表能够显示的最大里程是多少？

表没有电路连接而靠机械传动，由变速器输出轴上的一套蜗轮蜗杆机构通过软轴来驱动。

（1）结构 车速表由永久磁铁、带有轴及指针的铝碗、罩壳和刻度盘等组成。里程表由三对蜗轮、蜗杆和计数轮等组成。

（2）工作原理 汽车行驶时，主动轴带动 U 形永久磁铁旋转，同时在铝碗上产生涡流磁场和转矩，驱使铝碗克服盘形弹簧弹力作同向旋转，从而带动指针在刻度盘上指示相应的车速值。车速越快，永久磁铁旋转越快，铝碗上的涡流转矩越大，铝碗带着指针偏转的角度就越大，指示的车速值也越大；反之，车速越慢，则指示的车速值越小。另外主动轴旋转还带动三套蜗轮蜗杆按一定传动比传动，从而逐级带动计数轮转动，计数器为十进制，右边数字轮每旋转一周，相邻的左边数字轮指示数便自动增加 1，从右往左其单位依次为 1/10km，1km，10km……，依次类推，就能累计出汽车所行驶过的里程。

2. 电子式车速里程表

电子式车速里程表由车速传感器、电子电路、步进电动机、车速表和里程表等组成。

奥迪 100 型轿车的组合仪表中装有指针式电子车速里程表。车速传感器由变速器驱动，能够产生与汽车行驶速度成正比的电信号。它由一个舌簧开关和一个含有 4 对磁极的转子组成，如图 7-18 所示。转子每转一周，舌簧开关中的触点闭合 8 次，产生 8 个脉冲信号，汽车行驶 1km，车速传感器输出 4127 个脉冲。

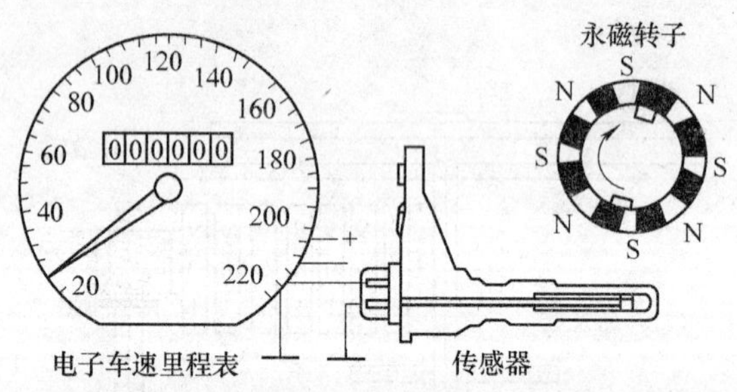

图 7-18 电子式车速里程表与车速传感器连接图

电子电路的作用是将车速传感器送来的具有一定频率的电信号经整形、触发，输出一个与车速成正比的电流信号。

车速表实际上是一个磁电式电流表，当汽车以不同车速行驶时，从电子电路接线端输出的与车速成正比的电流信号便驱动车速表指针偏转，从而指示相应的车速。

里程表由一个步进电动机及六位数字的十进位齿轮计数器组成。步进电动机是一种利用电磁铁的作用原理将脉冲信号转换为线位移或角位移的电动机。车速传感器输出的频率信号，经处理放大，驱动步进电动机，带动六位数字的十进位齿轮计数器工作，从而积累行驶的里程。

7.4.2 发动机转速表

【课堂互动】

发动机转速表用来指示发动机运转速度。发动机转速表有机械式和电子式两种，常用的是电子式转速表。

电子式转速表获取转速信号的方式有三种：

1）从点火系统获取脉冲电压信号(只适用汽油机)；

2）从发动机的转速传感器上获取转速信号；

3）从发电机上获取转速信号。

如图7-19所示，是从点火系统获取信号的转速表电路。当发动机工作使触点S闭合时，晶体管VT的基级搭铁无偏压而处于截止状态，电容器C充电，充电电路为：蓄电池正极→电阻R_3→电容器C→二极管VD_2→蓄电池负极。当触点S断开时，晶体管VT的基级电位接近电源电压而导通，此时电容器C放电，放电电路为：电容器C→晶体管VT→转速表n→二极管VD_1→电容器C，驱动转速表。触点不断开闭，电容器C不断进行充放电，其放电电流平均值与发动机的转速成正比，于是将电流平均值标定成发动机转速，通过转速表指示出发动机的转速。

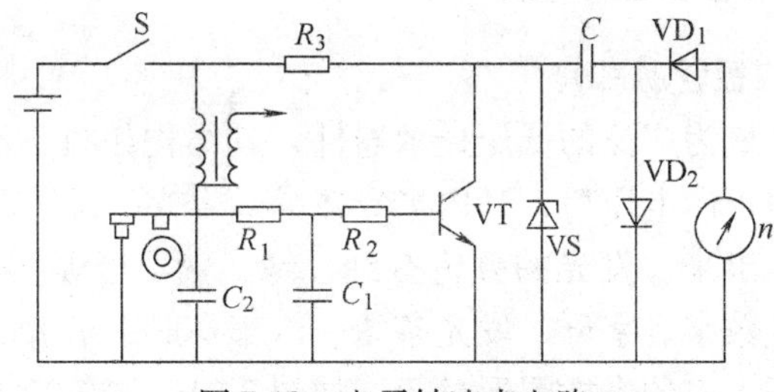

图7-19 电子转速表电路

【习题7.4】

1. 车速表和发动机转速表的作用是什么？
2. 电子式车速里程表主要由哪几部分组成？
3. 电子式转速表的转速信号是如何获取的？

7.5 汽车电子仪表

【本节目标】

了解汽车电子仪表的优点、常用电子显示器件。

【基本理论知识】

7.5.1 汽车电子仪表的优点

随着现代汽车工业和电子技术的发展，汽车的环保性、安全性、经

【课堂互动】

济性、智能化要求不断提高，驾驶员需要更多、更快地了解汽车运行的各种信息，常规指针式仪表已远远不能满足现代汽车技术发展的要求。因此，汽车电子仪表使用率正在逐年增加。其具有如下几个优点。

1. 能提供大量、复杂的信息，显示直观

为适应汽车排气净化、节能、安全性和舒适性的要求，汽车电子控制装置必须能迅速、准确地处理各种复杂的信息，并以数字、文字或图形显示出来，供驾驶员了解汽车的运行状况，并及时处理。

2. 具有高精度和高可靠性

电子显示为即时值，故精度高，又因是无机械传动，故障率低，提高了仪表的可靠性。

3. 小型、轻量化

电子仪表既可适用各种传感器和控制系统的电子化，又可实现小型轻薄化。既节省了仪表台附近的空间利用率，又能处理日益增多的信息。

4. 具有一表多用的功能

电子仪表可以分别显示不同的信息，不必为每个信息设置一个指示表，故使组合仪表得以简化。

7.5.2 常用电子显示器件

1. 发光二极管(LED)

日常生活中所见到的电子显示器件有哪些?

电子显示器件大致分为两大类：发光型和非发光型。

发光型的显示器有发光二极管(LED)、真空荧光管(VFD)、阴极射线管(CRT)、等离子显示器件(PDP)等；非发光型显示器件有液晶显示器件(LCD)等。

它是应用最为广泛的低压显示器件，其结构如图 7-20 所示。正、负极加上合适正向电压后，其内半导体晶片发光，通过带颜色透明的塑料外壳显示出来。发光的颜色有红、绿、黄、橙等，可单独使用，也可用来组成数字、字母、发光条图。汽车一般用于指示灯、数字符号段或点数不太多的光杆图形显示，如图 7-21、图 7-22 所示。

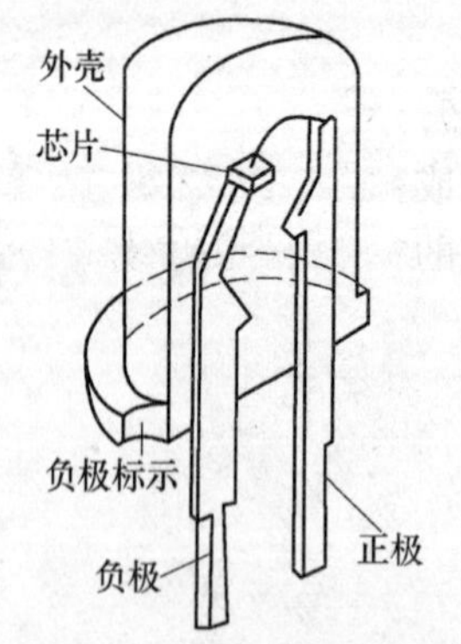

图 7-20 发光二极管结构图

图 7-21 发光二极管的数码显示图

2. 液晶显示器件(LCD)

液晶是一种有机化合物，在一定温度范围和条件下，既具有普通液体的流动性，也具有晶体的某些光学特性，是一种新型的非发光型平板显示器件。其结构如图 7-23 所示。它有两块厚约 1mm 的玻璃基

板，基板上涂有透明的导电材料，以形成电极图形。两基板间注入

【课堂互动】

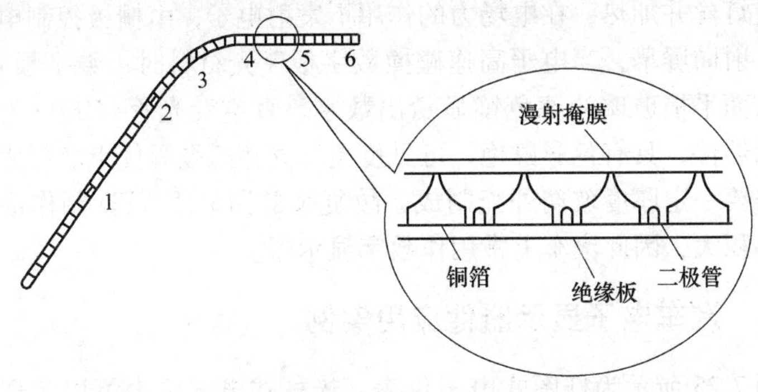

图7-22 发光二极管的光杆显示图

10μm 厚的液晶，再在两玻璃基板的外表面分别贴有偏光板，四周密封。当两电极通一定电压时，位于通电电极范围内(要显示的数字、图形等)的液晶分子重新排列，这样，通电部分电极就形成了在发亮背景下的字符或图形。由于LCD为非发光型显示器件，所以夜间显示必须采用照明光源，汽车上通常用白炽灯作为背景光源。液晶显示器件具有工作电压低(3V左右)、显示面积大、耗能少、显示清晰、通过滤光镜可显示不同颜色、在阳光直射下不受影响等优点，现被广泛应用在中、高档轿车上。

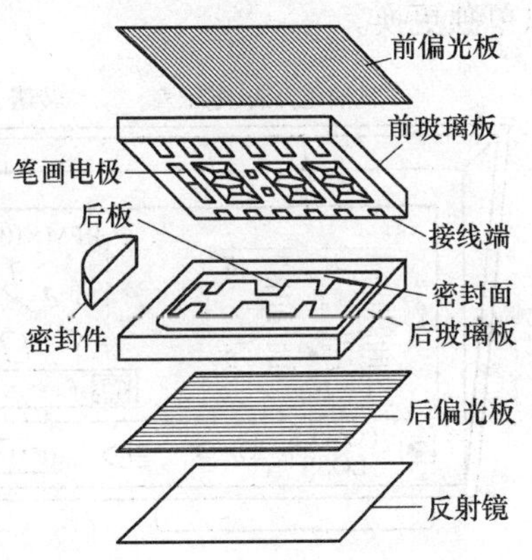

图7-23 液晶显示器结构

3. 真空荧光管(VFD)

真空荧光管实际上是一种真空低压管，它由灯丝、栅极、涂有磷光物质的玻璃组成。其发光原理与电视机中的显像管相似，如图7-24

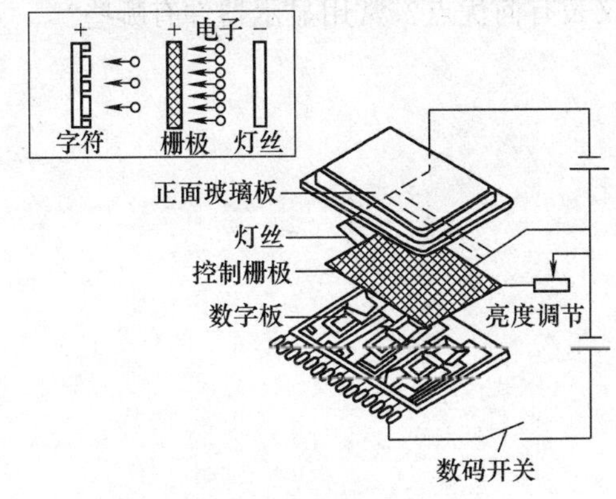

图7-24 真空荧光管结构原理

【课堂互动】

所示。当屏幕接电源正极，灯丝接电源负极时，便获得正向电压，电流通过灯丝并加热，在电场力的作用下发射电子，由栅极控制电子流加速，射向屏幕，当电子高速碰撞数字板荧光材料时，数字板发光，通过前面平板玻璃的滤色镜显示出数字。真空荧光管(VFD)为发光型显示器件，具有色彩鲜艳、可见度高、立体感强等优点。但由于真空管需要一定厚度玻璃外壳制成，故复杂的图形用VFD制作成本较高、体积大，因此汽车上常用作数字显示器。

7.5.3 汽车电子显示器件应用实例

图7-25 杆图式电子仪表，采用了哪种显示器件?

图7-25所示为杆图式电子仪表。光杆式电子仪表可以实现一表多用的功能，通常用数字或杆状图形的形状显示被监控系统的工作状态。仪表有车速里程表、发动机转速表、机油压力表、电压表、冷却液温度表、燃油表等。组合仪表不可分解，只有普通灯泡的指示灯可以单独更换。

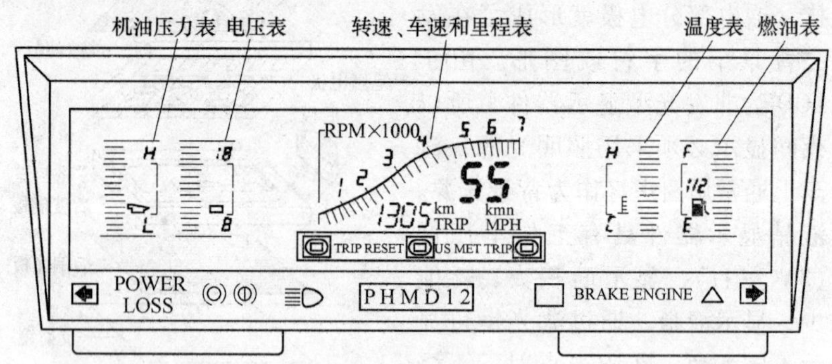

图7-25 杆图式电子仪表

大多数电子仪表都具有自诊断功能。若仪表发生故障，则其故障码会存放在组合仪表的RAM存储器里，用专用仪器调码后，可以读出故障内容。

【习题7.5】

简述电子仪表有何优点？常用显示器件有哪些?

模块8 汽车空调

【学习目标】

1. 掌握汽车空调的组成、制冷循环原理、主要零部件的作用。 【课堂互动】
2. 了解汽车空调主要零部件的结构。
3. 熟悉汽车空调的使用。

8.1 概述

【本节目标】

1. 了解汽车空调的功能、类型。
2. 理解制冷剂 R134a 的特性。

【基本理论知识】

汽车空调的作用是根据驾驶员和乘客的需要对车内的空气进行调节，使之在温度、湿度、清洁度、风速上能满足人体舒适的需要。

汽车空调主要包括制冷系统、暖风系统、通风系统、空气净化系统和控制系统。

8.1.1 汽车空调的功能

汽车空调的功能包括调节车厢内的温度、湿度、气流速度、空气洁净度等，从而为乘员创造清新舒适的车内环境，具体概括如下：

（1）车内温度调节　温度是表示冷热的程度。冬季汽车利用采暖装置将车内温度升高。轿车和中小型汽车一般以发动机冷却液作为暖气的热源，而大型客车则采用独立燃烧式加热器作为暖气的热源。夏季车内降温则由制冷装置完成，目前我国大多数汽车的空调采用单一制冷功能。

（2）车内湿度　湿度是指空气中所含水分的高低。湿度的大小直接影响人体内的水分蒸发速率和口腔、鼻腔黏膜等健康状况和驾驶员的工作状况。车内的湿度一般应保持在30%~70%范围内。普通汽车空调一般不具备这种功能，只有高级豪华汽车采用冷暖一体化空调器，才能对车内的湿度进行适当调节。

（3）车内气流速度调节　空气的流速和方向对人体舒适性影响很大，夏季流速应限制在0.25m/s以内。总之应该根据乘客的生活

【课堂互动】

环境、年龄、健康状况、冷热习惯等生理特点来控制出风口的风量，避免过大的风速直接吹到人体上，使人感到不舒服。

(4) 车内空气净化 车厢内的空气质量是乘员舒适性的重要保证，由于车内空间小、乘员密度大，车内极易出现缺氧和二氧化碳浓度过高的情况，还有尾气、灰尘、烟味等造成车内空气污浊，影响乘员的身体健康，因此必须要求汽车空调具有补充车外新鲜空气，过滤和净化车内空气的功能。一般在汽车空调的进风口都装有空气过滤装置和空气净化装置。

8.1.2 制冷剂

汽车空调系统中制冷物质称为制冷剂，制冷剂在系统循环中起放热及吸热的作用，而其本身并不产生任何化学作用。汽车空调系统中使用的制冷剂有 R12 和 R134a 两种，其中字母“R”是 Refrigerant (制冷剂)的简称。R12 对大气臭氧层有破坏作用，使全球变暖产生温室效应，现今车辆已全面改用替代制冷剂 R134a。

R12 对大气臭氧层有破坏作用，使全球变暖产生温室效应，举例说明。

1. 对制冷剂的要求

1) 在适当蒸发温度时，蒸发压力不低于大气压；
2) 在适当冷凝压力时，温度不能过高；
3) 无色、无味、无毒、无刺激性，对人体健康无损害；
4) 不易燃烧，不易爆炸；
5) 无腐蚀性；
6) 价格合理，容易取得；
7) 性能系数较高；
8) 与冷冻油接触时，化学、物理稳定性良好；
9) 有较低的凝固点，能在低温下工作；
10) 泄漏时容易侦测。

2. 制冷剂 R134a 特性

1) 无色、无味、无毒、不易燃烧、不易爆炸，化学性质稳定；
2) 不破坏臭氧层，在大气层停留时间短，温室效应影响也很小；
3) 黏度较低，流动阻力较小；
4) 分子直径比 R12 略小，易外泄，能被分子筛吸收；
5) 与矿物油不相溶，与氟橡胶不相溶；
6) 吸水性和水溶性比 R12 高；
7) 汽化热高，定压比热大，具有较好的制冷能力。

因此 R134a 是环保型制冷剂，是汽车空调的首选制冷剂。

3. 制冷剂使用时的注意事项

1) 操作制冷剂时，不要与皮肤接触，应戴护目镜，以免冻伤皮肤和眼球；
2) 避免振动和放置高温处，以免发生爆炸；

【课堂互动】

3）远离火苗，避免 R12 分解产生有毒气体；

4）R134a 与 R12 不能混用，因为两者不相溶，否则将导致压缩机损坏；

5）使用 R134a 制冷剂的系统，应避免使用铜材料，以避免产生镀铜现象；

6）制冷剂应放置在 40℃以下的地方保存。

8.1.3　汽车空调的类型

汽车空调按驱动方式分为独立式空调和非独立式空调。一些豪华的大客车采用独立式空调，其制冷压缩机和送风机由辅助发动机驱动，制冷和采暖多装在一起。轿车上采用非独立式空调。汽车空调按功能分为单一功能型（只有制冷或采暖的空调）、冷暖一体型（见图 8-1）和全功能型（同时具备降温、除湿、采暖、通风和空气净化功能，如图 8-2 所示）三种。

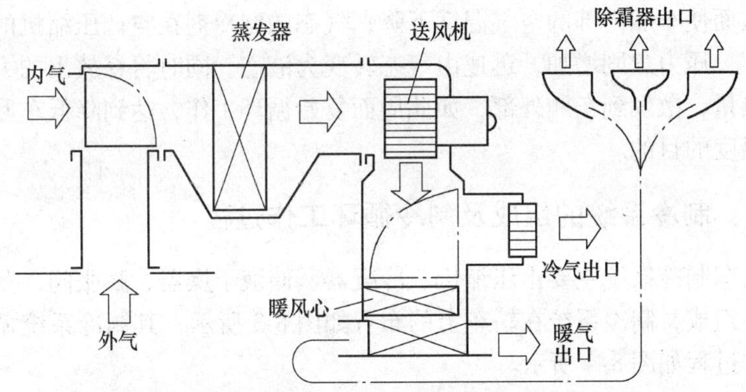

图 8-1　冷暖一体型空调系统示意图

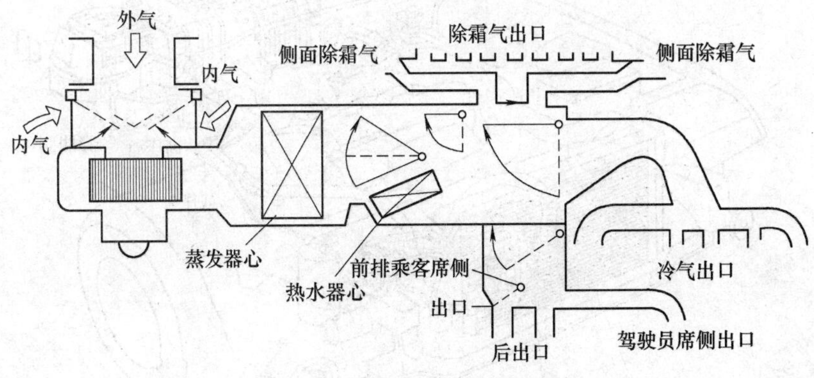

图 8-2　全功能型空调系统示意图

【习题 8.1】

1. 汽车空调的作用是什么？

2. 制冷剂的作用是什么？

【课堂互动】

水烧开的过程是吸收热量还是放出热量？

水蒸气转换成水需要放出热量还是吸收热量？

8.2 汽车空调制冷系统

【本节目标】

1. 掌握制冷系统的组成及制冷循环工作过程，制冷系统主要部件的作用。

2. 了解制冷系统主要部件的结构、工作原理。

【基本理论知识】

8.2.1 制冷的基本原理

目前，汽车空调系统制冷部分普遍采用的是蒸气压缩式制冷，即制冷系统是利用制冷剂由液态转化为气态过程中，需要吸收大量的热量，从而使车厢内部的空气温度下降；气态的制冷剂在空调压缩机的作用下，压力急剧增加，迅速由气态转变为液态，同时将释放出的大量的热量，散发到车厢外部，如此周而复始循环工作，达到降低车厢内部温度的目的。

8.2.2 制冷系统的组成及制冷循环工作过程

汽车制冷系统主要由压缩机、冷凝器、储液干燥器、膨胀阀、蒸发器等组成，制冷系统在轿车上的布置如图 8-3 所示，其制冷系统循环工作过程如图 8-4 所示。

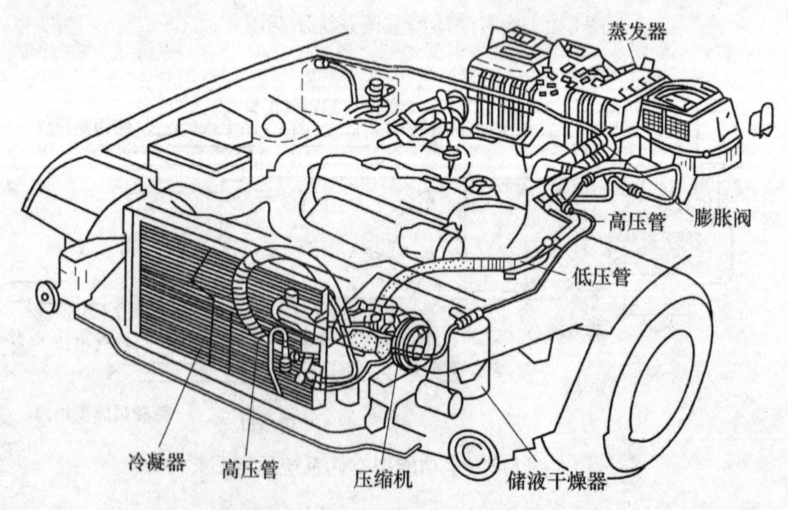

图 8-3 制冷系统在轿车中布置

1. 压缩过程

吸入来自蒸发器中的低温、低压制冷剂蒸气，将其压缩成温度约为70～80℃，压力为1.3～1.5MPa的高温、高压制冷剂气体，经高压管路送入冷凝器。

【课堂互动】

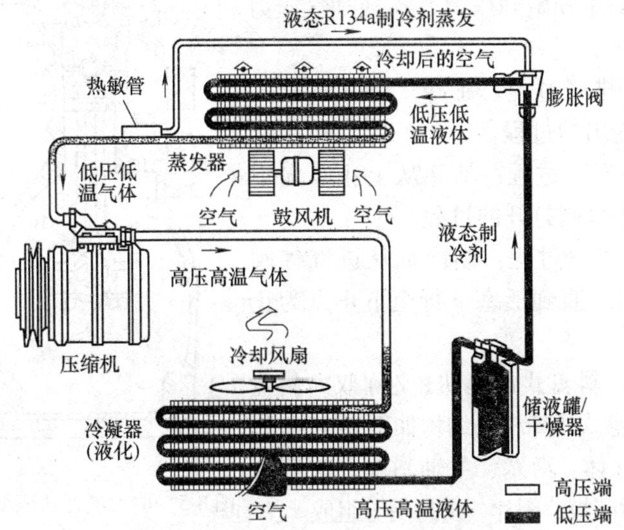

图8-4　制冷系统循环工作过程

2. 冷凝过程

气态制冷剂经冷却，使其温度下降至50℃，压力约为1.3～1.5MPa的液态制冷剂，送入储液干燥器。

3. 干燥过程

将中温、高压的液态制冷剂过滤，除去制冷剂中的杂质和水分，送入膨胀阀，并储存少部分制冷剂。

4. 膨胀过程

将过滤后的中温、高压液态制冷剂利用节流原理，使其转变为压力为0.15～0.3MPa，温度为1～4℃的低温低压雾状制冷剂，送入蒸发器。

5. 蒸发过程

制冷剂在蒸发器中吸收周围空气的热量而汽化，达到制冷目的。

8.2.3　制冷系统主要部件

1. 压缩机

压缩机作为汽车空调制冷系统的核心部件，是推动制冷剂在制冷系统中不断循环的动力，吸入来自蒸发器的低温、低压气态制冷剂，对其压缩，使其压力和温度升高，并将压缩后的制冷剂送进冷凝器。

汽车常见压缩机的主要类型有：曲轴连杆式压缩机、斜盘式压缩机、摆盘式压缩机、旋叶式压缩机、滚动活塞式压缩机、涡旋式压缩机等。

压缩机由谁来驱动？

(1) 曲轴连杆式压缩机　曲轴连杆式压缩机结构如图8-5所示，主要由曲轴连杆机构，进、排气阀，润滑机构和曲轴密封机构组成。

【课堂互动】

工作过程：

1）压缩过程：制冷气体从进入气缸后的低压开始到压力升高到排气压力的过程。

2）排气过程：制冷气体从气缸向排气管输出的过程。

3）膨胀过程：活塞从上止点向下移动到进气阀打开的过程。

4）进气过程：制冷剂从进气气阀进入气缸，直到活塞下行至下止点为止的过程。

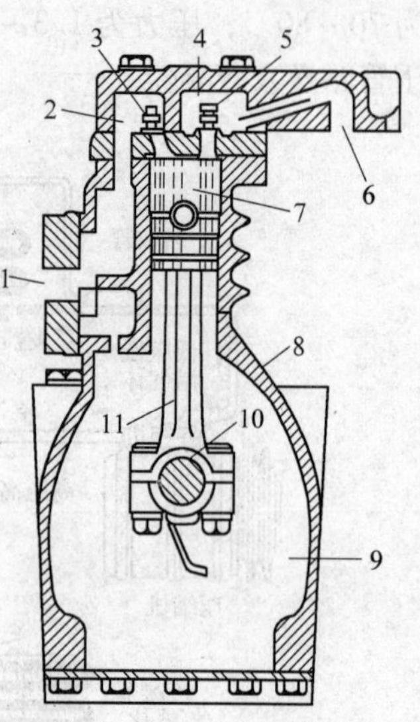

图 8-5 曲轴连杆式压缩机结构

1—进气管 2—进气腔 3—进气阀 4—排气腔 5—排气阀 6—排气管 7—活塞 8—气缸体 9—曲轴箱 10—曲轴 11—连杆

（2）斜盘式压缩机（又称双向斜盘式） 斜盘式压缩机的结构如图 8-6 所示。主要由缸体、活塞、主轴斜盘、前后缸盖、前后阀板、阀片、密封圈等组成。

冷凝器与发动机冷却水箱的安装位置及结构有什么区别？

如图 8-7 所示是斜盘式压缩机的工作原理图，它的工作原理如下：当主轴转动时，通过斜盘和滑履的带动，把主轴的回转运动变为双向活塞沿轴向的往复运动，活塞以斜盘主轴为中心，在同一圆周上均匀分布几个活塞，每个活塞作双向工作，所以一个活塞起到了两个缸的作用。在活塞运动过程中，通过吸、排气阀组把低温低压的制冷剂蒸气吸入，同时把高温高压的制冷剂排出，使其进入冷凝器，保证热交换过程的顺利进行。

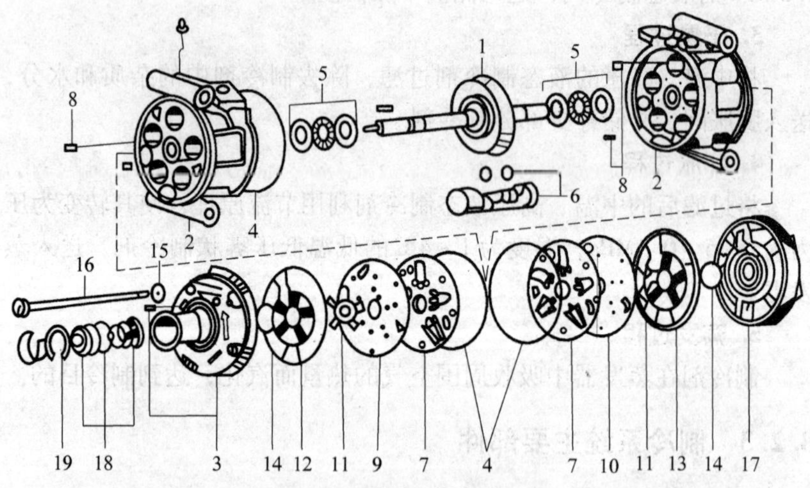

图 8-6 斜盘式压缩机的结构

1—斜盘 2—缸体 3—前缸盖 4—后缸盖 5—端面轴承 6—活塞 7—吸气阀片 8—限位销 9、10—阀板 11—排气阀 12、13—密封垫 14—O 形胶圈 15—垫片 16—螺栓 17—密封圈 18—轴封 19—卡环

【课堂互动】

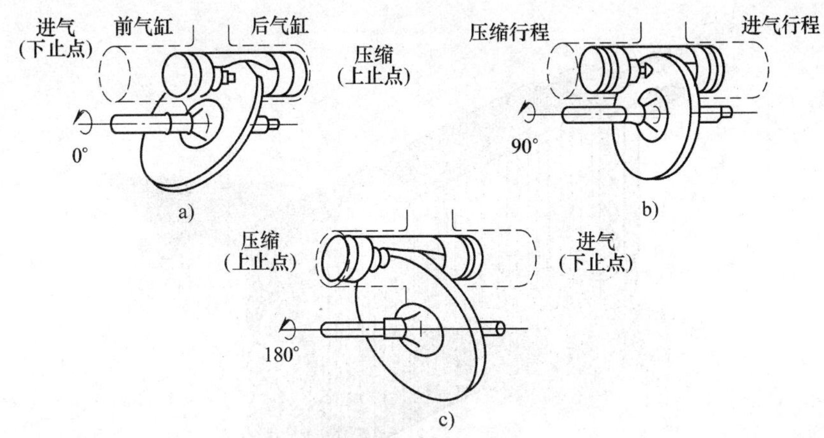

图 8-7 斜盘式压缩机工作原理

a）斜盘旋转 0°时 b）斜盘旋转 90°时 c）斜盘旋转 180°时

2. 冷凝器

冷凝器是把来自压缩机的高温高压气体通过管壁和翅片将其中的热量传递给冷凝器周围的空气，从而使高温、高压的气态制冷剂冷凝成高温、高压的液体。冷凝器的种类主要有管片式、管带式、平流式三种，如图 8-8 所示为管片式冷凝器的结构。

3. 蒸发器

蒸发器是将经过节流降压后的液态制冷剂在蒸发器内沸腾汽化，吸收蒸发器表面周围空气的热量而降低温度，风机再将冷空气送入车厢，从而达到车内降温的目的。蒸发器主要有管片式、管带式、层叠式三种，如图 8-9 所示为管片式蒸发器结构。

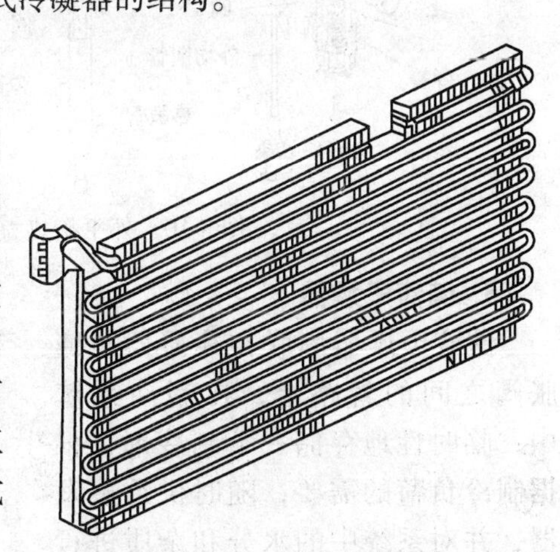

图 8-8 管片式冷凝器结构

4. 膨胀阀

膨胀阀安装在蒸发器入口管路上，是一种感压和感温自动阀，用以调整和控制制冷剂进入蒸发器的流量，保证制冷剂在蒸发器内完全蒸发。需要注意的是膨胀阀并不控制蒸发器的温度。膨胀阀主要有内平衡热力膨胀阀、外平衡热力膨胀阀和 H 形膨胀阀三种。

捷达轿车采用的是外平衡热力膨胀阀，其结构如图 8-10 所示，它主要由热敏管、压力弹簧、膜片室、阀门、毛细管等组成。这种形式的膨胀阀将蒸发器出口处的压力传往膜片，这个地方靠近热敏管，阀门的开启度更容易通过出口温度和压缩机转速的变化进行精确调节。

【课堂互动】

图 8-9 管片式蒸发器结构

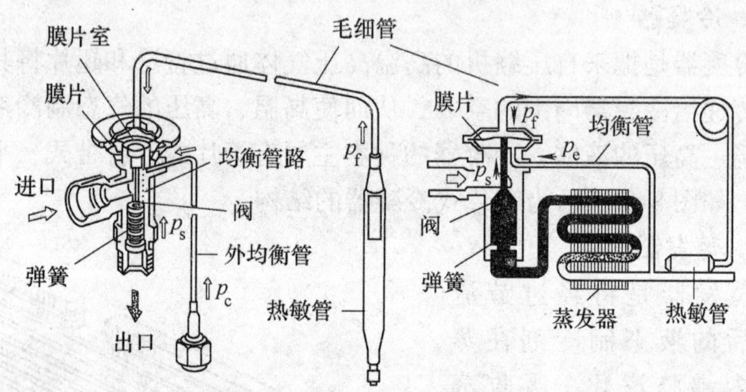

图 8-10 外平衡热力膨胀阀

5. 储液干燥器

储液干燥器串联在冷凝器与膨胀阀之间的管路上，在制冷系统中，临时性地存储一下制冷剂，根据制冷负荷的需要，随时供给蒸发器，并对系统中的水分和杂质进行干燥和过滤，即储液干燥器的功能是存储制冷剂、过滤杂质、吸收湿气。

储液干燥器的结构如图8-11所示，它主要有储液器、干燥剂、过滤器、观察窗等组成。

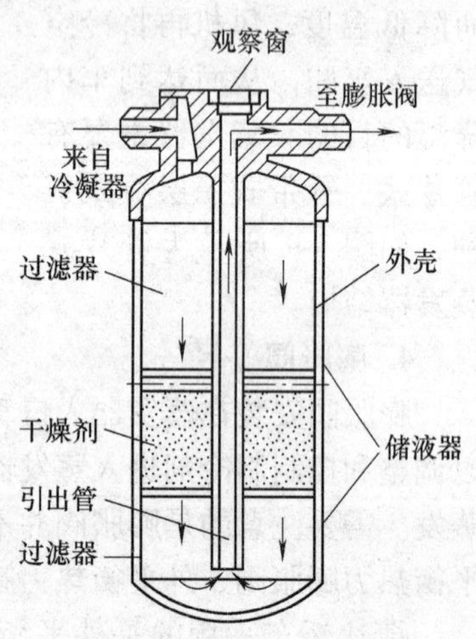

图 8-11 储液干燥器结构

【习题 8.2】

1. 压缩机的类型及作用是什么?
2. 蒸发器的类型及作用是什么?
3. 膨胀阀的作用是什么?

8.3 汽车空调控制部件

【课堂互动】

【本节目标】

1. 了解汽车空调控制部件的作用。
2. 了解汽车空调控制部件的结构。

【基本理论知识】

1. 电磁离合器

汽车空调用的电磁离合器，其作用是将汽车发动机的动力传递给压缩机主轴，使压缩机运转，完成制冷循环。压缩机的工作或停转由电磁离合器线圈电源的通断进行控制。汽车冷气压缩机所用电磁离合器分为定圈式和动圈式两种，如图8-12所示为定圈式电磁离合器。此种电磁离合器安装于压缩机本体上，不与压缩机一同旋转，电磁线圈上有两条电线接头，一端搭铁，另一端接至控制开关。

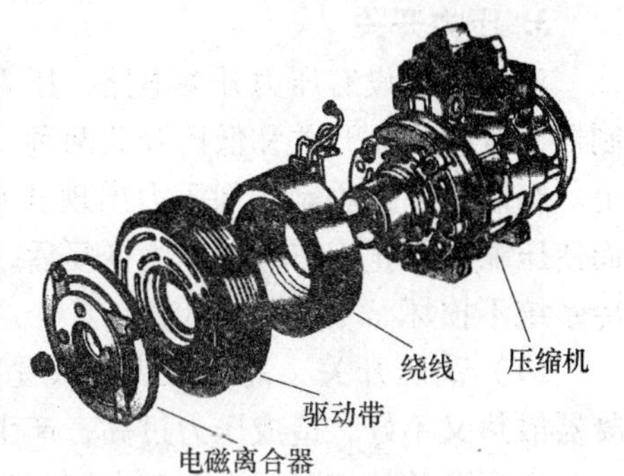

图8-12　定圈式电磁离合器

捷达轿车采用的是定圈式电磁离合器，其工作原理如图8-13所

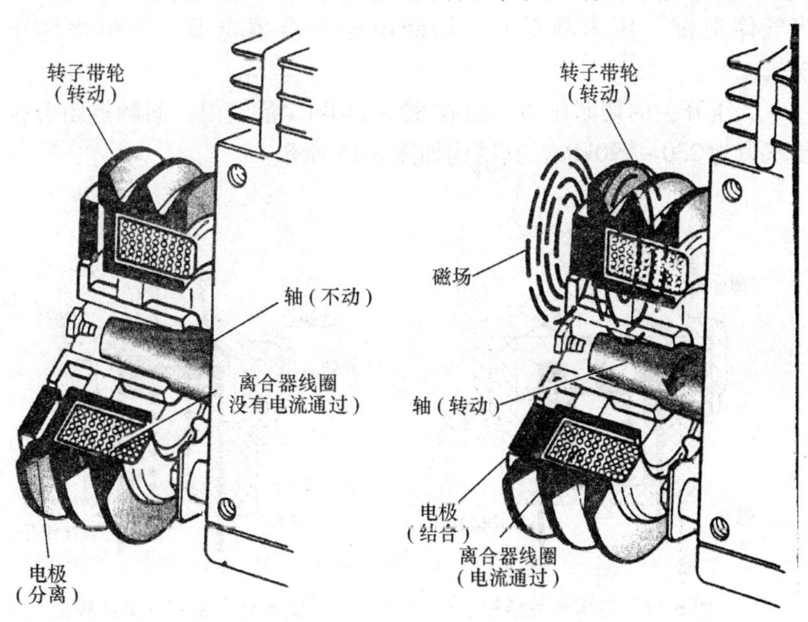

图8-13　电磁离合器工作原理

【课堂互动】

示。当空调开关置于制冷位置时，空调继电器工作，电磁线圈通电，产生电磁力，将离合器摩擦片压紧在带轮侧缘上，使带轮与轮毂连成一体，带轮的驱动力经摩擦片与轮毂带动压缩机旋转。当制冷关闭时，空调继电器断开，切断了电磁线圈供电，轮毂上的摩擦片在弹簧力作用下与带轮分离，压缩机停止运转。

2. 温度控制器

温度控制器又称恒温开关，是汽车空调系统中的一种开关元件，是感受蒸发器表面的温度，通过自身机构的动作从而控制压缩机离合器线圈中电流的通、断，致使压缩机产生开与停的动作，起到调节车内温度及防止蒸发器结霜的一种电气控制装置。

汽车空调温度控制器可分为机械压力式和电子式两种。

3. 压力开关

汽车空调设有压力开关电路，压力开关也称压力继电器或压力控制器，分为高压开关和低压开关两种，安装在制冷系统的高压侧管路上。当制冷系统中制冷剂压力出现异常时迅速切断电磁离合器电路，而使压缩机停止工作，待压力恢复后，压缩机又正常工作，保护了制冷系统不损坏。

（1）高压开关　高压压力开关是为了防止制冷剂填充过多，冷凝器散热又不好，造成压力过高，产生管路爆裂。

高压开关的切断压力和触点恢复闭合压力一般因车型而异，切断压力一般在 2.1 ~ 3.0MPa 范围内，触点闭合恢复压力为 1.6 ~ 1.9MPa，其结构如图 8-14 所示。

（2）低压开关　低压开关也称制冷剂泄漏检测开关，作用是当气体泄漏，压力降低时，切断电磁离合器电源，以免烧坏压缩机。

低压开关的切断压力一般在 80 ~ 110kPa 范围内，而触点闭合恢复压力为 230 ~ 290kPa，其结构如图 8-15 所示。

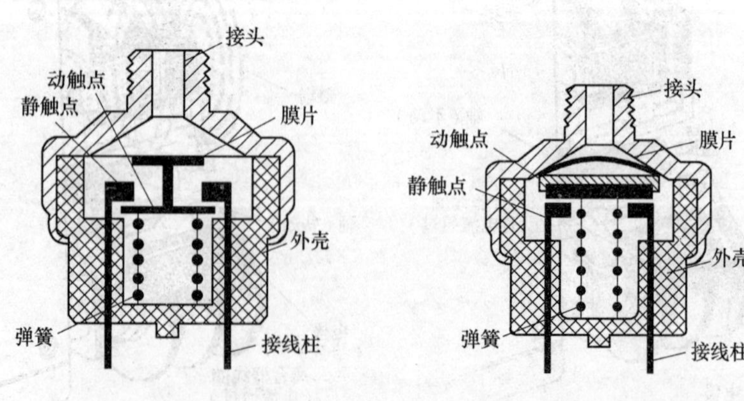

图 8-14　高压开关结构　　图 8-15　低压开关结构

【课堂互动】

【习题 8.3】

1. 电磁离合器的作用是什么？

2. 汽车空调压力开关的作用是什么？

8.4　采暖系统与通风系统

【本节目标】

1. 了解采暖系统的类型及各自特点。

2. 了解送风的方式。

【基本理论知识】

8.4.1　采暖系统

采暖是汽车空调功能之一，是将车外新鲜空气引入到热交换器，吸收其中某种热源的热量，从而提高空气的温度，并将热空气送入车内，达到人体保暖和车窗玻璃除霜的目的。

按热源形式的不同，汽车采暖系统大致分为热水式暖气装置、燃烧式暖气装置、综合预热式暖气装置和发动机排气加热式暖气装置。

1. 热水式暖气装置

热水式暖气装置有三种类型，其差别在于所使用的调温装置各不相同，一种是水流调节型，另一种是空气混合型，还有二合一改良组合型，如图 8-16 所示。热水式暖气装置工作原理是发动机冷却液通过热水阀进入加热器循环流动，使加热器变热，然后鼓风机将冷空气吹过加热器，使空气变暖。而空气混合型的暖气装置，使用了一个空气混合调节风门，该风门调节通过加热器的冷空气比例以改变空气温度，为许多现代车型所采用。

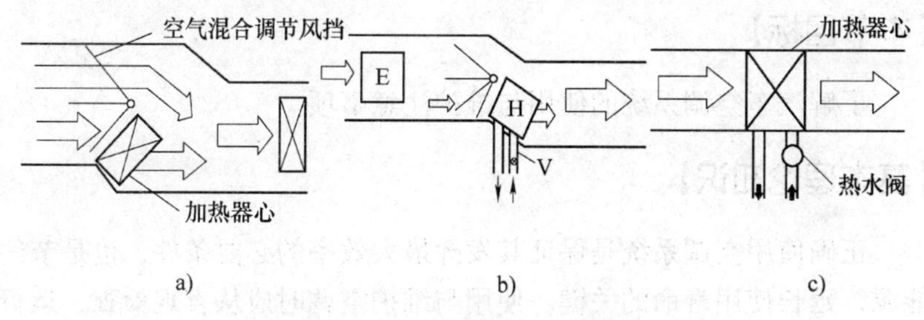

图 8-16　热水式暖气装置
a）空气混合型　b）改良组合型　c）水流调节型

2. 发动机排气加热式暖气装置

此种加热形式含热量较高，能够提供足够暖气来调节车内的温

【课堂互动】

度，适合北方严寒地区，但气体中含有腐蚀性气体和有毒气体CO，这种取暖器必须耐腐蚀、密封性好，一旦穿孔后果不堪设想，所以安装时一般加装报警器。

8.4.2 通风系统

通风系统的作用是向车内提供温度适宜的干净空气。通风系统主要由三部分构成，第一部分为空气进口段：主要由控制新鲜空气和室内循环空气的风门叶片和伺服器组成。第二部分为空气混合段：主要由加热器和蒸发器组成，用来提供所需温度的空气。第三部分为空气分配段：使空气吹向面部、脚部和风窗玻璃上，如图8-17所示。

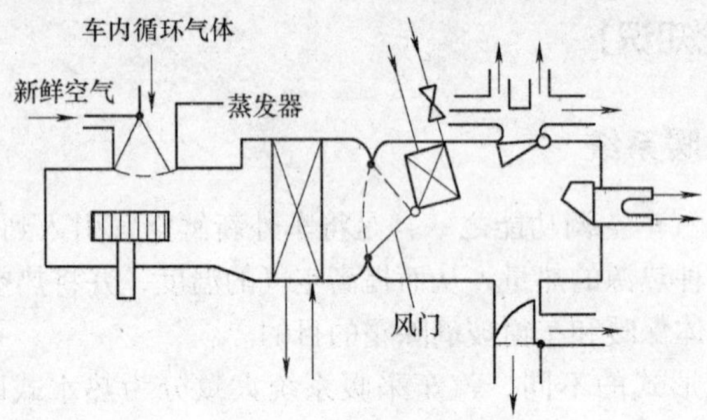

图8-17 通风系统

工作过程：新鲜空气+车内循环空气→进入风机→空气进入蒸发器冷却→由风门调节进入加热器的空气→进入各吹风口。

【习题8.4】

1. 汽车采暖系统根据热源不同，常见的有哪几种类型？
2. 简答汽车通风系统的工作过程。

8.5 汽车空调系统的使用与维护

【本节目标】

了解汽车空调系统的使用与维护注意事项。

【基本理论知识】

正确使用空调系统是保证其发挥最大效率的必要条件，也是节约能源，延长使用寿命的关键。使用与维护空调时应从直观检查、运行检查、电气控制检查这三个方面考虑，具体注意事项如下：

1）使用前按标准量加足制冷剂，清除冷凝器、加热器上的污垢，放净蒸发箱里的积水。

2）关闭车窗、车门，否则会降低制冷效率。

【课堂互动】

3）调整风口、风向。

4）发动机停转，请勿使用空调，以免耗电。

5）避免暴晒，以免加重空调负担。

6）正确使用空调控制面板上的操作按钮。

7）要作常规检查和定期维护。

8）经常注意软管是否磨损、老化、堵塞。

9）检查电路是否磨损、短路，熔丝是否匹配。

10）制冷剂、冷冻油的正确选用和保存。

11）不要让制冷剂进入眼睛或在雨天作业。

【习题8.5】

简答汽车空调使用与维护注意事项。

模块 9　辅 助 装 置

【课堂互动】

【学习目标】

1. 掌握风窗刮水、清洗和除霜装置的工作原理和控制原理。
2. 掌握起动预热装置的工作原理。
3. 掌握电动座椅的工作原理和控制原理。
4. 掌握电动门窗的工作原理和控制原理。

9.1　风窗刮水、清洗和除霜装置

【本节目标】

掌握风窗刮水、清洗和除霜装置的工作原理和控制原理。

【基本理论知识】

9.1.1　风窗刮水和清洗装置

电动刮水器的作用是刮除风窗玻璃上的雨水、雪或灰尘，确保驾驶员有良好的视线。目前在汽车上广泛采用的电动刮水器，普遍具有高速、低速及间歇三个工作挡位，而且除了变速之外，还有自动回位的功能。

1. 电动刮水器的组成

展示电动刮水器，请学生传阅。

如图 9-1 所示，电动刮水器是由电动机、传动机构总成和刮水片三部分组成。电动机轴端的蜗杆驱动蜗轮 4，蜗轮 4 带动摇臂 6 旋转，摇臂 6 使拉杆 7 往复运动，从而带动刮水片左右摆动。

电动刮水器的电动机一般有永磁式和励磁式两种，而永磁式电动机结构简单、体积小、可靠性好，被广泛采用。

2. 永磁式电动刮水器

图 9-2 所示为美国福特公司采用的永磁式电动刮水器的电动机结构。为了实现电动机的高、低速挡位工作，永磁式电动机一般采用三刷式电动机，其工作原理如图 9-3 所示。直流电动机工作时，在电枢内的所有线圈中同时产生反电动势，每个小线圈都产生相等的反电动势，电动势的方向如图中所示。

当开关 S 拨到低速挡 L 时，在两个电刷 B_1、B_3 之间有两条并联支路，各有 3 个线圈，反电动势方向如图。当开关 S 拨到高速挡 H

【课堂互动】

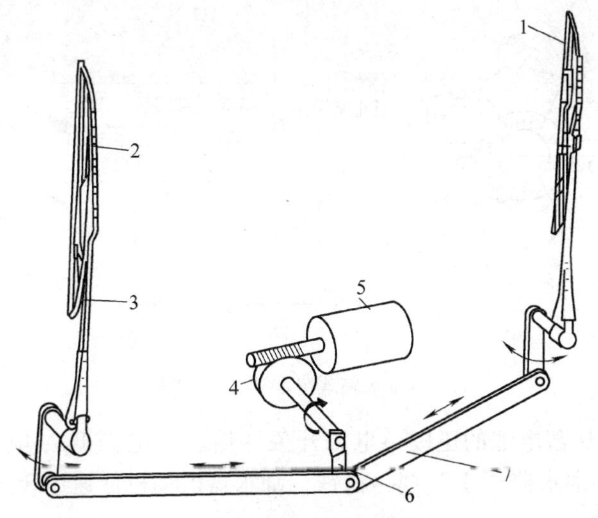

图 9-1　电动刮水器的组成

1—刮水片　2—刮水片架　3—刮水臂　4—蜗轮
5—电动机　6—摇臂　7—拉杆

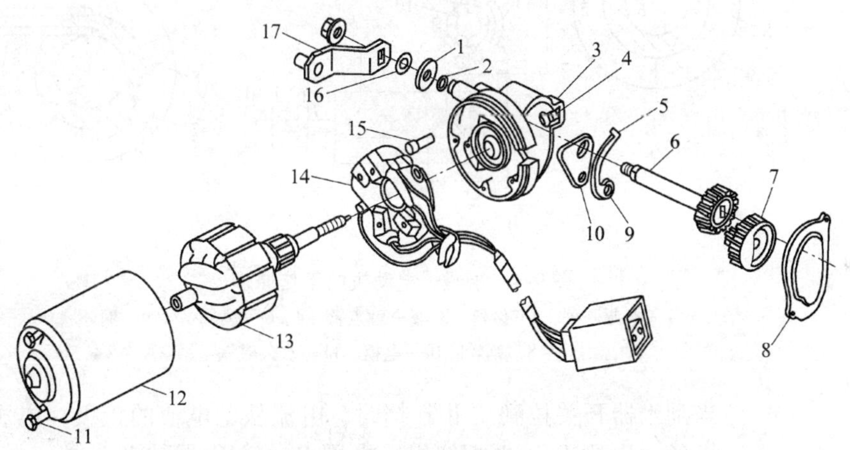

图 9-2　福特公司采用的永磁式电动刮水器的电动机结构

1—平垫圈　2—O 形圈　3—减速器壳　4—弹簧　5—复位开关顶杆　6—输出齿轮和轴　7—惰轮和蜗轮　8—减速器盖　9—放在凸轮表面的部分　10—复位开关顶杆的定位板　11—长螺钉　12—电动机外壳和磁铁总成　13—电枢　14—三个电刷的安装位置和复位开关总成　15—复位开关顶杆及其与开关联动的销子　16—弹簧垫圈　17—输出臂

时，在两个电刷 B_2、B_3 之间也有两条并联支路，一个支路有 2 个线圈串联，另一个支路有 4 个线圈串联，但其中 1 个线圈的反电动势方向与另 3 个线圈的反电动势方向相反。由于反电动势的减小，使电枢的转速上升，重新达到电压平衡，这样永磁式电动刮水器就得到了高、低速不同的工作挡位。

如图 9-4 所示当电源开关接通时，把刮水器开关拉到“Ⅰ”挡

【课堂互动】

把图 9-4 画在黑板上，让学生画出各个电路。

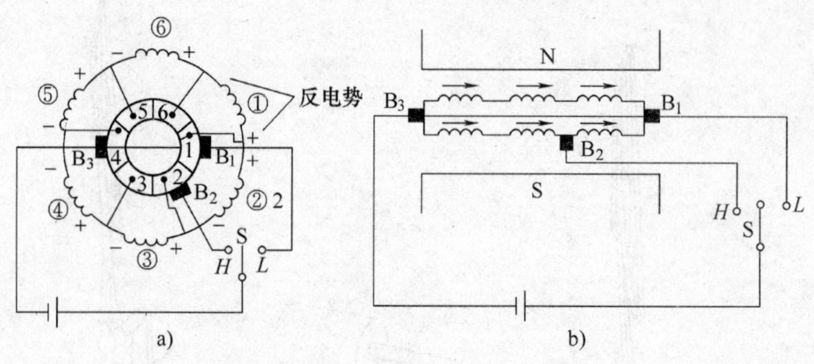

图 9-3 永磁式电动机工作原理(一)

时，电流从蓄电池的正极→电源开关→熔丝→电刷 B_3→电枢绕组→电刷 B_1→刮水器“Ⅰ”挡→搭铁，刮水器电动机低速运转。

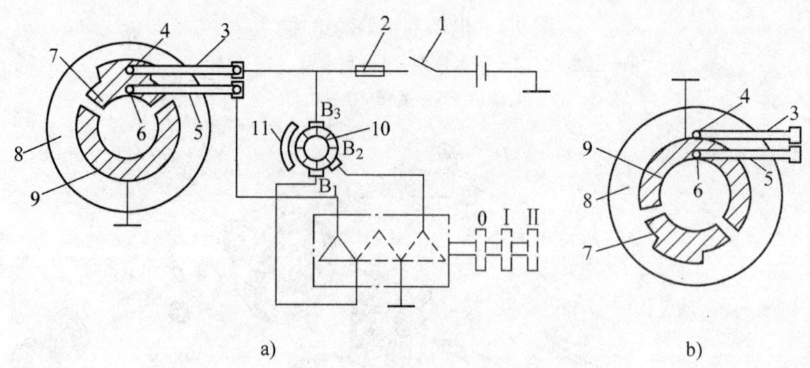

图 9-4 永磁式电动机的工作原理(二)

1—电源开关 2—熔丝 3、5—触点臂 4、6—触点 7、9—铜环 8—蜗轮 10—电枢 11—永久磁铁

当刮水器开关拉到“Ⅱ”挡时，电流从蓄电池的正极→电源开关→熔丝→电刷 B_3→电枢绕组→电刷 B_2→刮水器“Ⅱ”挡→搭铁，刮水器电动机高速运转。

当刮水开关推到“0”挡时，如果刮水器的刮水片没有停在规定的位置，则电流经蓄电池正极→电源开关→熔丝→电刷 B_3→电枢绕组→电刷 B_1→刮水器“0”挡→触点臂 5→铜环 9→搭铁(见图9-4b)，这时电动机将继续转，当刮水器的刮水片到规定位置时，触点臂 3、5 都和铜环 7 接触，使电动机短路(见图 9-4a)。与此同时，电动机电枢由于惯性而不能立刻停下来，电枢绕组通过触点臂 3、5 与铜环 7 接触而构成回路，电枢绕组产生感应电流，因而产生制动转矩，电动机迅速停止转动，使刮水器的刮水片停止在规定的位置。

3. 常见车型电动刮水器与洗涤器电路

【课堂互动】

如图 9-5 所示为奥迪轿车电动刮水器与洗涤器电路图。

奥迪轿车刮水器电动机是永磁式直流电动机。洗涤器由微型永磁直流电动机、离心式水泵、喷嘴、贮液罐和水管五部分组成，电动机与水泵一体，如图 9-6 所示，这个总成安装在贮液罐内。

如图 9-5 所示，其工作原理如下。

（1）低速挡　当刮水器开关位于挡位“1”时，电流由蓄电池正极→卸荷继电器→熔丝→刮水器开关 53a 和 53→刮水器电动机 53→搭铁，此时刮水器电动机低速挡工作。

（2）高速挡　当刮水器开关位于挡位“2”时，电流由蓄电池正极→卸荷继电器→熔丝→刮水器开关 53a 和 53→刮水器电动机 53b→搭铁，此时刮水器电动机高速挡工作。

（3）自动停机复位　当刮水器开关位于“0”挡时，若此时刮水片没有回到规定位置，则刮水器电动机自动复位开关触点 S_3 与 S_5 相接，电流由蓄电池正极→卸荷继电器→熔丝→刮水器电动机 53a、S_5 和 31b 间歇控制器的 31b、常闭触点 S_2 和 53e→刮水器开关 53e 和 53→刮水电动机 53→搭铁，电动机仍继续旋转，直到刮水片到达规

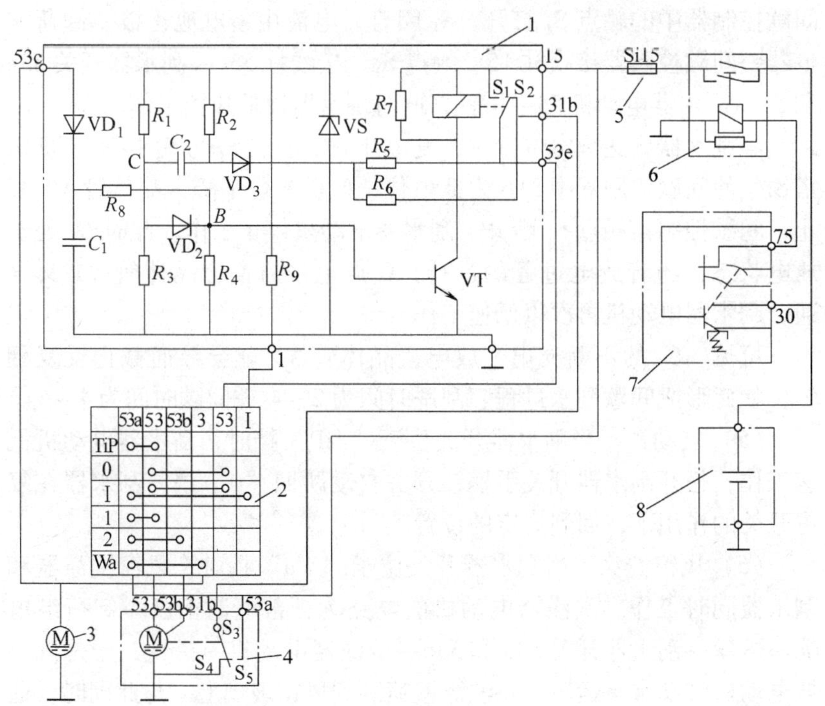

图 9-5　奥迪轿车电动刮水器与洗涤器电路图

1—刮水器间歇控制器　2—刮水器与洗涤器开关（TiP—点动状态　0—空挡　I—间歇挡　1—低速挡　2—高速挡　Wa—洗涤挡）　3—洗涤器电动机　4—刮水器电动机　5—熔丝　6—卸荷继电器　7—点火开关　8—蓄电池

【课堂互动】

展示洗涤器，请学生传阅。

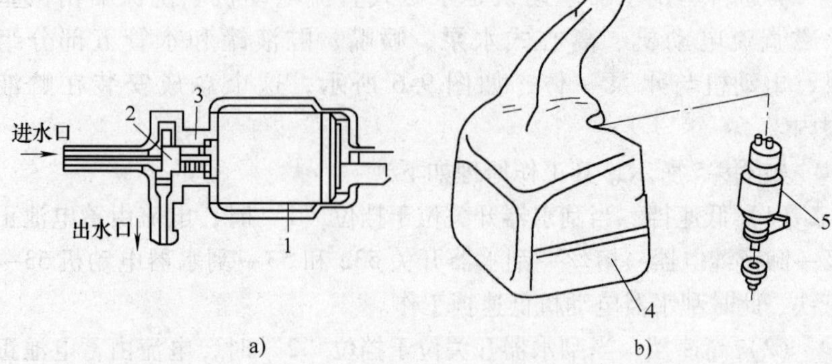

图 9-6 洗涤器电动机与水泵
a）结构图 b）位置图
1—永磁直流电动机 2—叶轮 3—泵体
4—贮液罐 5—电动机与水泵总成

定位置时，复位开关中的触点 S_3 与 S_5 断开而与 S_4 接通，电动机被短路，产生制动转矩，刮水器回到规定的位置。

（4）间歇挡 当刮水器开关位于“Ⅰ”挡时，晶体管 VT 导通，间歇控制器中的触点 S_2 打开、S_1 闭合，电流由蓄电池正极→卸荷继电器→间歇控制器接线柱 15、触点 S_1、接线柱 53e→刮水器开关 53e 和 53→刮水器电动机 53→搭铁，此时刮水器以低速挡工作。

当刮水器到达规定位置时，复位开关中触点 S_3 与 S_4 接通，即 S_3 搭铁，使间歇控制器中 31b 为低电位，C 点电位下降，晶体管 VT 截止，间歇控制器触点 S_1 断开，刮水器电动机停止工作。此时 C_2 处于放电状态，随着放电过程的进行，C 点电位升高，晶体管 VT 又导通，刮水器电动机再次以低速工作。

可见，C_2 的不断充电、放电，晶体管 VT 就会导通截止反复翻转，如此形成间歇刮水过程。刮洗时间为 2 ~ 4s，间歇时间为 4 ~ 6s。

（5）点动挡 当刮水器开关位于“TiP”挡时，刮水器电动机低速工作，松开刮水器开关手柄，开关自动跳回“0”挡，刮水器在复位开关的作用下，回到规定的位置。

（6）风窗洗涤 当刮水器开关位于“Wa”挡时，风窗洗涤器和刮水器同时工作。洗涤器电动机的电路为：蓄电池正极→卸荷继电器→熔丝→刮水器开关 53a 和 53c→洗涤器电动机→搭铁，于是洗涤器电动机带动水泵运转，将洗涤液喷洒到风窗玻璃上。与此同时，通过间歇控制器 53c 接柱，使得间歇控制器工作，刮水器电动机间歇挡工作。在此挡位工作，当松开刮水器开关手柄时，刮水器开关自动回到“0”挡。

9.1.2 风窗玻璃防冰霜装置

【课堂互动】

在气温较低的环境中，风窗玻璃内侧易结冰霜，通常是采用加热的方法将其除去。前风窗玻璃一般采用暖风加热方法除霜，而后风窗玻璃通常采用电热线加热的方法除霜，其中电热线由镀在后风窗玻璃内表面的多条金属导电膜制成。有些车辆以相同的电路加热外后视镜。

因除霜系统耗电很大(30A 以上)，所以系统采用了定时电路。图 9-7 为 LS400 轿车风窗除霜系统电路图，其工作过程如下：

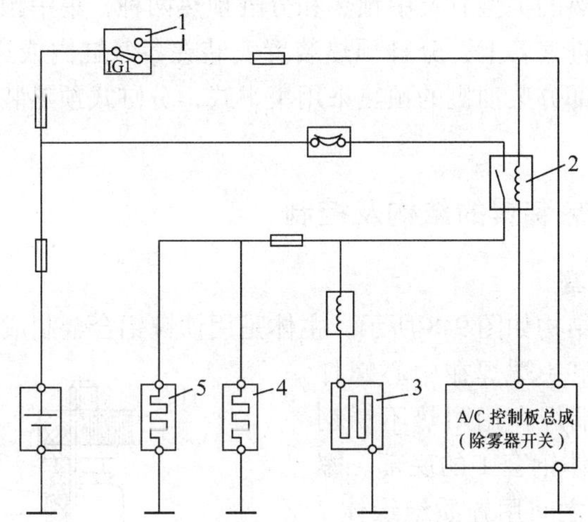

图 9-7 LS400 轿车后风窗玻璃除霜装置电路图
1—点火开关 2—继电器 3—后窗除雾器
4—左后视镜除雾器 5—右后视镜除雾器

当接通除霜器开关后，除霜器开关使除霜继电器的磁化线圈搭铁，继电器触点闭合，风窗玻璃及后视镜上的电热丝通电发热，使冰霜受热蒸发。除霜器开关中的时间继电器维持除霜继电器导通 10 ~ 20min，然后自动切断除霜继电器的电路，使电热丝断电。若想继续除霜，可再次接通除霜开关。

【习题 9.1】

1. 简述永磁式电动刮水器的工作原理。
2. 说明奥迪轿车电动刮水器与洗涤器电路的控制原理。

9.2 起动预热装置

【本节目标】

掌握起动预热装置的工作原理。

【课堂互动】

【基本理论知识】

9.2.1 预热装置的作用及类型

汽车在冬季使用时，因气温较低，活塞压缩行程之后，空气(或可燃混合气)的温度较低，发动机着火困难；另外，低温时润滑油黏度大，起动阻力大，发动机起动更加困难。为保证低温条件下迅速可靠地起动发动机，在多数柴油机和少数汽油机上设有低温起动预热装置，以提高进入气缸的空气(或可燃混合气)的温度。

进气预热的类型有集中预热和分缸预热两种，集中预热装置安装在发动机的进气管上，分缸预热装置安装在各气缸内或进气歧管上。汽油机和一部分柴油机的预热采用集中式，分缸式预热装置一般用在柴油机上。

9.2.2 预热装置的结构及控制

1. 电热塞

电热塞结构如图 9-8 所示，主体是用铁镍铝合金制成的螺旋形电阻丝 2，电阻一端焊在中心螺杆 9 上，另一端焊在用耐热不锈钢制成的发热体钢套 1 的底部。螺杆和外壳 5 之间用瓷质绝缘体 7 隔开，钢套 1 与电阻丝 2 之间，填充具有一定绝缘性和导热性、耐高温的氧化铝。电热塞安装在气缸盖上，各缸电热塞中心螺杆用导线接于电源。发动机起动前，接通电热塞开关。电流经蓄电池正极、电阻丝、中心螺杆流向蓄电池负极。由于电流经电阻丝，则电阻丝和发热体钢套发热变红，用来加热气缸内的空气，达到顺利起动的目的。

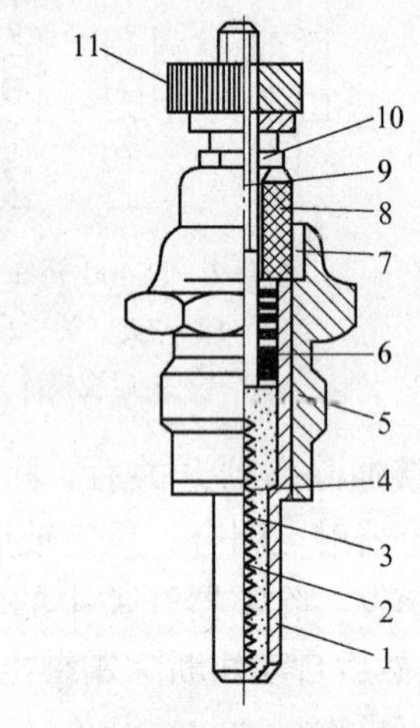

图 9-8　电热塞结构

1—发热体钢套　2—电阻丝　3—填充物　4—密封垫圈　5—外壳　6—垫圈　7—绝缘体　8—胶合剂　9—中心螺杆　10—固定螺母　11—压线螺母

2. 进气加热器

图 9-9 是北京切诺基、上海桑塔纳等汽油车使用的进气预热装置，它安装在进气管的下方，加热器制成多针状，以增大加热面积，装妥后伸进进气道内，加热器通电后其表面温度可达到 180°左右，混合气吹进时即被预热。当未蒸发的燃油通过时可受热蒸发，从而获得更好的混合气。

【课堂互动】

加热器的发热元件是具有正温度系数的PTC电热陶瓷材料，因其具有随温度升高阻值增大的特性，可使加热温度得到自动控制，即恒温控制，并可节省电能。

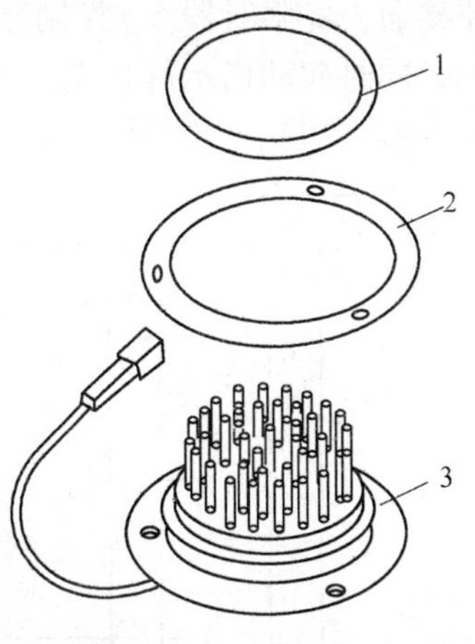

图9-9 进气电加热器
1—密封圈 2—隔热垫 3—加热器

图9-10是PTC电热元件的温度-电流特性曲线，当外界温度为25℃时，其电阻值为0.2～0.4Ω。电路一接通瞬时加热电流将达到40～60A，温度迅速升高，1min左右温度即可达60～80℃，3min内可达到180℃，此时，电阻值趋于无穷大，电流趋于零，温度保持不变，电路几乎无电能消耗。

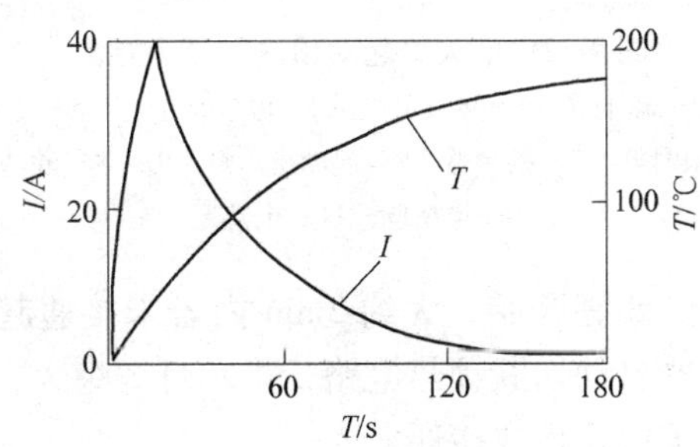

图9-10 PTC温度-电流特性曲线

3. 电火焰预热器

这种预热装置除了电热塞产生热量外，还通过供油装置向其周围喷油，而形成电火焰，以产生更多的热量，通常用于集中式预热的柴油发动机。

图9-11为一电火焰预热器，主要由电热塞和电磁喷油器组成，装在发动机进气管上，电热塞用来点燃柴油，加热空气。喷油器电磁阀控制其油路，在电磁阀通电时，阀门开启喷油器将燃油喷向电热塞而形成电火焰。电热塞及电磁阀受限时控制器的控制，图9-12为奔驰2026牵引车的电火焰起动预热装置示意图。

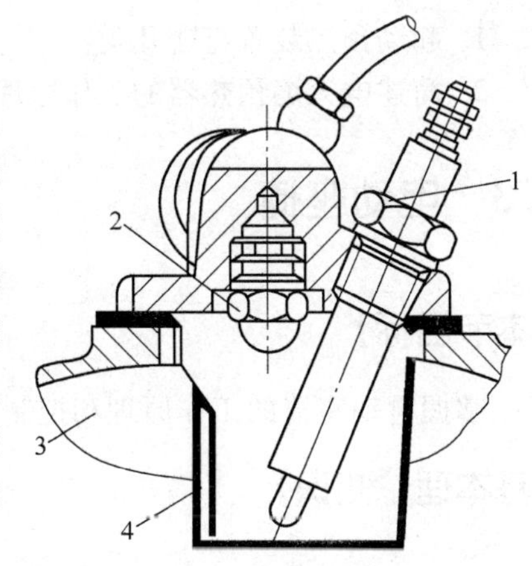

图9-11 电火焰预热器
1—电热塞 2—带电磁阀的喷油器
3—进气管 4—导流罩

在冷却液温度低于2～5℃时，温度开关3接通，指示灯4亮，按下冷起动按钮5，预热电

【课堂互动】

路接通，经限时器 6、控制器 7 使电热塞发热，稍后使电磁阀接通喷油，同时起动指示灯 8 亮，告知驾驶员可起动发动机。

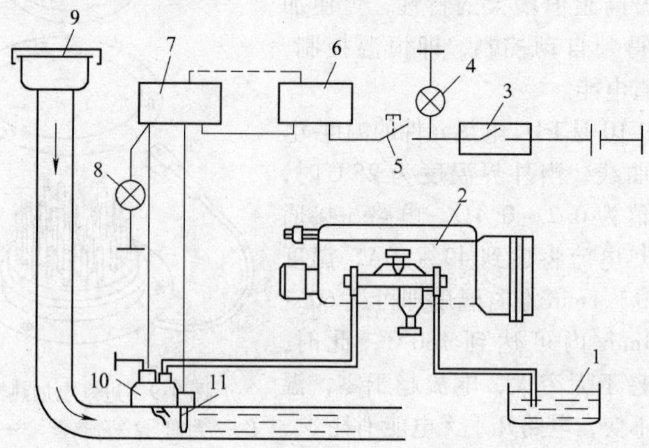

图 9-12 电火焰起动预热装置示意图

1—油箱 2—输油泵 3—温度开关 4—温度指示灯 5—冷起动按钮
6—限时器 7—控制器 8—起动指示灯 9—空气滤清器
10—电磁阀 11—电热塞

从起动指示灯 8 亮开始，大约 2min 内若未接通起动机电路或起动不成功，限时器自动切断预热电路，指示灯 8 熄灭，如果重新起动需要断开冷起动按钮 5 再次接通。

在指示灯 8 亮起的 2min 内若起动成功，指示灯 8 亦将熄灭。但预热电路仍然工作，直到发动机冷却液温度上升 10℃ 以上时，温度开关 3 断开，温度指示灯 4 熄灭，预热电路切断。在温度开关 3 断开(即温度较高)时，即使按下冷起动按钮 5，预热装置也不工作。

【习题 9.2】

1. 起动预热装置有哪几类?
2. 简述电火焰预热器的工作原理。

9.3 电动座椅

【本节目标】

掌握电动座椅的工作原理和控制原理。

【基本理论知识】

9.3.1 六向电动座椅

1. 六向电动座椅的构造

如图 9-13 所示，六向电动座椅是三个电动机调节六个不同方向:

座椅的整体上、下高度调节，前、后滑动调节，以及前倾、后倾调节。电动座椅前后方调节量一般为100～160mm，座位前倾与后倾的调节量约30～50mm。全程移动所需时间约为8～10s。电动座椅一般由控制装置和执行机构组成。

【课堂互动】

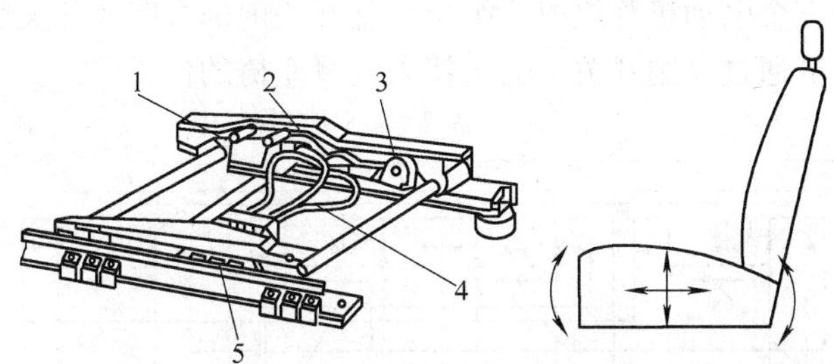

图9-13 电动座椅调整结构图

1—前变速器 2—水平变速器 3—后变速器 4—软轴 5—电动机

（1）控制装置 控制装置接受驾驶员或乘员输入的命令，控制执行机构完成电动座椅的调整。电动座椅组合开关包括前倾开关、后倾开关和四向开关(即上下和前后)，如图9-14所示。有的汽车将电动座椅组合控制开关安装在车门上，有的安装在座椅旁边，使驾驶员或乘员操纵方便。

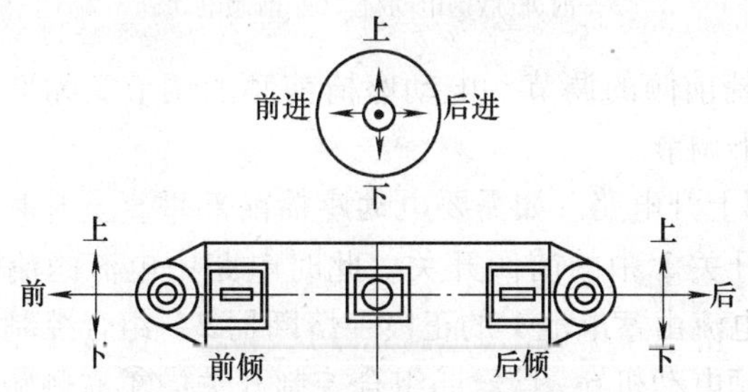

图9-14 电动座椅组合控制开关

（2）执行机构 执行机构用来完成驾驶员的指令，在传动装置提供动力前提下完成座椅的调整，以实现座椅的调节。其主要由电动机、传动和调节装置等组成。

1）电动机。作用是为电动座椅的调节机构提供动力。此类电动机多采用双向电动机。即电枢的旋转方向随电流的方向改变而改变，使电动机按不同的电流方向进行正转或反转，以达到座椅调节的目的。电动机的数量取决于电动座椅的类型，通常六向调节的电动座椅装有三个电动机。为防止电动机过载，电动机内装有熔丝，以确保电器设备的安全。

2）传动和调节装置。传动装置的作用是将电动机的动力传给座椅调节装置，使其完成座椅的调整。它主要由联轴器、软轴、减速器与螺纹千斤顶或齿轮传动机构等组成。电动座椅动力传递过程是：电

【课堂互动】

动机的动力→软传动轴→减速器→螺纹千斤顶或齿轮传动机构，使座椅按驾驶员或乘员的理想位置进行调节。

2. 电动座椅的工作过程

电动座椅的控制电路如图 9-15 所示，它主要由蓄电池、组合控制开关和三个电动机等组成。组合控制开关内部有四套开关触点。驾驶员或乘员通过控制开关上的按钮来调节座椅的位置。

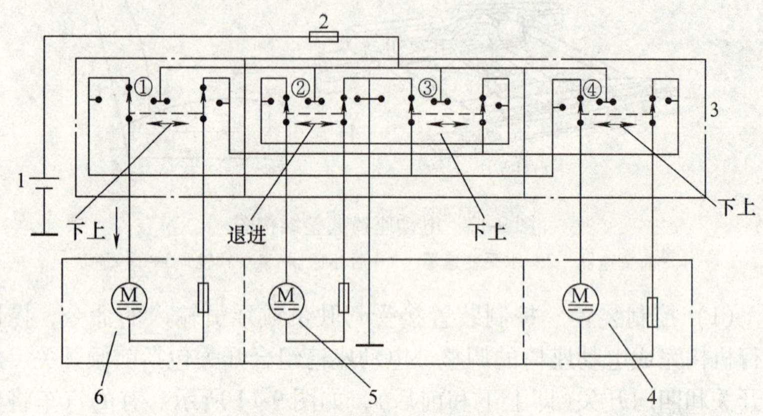

图 9-15　电动座椅的电路图

1—蓄电池　2—熔断器　3—组合控制开关　4—后倾电动机

5—前进/后退电动机　6—前倾电动机

(1) 座椅前倾的调节　电动座椅前倾的调节实际上就是座椅前部垂直的上下调节。

1) 前部上升电路。如需要电动座椅前部垂直上升时，可接通调节组合控制开关 3 中的前倾开关。此时电路中电流的流动方向如图 9-16 所示。电流由蓄电池 1 的正极→熔断器 2→组合控制开关中①左侧触点→前倾电动机 6→熔丝→组合控制开关中①右侧触点→组合控

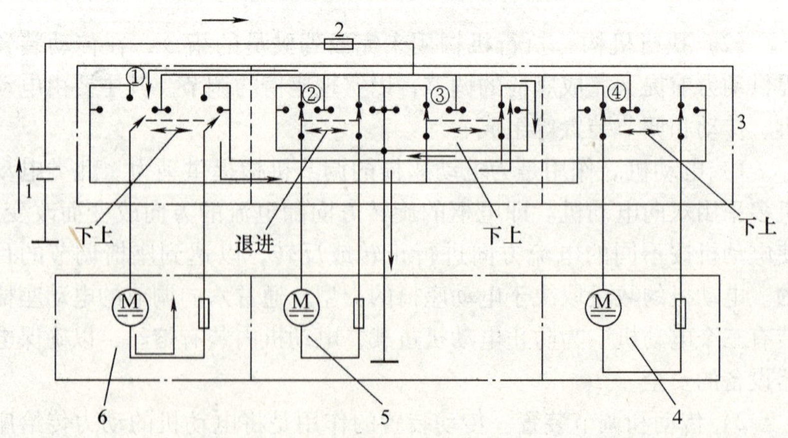

图 9-16　电动座椅前部上升时的电液方向

(图注同图 9-15)

【课堂互动】

制开关中③右侧触点→搭铁→蓄电池的负极，构成闭合回路，前倾电动机6转动，座椅前部垂直上升。

2）前部下降电路。电流由蓄电池1的正极→熔断器2→组合控制开关中①右侧触点→熔丝→前倾电动机6→组合控制开关中①左侧触点→组合控制开关中③左侧触点→搭铁→蓄电池的负极，构成闭合回路，前倾电动机6反转，座椅前部垂直下降。

（2）座椅后倾的调节　电动座椅后倾的调节实际上就是座椅后部垂直的上下调节。

1）后部上升电路。如需要电动座椅后部垂直上升时，可接通调节组合控制开关3中的后倾开关，这时，电流由蓄电池1的正极→熔断器2→组合控制开关中④左侧触点→后倾电动机4→熔丝→组合控制开关中④右侧触点→组合控制开关中③右侧触点→搭铁→蓄电池的负极，构成闭合回路，后倾电动机4转动，座椅后部垂直上升。

2）后部下降电路。蓄电池1的正极→熔断器2→组合控制开关中④右侧触点→熔丝→后倾电动机4→组合控制开关中④左侧触点→组合控制开关中③左侧触点→搭铁→蓄电池的负极，构成闭合回路，后倾电动机4反转，座椅后部垂直下降。

（3）座椅的上/下调节　当需要调节座椅的高度时，驾驶员接通座椅的上升（或下降）的开关③，电动机4和6同时通电同向转动，实现座椅的上、下调节。

1）座椅的上升电路。前倾电动机6电路：蓄电池1正极→熔断器2→组合控制开关③左侧触点→组合控制开关①左侧触点→前倾电动机6→电动机熔断器→组合控制开关①右侧触点→组合控制开关③右侧触点→搭铁→蓄电池的负极，前倾电动机6正转。

后倾电动机4电路：蓄电池1正极→熔断器2→组合控制开关③左侧触点→组合控制开关④左侧触点→电动机4→电动机熔断器→组合控制开关④右侧触点→组合控制开关③右侧触点→搭铁→蓄电池的负极，后倾电动机4正转。

2）座椅的下降电路。座椅的下降电路同上面类似，只是电动机6和4同时反转。

（4）座椅前进/后退的调节

1）前进电路。蓄电池1正极→熔断器2→组合控制开关②左侧触点→前进电动机5→电动机熔断器→组合控制开关②右侧触点→搭铁→蓄电池的负极，前进电动机5正转，座椅前进。

2）后退电路。蓄电池1正极→熔断器2→组合控制开关②右侧触点→后退电动机熔断器→电动机5→组合控制开关②左侧触点→搭铁→蓄电池的负极，后退电动机5反转，座椅后退。

【课堂互动】

9.3.2 电子控制自动调节电动座椅

电子控制自动调节电动座椅，如图 9-17 所示。这种电动座椅带有记忆功能，它能够将调节后的位置记录下来，作为以后自动调节的基准。驾驶员需要调节时，只要一按开关就可自动调节到理想的位置。

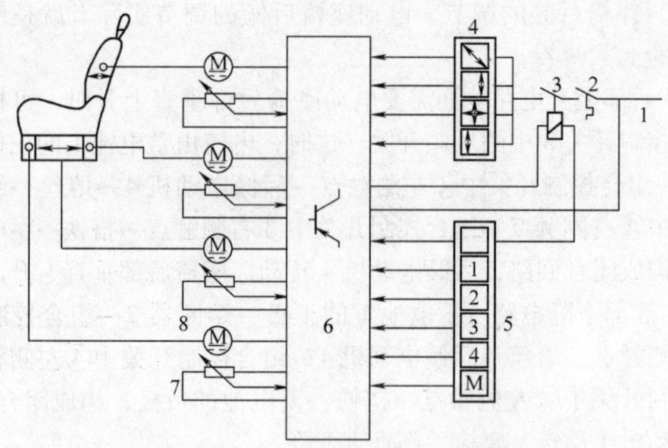

图 9-17 带记忆功能电动座椅电子控制示意图

1—接蓄电池 2—过载保护装置 3—继电器 4—手动调节开关
5—存储复位开关 6—电子控制模块 7—位置电位器 8—电动机

1. 电子控制自动调节电动座椅的组成

电子控制自动调节电动座椅主要由电气控制部分和执行机构等组成。

（1）电气控制部分 电气控制部分主要由继电器 3、过载保护装置 2、控制开关（手动调节开关 4、存储复位开关 5）、电子控制模块 6、位置电位器 7 等组成。

1）继电器。继电器 3 的作用是接通和断开控制系统的电路。

2）过载保护装置。过载保护装置 2 的作用是防止电气设备过载，过载保护电气设备的安全。

3）控制开关。控制开关安装在驾驶员座椅的左侧，它的作用是控制座椅的调节，由手动调节开关 4 和存储复位开关 5 组成。当需要个别调节时，可按开关上的标志进行操作。

① 存储是通过操纵存储开关，将电位器 7 输送来的电压信号存储在电子控制模块 6 中，作为以后调节的依据。

② 复位开关的作用是通过操纵复位开关使座椅根据记忆恢复到原来的位置。

4）电子控制模块 6。主要是用来自动控制座椅的调节。

5）位置电位器 7。图 9-18 所示，它主要由壳体、螺杆、滑块、电阻丝等组成。它的作用是将座椅的位置转变成电压信号输送给电子

【课堂互动】

控制模块存储起来。其基本原理是，当调节座椅时，电动机将动力传给螺杆使螺杆转动，螺杆又带动滑块在电阻丝上滑移，于是改变了电阻值。根据欧姆定律，电阻值的变化引起电压的变化，当座椅的位置调定后将电压输送给电子控制模块，驾驶员只要按下存储按钮，就能将选定的调节位置进行存储作为重新调节基准。使用时只要按指定的按键，座椅就会调节到预先选定的座椅位置上。

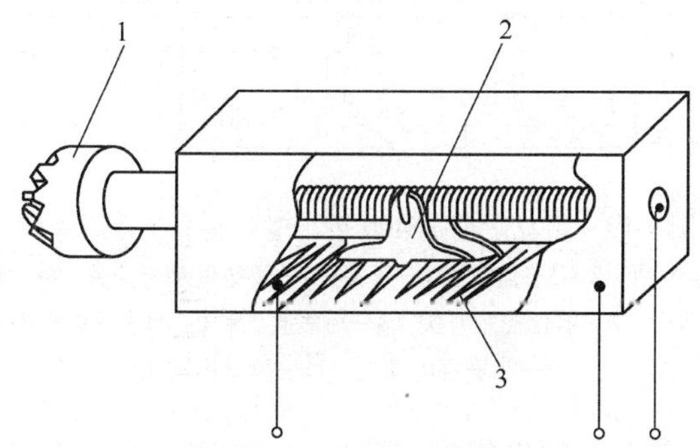

图9-18 电动座椅的位置电位器

1—齿轮(电动机驱动) 2—滑块 3—电阻丝

（2）执行机构 执行机构用来执行驾驶员的指令，以实现座椅的调整。它主要由电动机、传动装置和调节机构等组成。

1）电动机。电动机将电能转换为机械能最终产生转矩，通过传动装置驱动调整机构对座椅进行调整。电动机多采用双向式永磁电动机。

2）传动装置。传动装置的作用是将电动机的动力传给调整机构，以使座椅实现调节。它主要由传动轴和联轴器等组成。为了便于布置，有的传动轴是软传动轴。传动轴的一端通过联轴器与电动机连接，另一端与调节机构连接。

3）调节机构。座椅的调节机构主要由蜗轮蜗杆减速器、螺杆和螺母(千斤顶)以及支承等组成。

2. 工作原理

下面以雷克萨斯LS400轿车电动座椅为例简介电动座椅的工作原理，如图9-19所示。驾驶员根据需要操纵开关并接通电动座椅的调节电路，即可完成不同的调节功能。图中7为电动座椅组合控制开关，其内部有四套开关触点，从左到右分别是①滑动开关、②前垂直开关、③倾斜开关和④后垂直开关。

（1）靠背的倾斜调节

1）座椅前倾调节。按下组合控制开关上的相应位置，组合控制开关③左触点向左结合。电路为：蓄电池1→熔丝2→组合控制开关③左触点→倾斜电动机9→熔断器→组合控制开关③右触点→搭铁→蓄电池负极，构成闭合回路。倾斜电动机通电转动，动力路线：电动

【课堂互动】

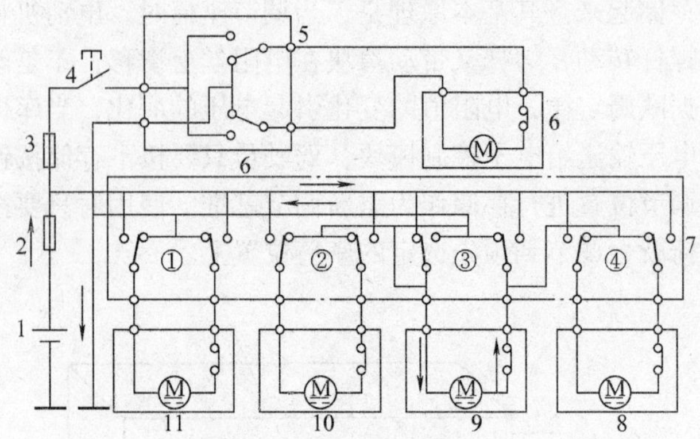

图 9-19 雷克萨斯 LS400 轿车电动座椅工作原理图

1—蓄电池 2、3—熔丝 4—开关 5—腰垫电动机开关 6—腰垫电动机 7—组合控制开关 8—后垂直电动机 9—倾斜电动机 10—前垂直电动机 11—滑动电动机

机动力→传动装置→蜗轮蜗杆减速机构→链轮→终端的内外齿轮，驱动靠背向前倾斜。

2）座椅后倾调节。如果需要靠背向后倾斜，只需要将开关向与原来相反的方向扳动，其电流就会与原来的方向相反，由于电动机是双向永磁性电动机，所以电流相反时，电动机的旋转方向也相反，则靠背就会向与原来相反的方向倾斜。

（2）电动座椅的前后滑动调节　所谓座椅的前后滑动调节，是指座椅前后滑动。

1）座椅向前滑动。按下组合控制开关上的相应位置，组合控制开关①左触点向左结合。电路为：蓄电池正极→熔丝 2→组合控制开关①左触点→滑动电动机 11→熔断器→组合控制开关①的右触点→搭铁→蓄电池的负极。滑动电动机通电工作，座椅水平向前滑动。

2）座椅向后滑动。若需要座椅向后滑动，组合控制开关①右触点向右闭合，此时流过电动机 11 的电流方向与上述相反，电机反转，座椅向后滑动。

（3）座椅前垂直调节　前垂直调节由电动机 10 控制，分为向上与向下两种运动。

1）座椅的前垂直向上调节。按下组合控制开关上的相应位置，组合控制开关②左触点向左结合。电路为：蓄电池正极→熔丝 2→组合控制开关②的左触点→前垂直电动机 10→熔断器→组合控制开关②的右触点→组合控制开关③左触点→搭铁→蓄电池负极，此时该电路闭合，电动机通电而转动。动力路线：电动机的动力→蜗轮蜗杆减速机构→蜗轮转动并带动调整机构螺杆旋转，螺杆上的螺母便带着拉杆拉着拐臂绕拐臂的支承销摆动，拐臂的另一端便托着座椅架向上托起，则座椅的前部向上垂直移动。

2）座椅的前部垂直向下调节。按下组合控制开关上的相应位置，组合控制开关②右触点向右结合。此时流过前垂直电动机10的电流方向与上述相反，电动机反转，座椅前部垂直向下移动。

【课堂互动】

（4）座椅后垂直调节

1）座椅后部垂直向上调节。按下组合控制开关上的相应位置，组合控制开关④左触点向左结合。电路为：蓄电池正极→熔丝2→组合控制开关④左触点→后垂直电动机8→熔断器→组合控制开关④右触点→组合控制开关③右触点→搭铁→蓄电池负极，此时该电路闭合，电动机通电而转动，座椅后部向上移动。

2）座椅后部垂直向下调节。按下组合控制开关上的相应位置，组合控制开关④右触点向右结合。此时流过后垂直电动机8的电流方向与上述相反，电动机反转，座椅后部垂直向下移动。

（5）座椅高度的调节　按下组合控制开关上的相应位置，前、后垂直电动机同时通电运动，座椅便整体向上或向下运动。

【习题9.3】

1. 简述六向电动座椅的工作过程。
2. 简述电子控制自动调节电动座椅的组成。
3. 简述雷克萨斯LS400轿车电动座椅的工作原理。

9.4 电动门窗

【本节目标】

掌握电动门窗的工作原理和控制原理。

【基本理论知识】

9.4.1 电动门窗的组成

电动门窗主要由控制电路、门窗升降器等组成。

1. 控制电路图

图9-20所示为雷克萨斯LS400轿车电动门窗控制电路，它主要由电源、易熔线、断路器、主继电器、开关、电动机和指示灯组成。

（1）电源　它为电气设备提供电能，以使电气设备工作。汽车的电源主要是发电机和蓄电池。

（2）易熔线　易熔线的作用是防止电流过大而损坏电气设备。

（3）断路器　电路或电动机内装有一个或多个热敏断路器，用以控制电流，防止电动机过载。当车窗完全关闭或由于结冰等原因使车窗玻璃不能自如运动时，即使操纵开关没有断开，热敏开关也会自动断路。其基本原理是，当电动机过载时，其阻抗减小甚至为零，此

【课堂互动】

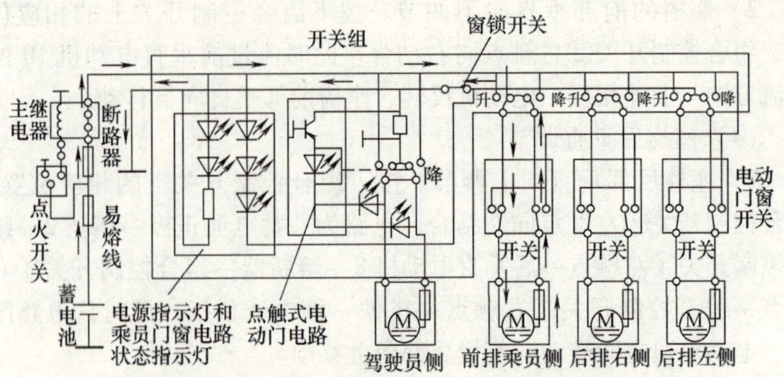

图 9-20 雷克萨斯 LS400 轿车电动门窗控制电路

时，输入的电流过大，引起断路器的双金属片发热变形而断路。当关断开关后其电路中的电流为零，断路器的双金属片因无电流通过，便逐渐冷却触点又恢复接触状态，以备再次接通门窗的电路。

（4）主继电器 主继电器的作用是接通或断开门窗电路。当接通点火开关电路时，同时也接通了主继电器的线圈电路，主继电器接通门窗的电路。当关断点火开关时，主继电器同时也断开门窗的电路，以防损坏电气组件和发生意外。

（5）开关 开关用来控制门窗玻璃升降。一般电动门窗系统都装有两套控制开关。一套装在仪表板或驾驶员侧车门扶手上(即方便于驾驶员操纵的位置)，为主开关，它由驾驶员控制每个车窗的升降。另一套分别装在每一个乘员的车门上，它为分开关，可由乘员操纵。一般在主开关上还装有窗锁开关。如果将其断开，则分开关就不起作用。

有的车上还专门装有一个延迟开关，在点火开关断开后约 10min 内，或在打开车门以前，仍有电源提供，使驾驶员和乘员能有时间关闭车窗。

（6）指示灯 指示灯是用来指示门窗电路的工作状态。它主要有电源指示灯、乘员门窗电路指示灯和驾驶员侧门窗升降状态指示灯几种。电源指示灯的点亮或熄灭表示电源电路的通断。即门窗电路导通时，电源指示灯点亮，电源断开时指示灯熄灭。当接通窗锁开关时，乘员门窗电路指示灯点亮，断开时熄灭。

2. 门窗升降器

门窗升降器是一个执行机构，它是执行驾驶员或乘员的指令使门窗升降。它主要由电动机、传动装置等组成。

（1）电动机 电动机是用来为门窗的升降提供动力的装置。门窗升降电动机采用双向转动的电动机。它有永磁型和双绕组型两种。永磁型的电动机是外搭铁，双绕组型的电动机则是各绕组搭铁。这两种电动机都是通过改变电流方向来实现正反转以实现门窗的升或降。

（2）传动装置 按传动方式可分为齿扇式和齿条式两种。

【课堂互动】

1）齿扇式。齿扇式升降器如图9-21所示。齿扇上连有螺旋弹簧，当门窗下降时螺旋弹簧收缩吸收能量；当门窗上升时螺旋弹簧伸展而释放能量，以减轻电动机的负荷。于是无论门窗上升或下降，电动机的负荷基本相同。当电动机转动时，通过蜗轮蜗杆减速并改变旋转方向，使齿扇转动，并带着门窗上下进行升降。

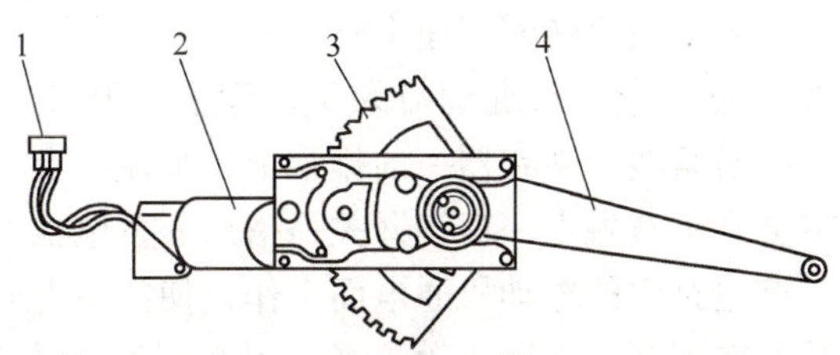

图9-21 齿扇式电动门窗升降器

1—电源接头 2—电动机 3—齿扇 4—推力杆

2）齿条式。齿条式的升降器如图9-22所示。升降器采用柔性齿条和小齿轮。当电动机转动时，通过蜗轮蜗杆减速机构将动力传给小齿轮，小齿轮又使齿条移动，齿条通过拉绳带着门窗进行升降。

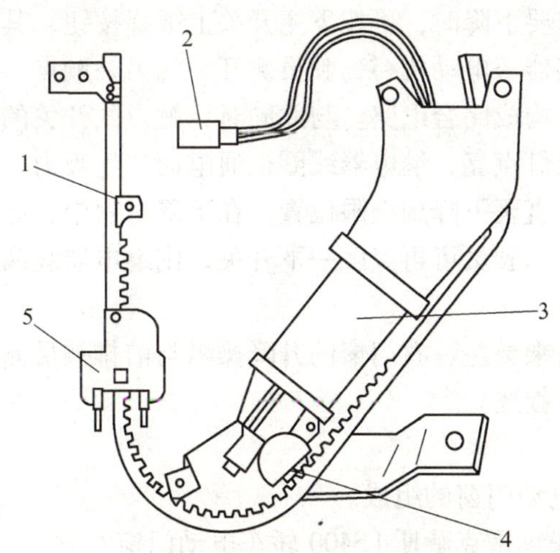

图9-22 齿条式电动门窗升降器

1—齿条 2—电源接头 3—电动机

4—小齿轮 5—凸片

9.4.2 电动门窗工作原理（以雷克萨斯LS400轿车为例）

如图9-20所示，当点火开关转至点火挡时，电动门窗主继电器工作，触点闭合，给电动门窗电路提供了电源，此时，电源指示灯点亮。如将主开关上的窗锁开关闭合，那么所有车窗都可随时进入工作状态，乘员门窗的指示灯点亮。

1. 前排乘员侧门窗升降

（1）驾驶员操纵 当驾驶员按下主开关相应的前排乘员门窗上

【课堂互动】

升开关时，其电流由蓄电池的正极→易熔线→断路器→主继电器→主开关→前排乘员开关左触点→电动机→断路器→前排乘员开关的右触点→窗锁开关→搭铁→蓄电池的负极，构成闭合回路。该电路中的电动机通电而工作，使门窗上升。当需要门窗下降时，驾驶员按下主开关上的下降开关时，因电动机是永磁双向电动机，其电动机的电流方向相反，电动机通电而反转使门窗下降。

（2）乘员操纵　乘员接通前排乘员门窗上升开关时，其电流由蓄电池的正极→易熔线→断路器→前排乘员开关左触点→电动机→断路器→前排乘员开关右触点→窗锁开关→搭铁→蓄电池的负极，构成了闭合电路。该电路中的电动机通电而工作，使门窗上升。当需要门窗下降时，乘员按下开关上的下降开关，其电动机的电流方向相反，电动机通电而反转使门窗下降。

2. 驾驶员侧的门窗升降

若主开关上的窗锁开关断开，则只有驾驶员侧车窗具备工作条件。另外，驾驶员侧的车窗开关由点触式电路控制。门窗在下降过程中，如果要使其停止在某一位置，只要再点触一下开关即可。当驾驶员侧的门窗需要下降时，可按下主开关上下降按钮，其电流由蓄电池的正极→断路器→电动机→驾驶员侧开关的另一触点→窗锁开关→蓄电池的负极，构成闭合电路。与此同时，触点式开关的电路也同时接通，下降指示灯点亮，继电器线圈也通电而产生吸力，保持开关处于下降工作状态直至下降到极限位置。在下降过程中，如果要使门窗停在某一位置，驾驶员可再点触一下开关，则继电器线圈断路，门窗下降停止。

其他后座乘员左、右门窗的升降操纵与前排乘员侧的操纵方法相同，在此不再叙述。

【习题 9.4】

1. 说明电动门窗的组成。
2. 如何操纵雷克萨斯 LS400 轿车电动门窗？

模块 10　汽车电气设备线路

【学习目标】

1. 了解各控制装置在电路中的作用并掌握其维护和更换方法。
2. 了解全车电路的组成和电气线路的特点。
3. 能够识读汽车整车电路。

【课堂互动】

根据熔断器的工作特性，请说说其使用注意事项。

10.1　电路控制与保护装置

【本节目标】

1. 熟悉各控制装置的结构、作用及维护方法。
2. 掌握汽车电路保护器件和继电器的更换方法。

【基本理论知识】

1. 电源总开关

电源总开关的用途是接通与切断蓄电池电路，汽车上各种电气控制系统的工作均受控于电源总开关。

（1）点火开关　点火开关是汽车电路中最重要的开关，是各条电路分支的控制枢纽，是多挡多接线柱开关。其主要功能是：锁住转向盘转轴(Lock)，接通点火仪表指示灯(ON 或 IG)，接通发动机起动线路(ST 或 Start 挡)，以及接通或断开汽车娱乐系统(ACC 主要是收放机专用)等，柴油车还有控制加热线路的功能。其中起动、加热挡因为工作电流很大，开关不易接通过久，所以这两挡在操作时必须用手克服弹簧力，扳住钥匙，一松手就弹回点火挡，不能自行定位，其他挡均可自行定位。点火开关各国、各厂家不完全一样，点火开关的结构及表示方法如图 10-1 所示。

（2）多功能组合开关　现代汽车将很多功能相近的控制系统的开关组合在一起，比如将照明开关(前照灯开关、变光开关)、信号开关(转向、危险警告、超车)、刮水器/清洗器开关等组合为一体，安装在便于驾驶员操纵的转向柱上。

2. 保险装置

保险装置即汽车电路保护装置，当电路发生过载或短路时，能及时切断电路，保护电气设备和电路。主要有熔断器和易熔线两类。

（1）熔断器(熔丝)　熔断器用于对局部电路进行保护，能长时

【课堂互动】

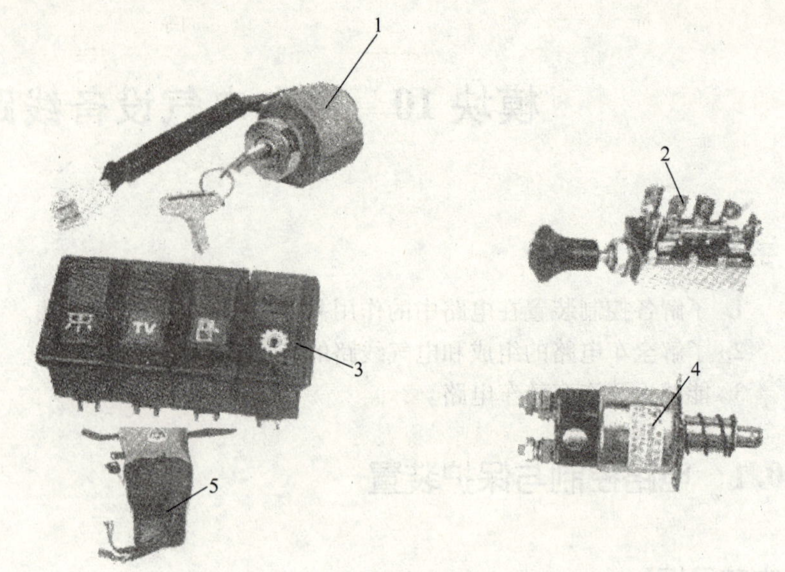

图 10-1 各种点火开关

1—钥匙点火开关 2—三挡推拉式开关 3—翘板组合开关
4—磁力开关 5—方向柱组合开关

间承受额定电流负载，但在超过额定负载 25% 的情况下，约 3min 熔断，而在超过额定负载 100% 时，则不到 1s 即会熔断。结构一定时，流过熔断器电流越大，熔断时间越短。如图 10-2、图 10-3 所示。

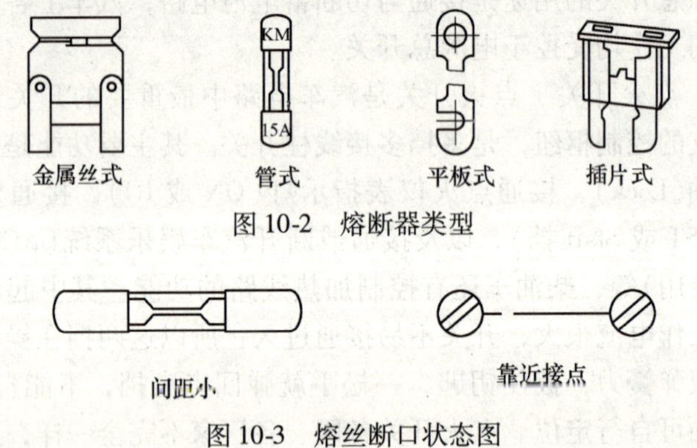

图 10-2 熔断器类型

图 10-3 熔丝断口状态图

（2）易熔线 易熔线的特点是当线路通过极大的过载电流时，易熔线能在一定的时间内（一般≤5s）熔断，从而切断电源，防止产生恶性事故。易熔线也是由导体和绝缘层构成，绝缘层一般为氯磺化聚乙烯材料，因为绝缘层较厚，所以看起来比同规格的导线粗。

熔断器为一次性器件，使用须注意：

1）熔断器熔断后，必须先查找故障原因。

2）更换熔断器时，一定要与原规格相同，特别不能使用比规定容量大的熔断器，否则将失去保护作用，如图 10-4 所示。

【课堂互动】

3）熔断器支架与熔断器接触不良会产生电压降和发热现象。因此，特别要注意检查有无氧化现象和脏污。若有脏污和氧化物，须用细砂纸打磨光，使其接触良好。

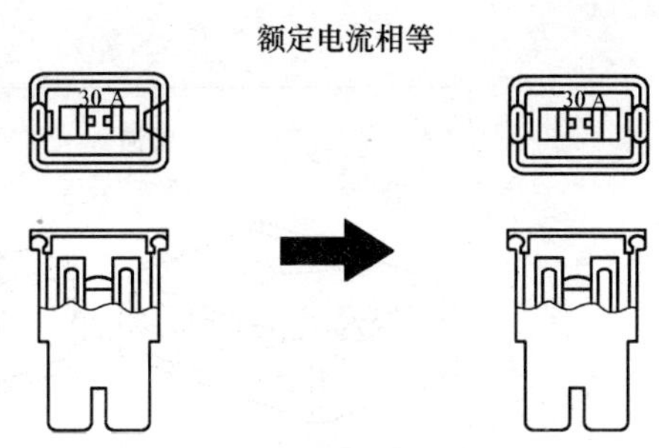

图 10-4　同规格熔断器更换

3. 插接器

为了便于接线、查线，汽车线束中各导线端头均焊有接线片，并在导线与接线片连接处套以绝缘套管。这种接线一般都与接线柱配合使用，容易搞错，不太方便。所以汽车上大都采用插接器，如图 10-5 所示。

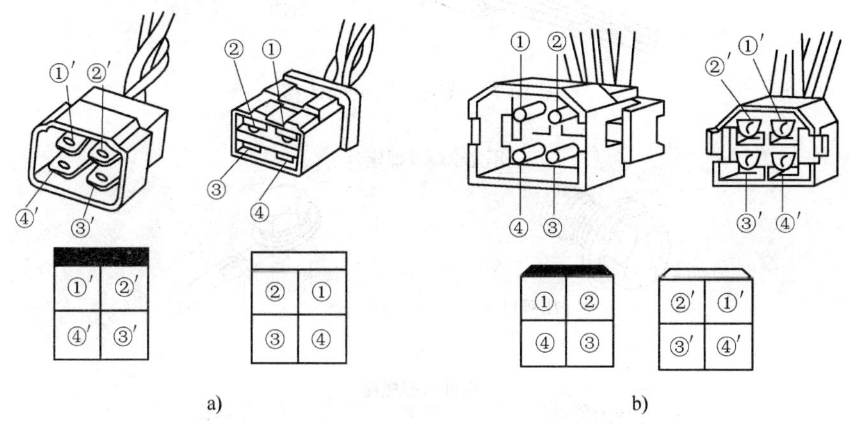

图 10-5　插接器
a）片状插接器　b）柱状插接器

目前汽车上采用的插接器大致可以分为以下几类：第一类是线束和电器元件的连接（见图 10-6）；第二类是线束与线束的连接（见图 10-7）；第三类是线束与车身的连接（见图 10-8）；第四类是过渡性连接，将连接器中需要连接的导线用短接端子连接起来（见图 10-9）。

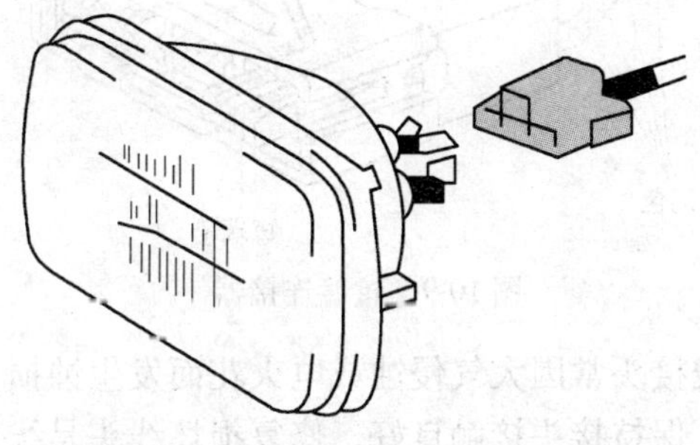
图 10-6　线束与电器元件的连接

【课堂互动】

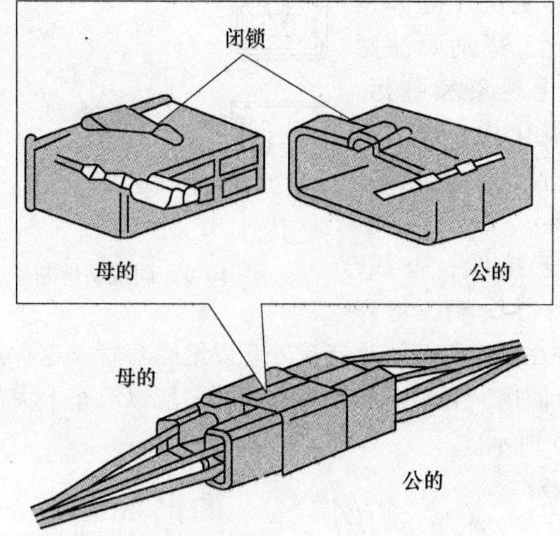

图 10-7 线束与线束的连接

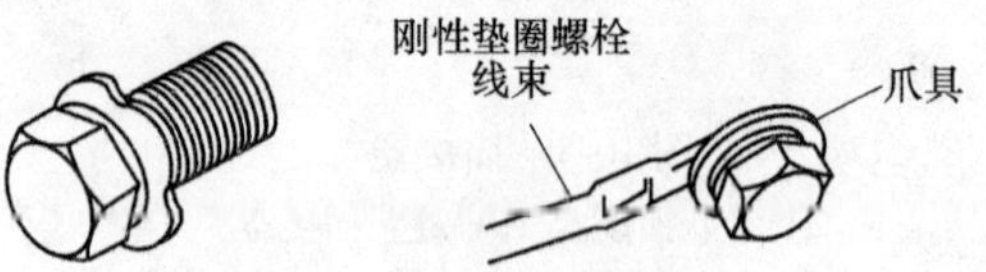

图 10-8 线束与车身连接

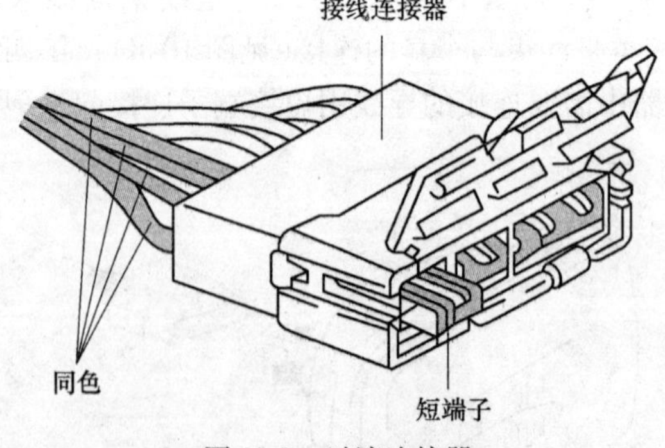

图 10-9 过渡连接器

插接器导线接头常因大气侵蚀或电火花而发生蚀损，因机械振动而使线端断裂。保持接头接触良好，修复损坏线头是线束维修的基本作业。

为了防止汽车行驶中插接器脱开，还设计有闭锁装置如图 10-10 所示。拆卸时，须压下闭锁，稍用力往外拉出即可。不可在未压下闭锁时，直接猛拉电线，造成闭锁装置或导线损坏。若发现插头插座损坏或锈蚀严重，应按图 10-11 所示方法用小螺钉旋具自插口端伸入撬开锁紧环，拉出线头。对锈蚀严重的线头，可用细砂纸打去锈层，若有损坏应更换插头插座。

【课堂互动】

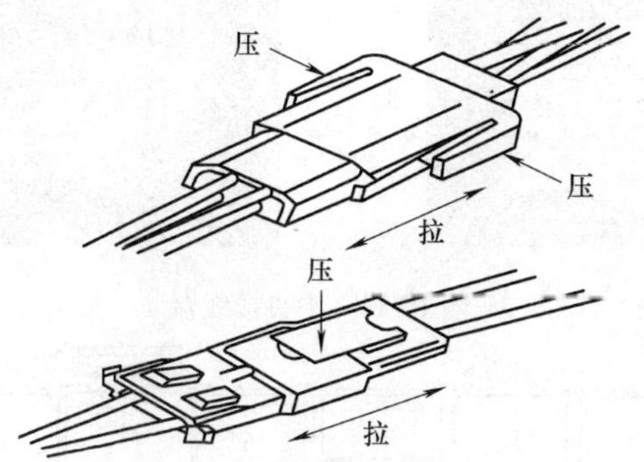

图 10-10　插接器的闭锁装置及拆卸方法

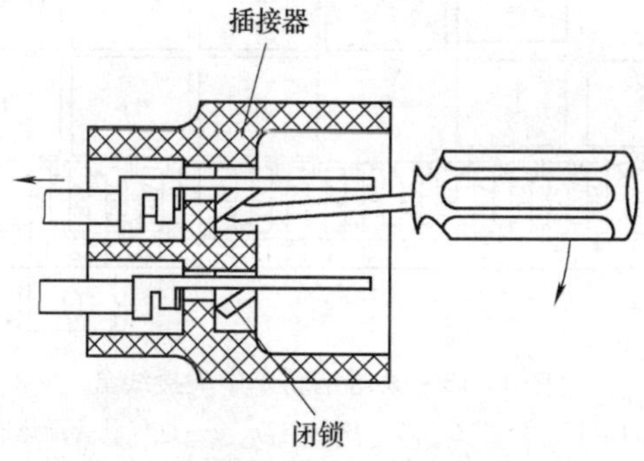

图 10-11　插接器的接头锁紧环拆卸方法

电路图中的插接器一般都有编号，如丰田公司的电路图规定用圆圈表示零件与线束的插接器，圆圈内的数字或字母表示该插接器的编号；用矩形表示线束之间的插接器，矩形内的数字及字母表示该插接器的编号；用圆角过渡的矩形表示与继电器盒或接线盒连接的插接器，矩形内的数字及字母表示该插接器的编号；用三角形表示搭铁点，三角形内的字母表示该搭铁点的编号。

4. 继电器

继电器也属于大电流保护装置，在大电流用电线路中，若利用开关直接控制线路通断，大电流会烧坏开关。因此，在线路中设置继电器，它是利用电磁或机电原理以及其他方法（如热电或电子），实现自动接通或切断一对或多对触点，以完成用小电流控制大电流的方法来减小控制开关触点的电流负荷。如进气预热继电器、空调继电器、喇叭继电器、雾灯继电器、中间继电器、风窗刮水器/清洗器继电器、

【课堂互动】

危险报警与转向闪光继电器等。继电器通常分为：常开(N. O)继电器，常闭(N. C)继电器和常开、常闭混合型继电器。其外形如图10-12所示，继电器的每个插脚都有标号，与中央接线盒正面板的继电器插座的插孔标号相对应。图10-13、图10-14是桑塔纳轿车的中央接线盒和继电器。

图10-12　中央接线盒

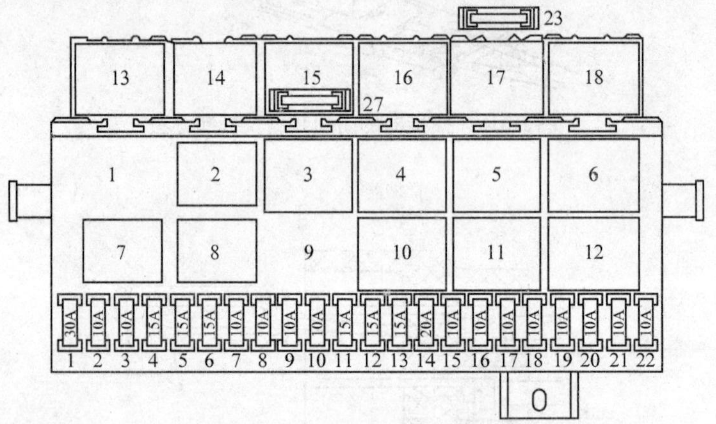

图10-13　桑塔纳轿车中央接线盒

1、3、4、9、11、13、15、16、17、18—空位　2—进气歧管预热继电器　5—空调继电器　6—喇叭继电器　7—雾灯继电器　8—中间继电器　10—间歇刮水器继电器　12—危险报警与闪光继电器　14—冷却液不足指示继电器

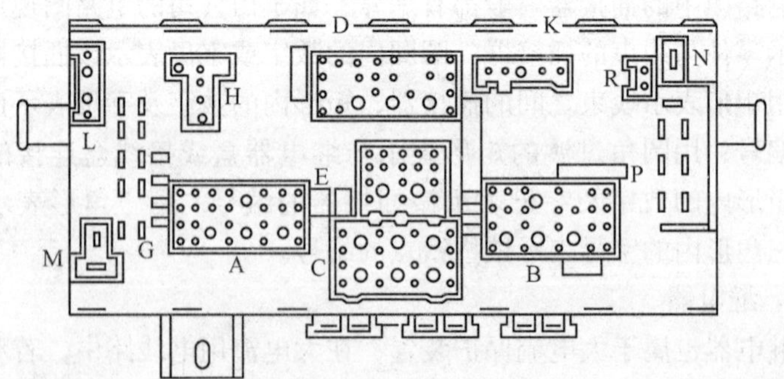

图10-14　桑塔纳轿车中央接线盒背面

A—用于仪表板线束，蓝色　B—用于连接仪表板线束，红色　C—用于连接发动机室左线束，黄色　D—用于连接发动机室右线束，白色　E—连接车辆后部线束，黑色　G—连接单个插头(主要用于冷却液不足指示控制器)　H—连接空调装置线束，棕色　K—空位　L—连接双音喇叭等线束，灰色　M—空位　N—用于单个插头(主要用于进气管预热器加热电阻的电源)　P—用于单个插头(主要用于蓄电池火线与中央线路板连接)　R—空位

【习题10.1】

1. 汽车电路中的控制装置有哪几种类型？各有什么特点？
2. 电路中为什么要装保险装置？汽车上常用的保险装置有哪些？

【课堂互动】

请同学说说线束的拆装方法。

10.2　汽车线束

【本节目标】

1. 了解汽车线束的组成和特点。
2. 掌握汽车线束维护的基本操作。

【基本理论知识】

1. 导线

汽车电气系统的导线有低压导线和高压导线两种，普通低压导线均采用铜质多芯软线。

选取导线主要根据导线通过电流的大小、机械强度及绝缘程度来选取。高压电路：根据耐压上千至上万伏高压的绝缘要求选用，采用线芯截面积小，但绝缘包层很厚的导线。低压电路：根据工作电流大小和机械强度选择。随着汽车上使用的电器增多，导线数量增多，为便于安装和检修，采用双色线，主色为基础色，辅色为环布导线的条色带或螺旋色带，且标注时主色在前，辅色在后。其中，蓄电池的搭铁线一般采用铜丝编织成的扁形软导线，不带绝缘层。

2. 线束

汽车线束是汽车电路的网络主体，没有线束也就不存在汽车电路。目前，不管是高级豪华汽车还是经济型普通汽车，线束编成的形式基本上是一样的，有些软线细如毛发，几条乃至几十条软铜线包裹在塑料绝缘管(聚氯乙烯)内，柔软而不容易折断。为使全车线路规整，安装方便及保护导线的绝缘，汽车上的全车线路除高压线、蓄电池电缆和起动机电缆外，一般将同区域的不同规格的导线用棉纱或薄聚氯乙烯带缠绕包扎成束，称为线束，如图10-15所示。

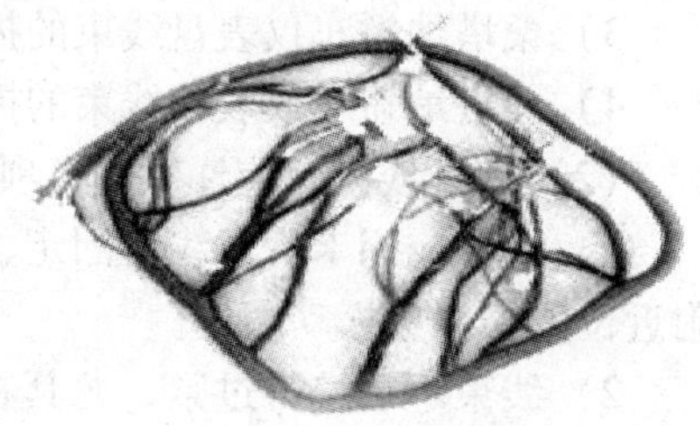

图10-15　汽车线束

汽车线束直接受到机械振动、颠簸、温度变化、刮擦的作用及油水的侵蚀，长期使用易使线束包皮损坏，线头断开或接触不良，这就需要检修维护和更换导线、接线头、电路断电器或全车线束。

线束在检修前后，应按要求进行拆装，在拆下过程中要记住各插

【课堂互动】

谈谈汽车线束安装不良会出现什么样的问题。

接头的连接部位和线束去向，装配时按原连接部位装复。各种车型线束都应按设计要求包裹。

（1）桑塔纳轿车主要线束的拆装如下

1）桑塔纳轿车左前部线束的拆装如图 10-16 所示。

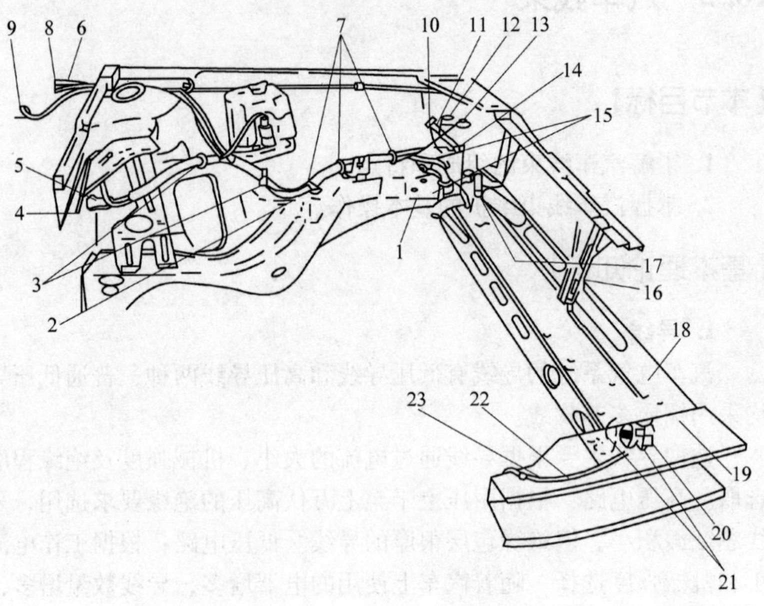

图 10-16 桑塔纳轿车左前部线束

1—至发动机散热风扇电线 2—至热敏开关电线 3、7、10、15—电线夹箍 4—至蓄电池电线 5—电线套管 6—发动机盖拉索 8—风窗清洗装置软管 9—水槽孔 11—转向灯电线 12—雾灯接头 13—雾灯电线 14—至冷却风扇电动机电线 16—接头 17—热敏开关 18—前照灯接头 19—转向灯接头 20—电线夹箍（白色） 21—电线夹箍（蓝色） 22—至侧面转向电线 23—至喇叭电线

2）桑塔纳轿车右前部线束的拆装如图 10-17 所示。

3）桑塔纳轿车仪表盘线束的拆装如图 10-18 所示。

4）桑塔纳轿车仪表板线束的拆装如图 10-19 所示。

（2）安装线束时应注意的事项

1）线束应用卡簧或线卡固定，其抽头恰好在各电气设备接线柱附近位置，以免松动磨坏。

2）线束不可接得过紧，尤其在拐弯处更应注意，在绕过锐角或穿过金属孔时，应用橡皮或套管保护，否则容易磨坏线束而发生短路、搭铁，并有烧毁全车线束、酿成火灾的危险。

3）连接电器时，应根据插接器规格以及导线的颜色或接头处套管的颜色，分别接于电器上，若不易辨别导线的头尾时，一般可用试灯区分，不宜用试火法，因为在供电系统中，试火法容易烧坏导线。

【课堂互动】

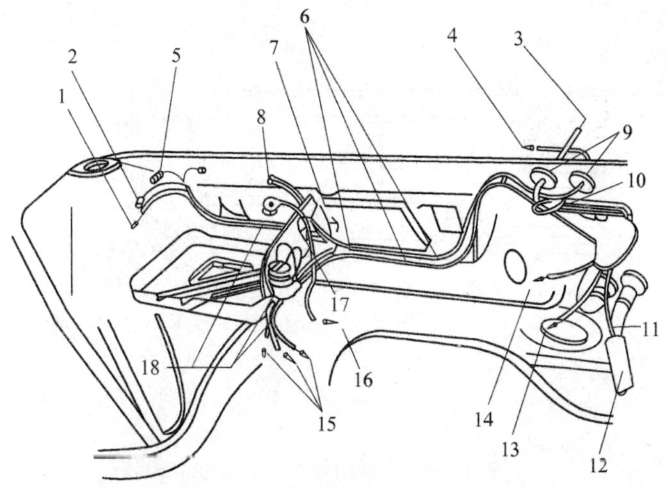

图10-17 桑塔纳轿车右前部线束

1—至发动机电线 2—至起动机电线 3—至刮水器电动机电线 4—至点火开关电线 5—至发电机电线 6、10、18—线束夹箍 7、9、11—线束套管 8—蓄电池 12—至左前部线束 13—至冷却液警告开关电线 14—至制动液开关电线 15—至电动机电线 16—至变速器电线 17—地线板

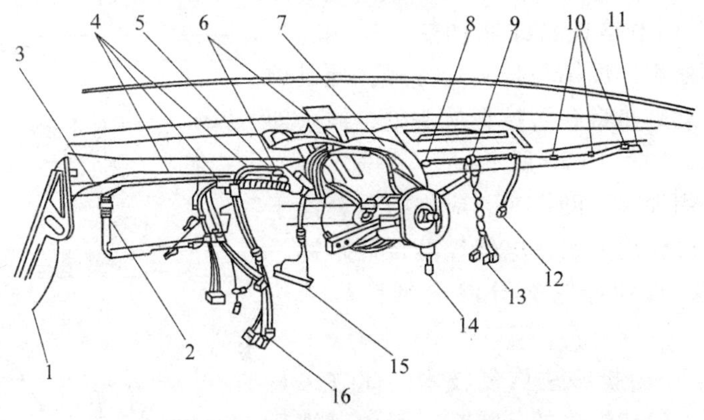

图10-18 桑塔纳轿车仪表盘线束

1—至左侧扬声器电线 2—接地点 3、4、6、8、9、10、11—电线夹箍 5—毛毡垫圈 7—塑料泡沫管 12—至右侧扬声器电线 13—点烟器接头 14—天线 15—收放机接头 16—灯光开关接头

汽车维修企业最常用的维修方法是什么？

（3）线束的维护与修理

1）导线端子的制作方法。新增线路或修复接头时常用钎焊法、压力折皱法制作电线端子。

① 钎焊修复工艺。

A. 将电线尾端剥掉一段绝缘层。

【课堂互动】

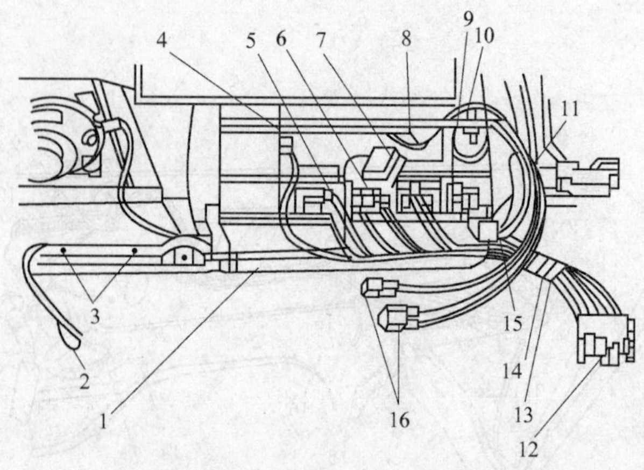

图 10-19 桑塔纳轿车仪表板线束

1—绝缘板 2—箱灯接头 3—粘性带 4—收放机接头 5—雾灯开关 6—后风窗加热开关 7—警告灯开关 8—罩壳至扬声器接头 9—自动停/启开关 10—至新鲜空气鼓风机开关 11、15—电线夹箍 12—仪表盘线束接头 13—接地点 14—挠性带 16—接头

B. 选用适当尺寸的套管和电线接头，套上线端。

C. 用钳子将接线头柄部分别与绝缘层及线芯夹紧。

D. 用电烙铁将线芯加热，等线芯加热后用松香、焊锡与接头处接触，使其熔接，熔后趁热将套管拉到接头处，线头即可制成，如图 10-20 所示。

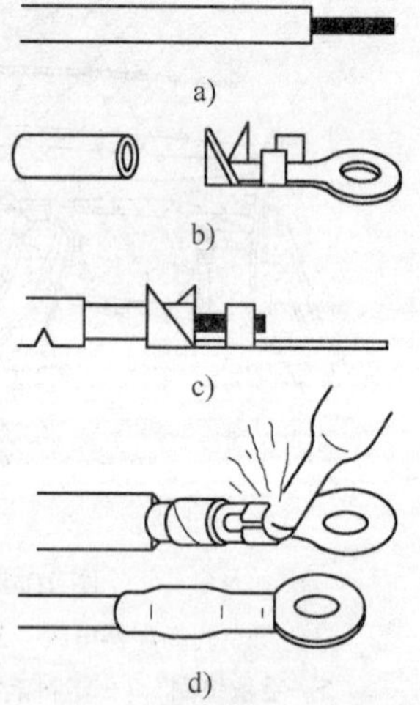

图 10-20 钎焊法工艺过程

采用焊锡管助焊时，应先将焊膏涂于待焊部位，用大功率电烙铁蘸锡后带锡一气焊成，直到焊锡充分渗透到待焊部位为止。

② 压力折皱法修复技术。此方法是以加压力代替焊接的连接法，目前已被很多制造厂及汽修厂采用，它同样保证连接牢固，并且简化了线头修复工艺。压力折皱法需采用一种乙烯基塑套筒，制作时先将线端剥去绝缘层露出线芯，套上塑料套管和接头，形成一个塑料夹头，最后用专用夹线钳加压就制成牢固联接的接头，如图 10-21 所示。

2）断线的修复工艺。线束中的导线常因磨损、振动或意外载荷而出现折断，通常可采用断头焊包法、压套法、附加插接器法修复。

① 断头焊包法。如图 10-22 所示。

A. 将断头两端剥掉一段绝缘层。

【课堂互动】

采用插接器法处理线束接头，有什么优点？

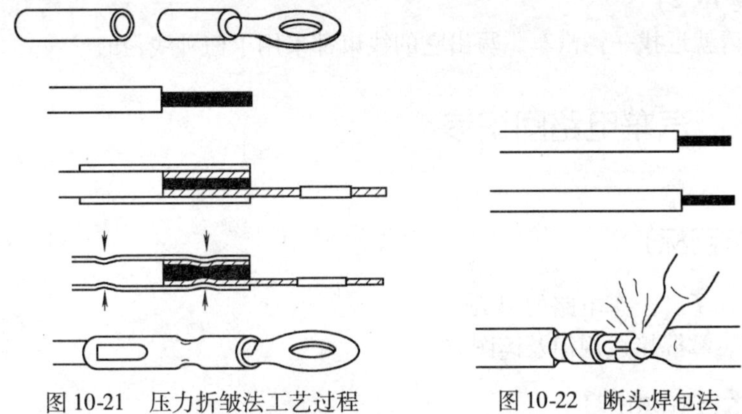
图 10-21　压力折皱法工艺过程　　图 10-22　断头焊包法

B. 用钳子将两线芯相互绕制在一起。

C. 用电烙铁将线芯加热。

D. 线芯加热后用松香、焊锡与线芯接触，使其熔接，断线即可修复。

如导线严重损坏或烧毁时，可用新线自接，并将新敷设的电线束包扎成一体，新线自接时应注意与被接的导线两端颜色一致。

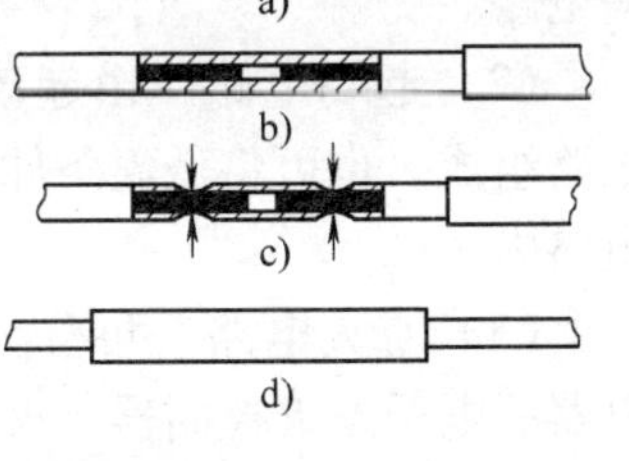

图 10-23　压套法

② 压套法。如图 10-23 所示。

A. 将断头两端剥掉一段绝缘层。

B. 将两线芯插入专用铜连接套管内。

C. 用压紧器将线芯与铜连接套管压为一体。

D. 绝缘包扎处理。

③ 插接器法。如图 10-24 所示。

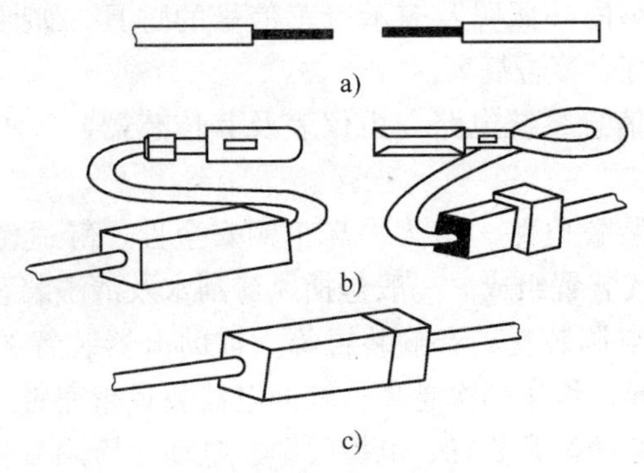

图 10-24　插接器法

A. 将断头两端剥掉一段绝缘层。

B. 将两线芯分别连接到连接器的插片上。

C. 接插器连接。

【课堂互动】

说说汽车整车电路的基本组成。

【习题 10.2】

请就近找一辆汽车，写出它的线束都采用了何种线径的导线。

10.3 汽车电路图识读

【本节目标】

1. 了解全车电路的组成。
2. 掌握接线规律及读图方法。

【基本理论知识】

1. 汽车电路类型

汽车整车电路通常由电源电路、起动电路、点火电路、照明与灯光信号装置电路、仪表信息系统电路、辅助装置电路和电子控制系统电路等组成。

(1) 电源电路　也称充电电路，由蓄电池、发电机、调节器及充电指示装置等组成，电能分配(配电)及电路保护器件也可归入这一电路。

(2) 起动电路　由起动机、起动继电器、起动开关及起动保护电路组成。也可将低温条件下起动预热的装置及其控制电路列入这一电路内。

(3) 点火电路　可分为低压电路和高压电路，由点火线圈、分电器、电子点火控制器、火花塞及点火开关组成。是汽油发动机汽车特有的电路，微机控制的电子点火控制系统一般列入发动机电子控制系统中。

(4) 照明与灯光信号装置电路　由各种灯光、控制继电器及开关组成。包括车内外照明及表示行车信号的灯具，如照明灯、转向灯、制动信号灯、警告灯等。

(5) 仪表信息系统电路　由仪表及其传感器、各种报警指示灯及控制器组成。

(6) 辅助装置电路　由为提高车辆安全性、舒适性、经济性等各种功能的电气装置组成。一般包括风窗刮水及清洗装置、风窗除霜(防雾)装置、空调装置、音响装置等。辅助电器装置的种类随车型不同而有所差异，汽车档次越高，辅助电器装置越完善。现代轿车还有的配有车窗电动举升装置、电控门锁、电动座椅调节装置和电动遥控后视镜等。

(7) 电子控制系统电路　主要由发动机控制系统(包括燃油喷射、点火、排放等控制)、自动变速器及恒速行驶控制系统、制动防抱死系统、安全气囊控制系统等电路组成。

2. 三种电路图

【课堂互动】

(1) 布线图 布线图是按照汽车电器在车身上的大体位置来进行布线的，其优点是：全车的电器(即电气设备)数量明显且准确，电线的走向清楚，有始有终，便于循线跟踪，查找起来比较方便。它按线束编制将电线分配到各条线束中去与各个插件的位置严格对号。在各开关附近用表格法表示了开关的接线与挡位控制关系，表示了熔断器与电线的连接关系，表明了电线的颜色与截面积。

布线图的缺点是：图上电线纵横交错，印制版面小则不易分辨，版面过大使印装受限制；读图、画图费时费力，不易抓住电路重点、难点；不易表达电路内部结构与工作原理。

(2) 原理图

1) 整车电路原理图。为了生产与教学的需要，常常需要尽快找到某条电路的始末，以便确定故障分析的路线。在分析故障原因时，不能孤立地仅局限于某一部分，而要将这一部分电路在整车电路中的位置及与相关电路的联系都表达出来。整车电路图的优点在于：电路连接关系简单明了、图面清晰、通俗易懂；对全车电路有完整的概念，它既是一幅完整的全车电路图，又是一幅互相联系的局部电路图；重点难点突出、繁简适当。在此图上建立起电位高、低的概念：其负极“－”接地(俗称搭铁)，电位最低，可用图中的最下面一条线表示；正极“＋”电位最高，用最上面的那条线表示。电流的方向基本都是由上而下，路径是：电源正极“＋”→开关→用电器→搭铁→电源负极“－”。能极大减少电线的曲折与交叉，布局合理，图面简洁、清晰，图形符号考虑到元器件的外形与内部结构，便于读者联想、分析，易读、易画。

各局部电路(或称子系统)相互并联且关系清楚，发电机与蓄电池间、各个子系统之间的连接点尽量保持原位，熔断器、开关及仪表等的接法基本上与原图吻合。

2) 局部电路原理图。为了弄清汽车电器的内部结构及各个部件之间相互连接的关系，弄懂某个局部电路的工作原理，常从整车电路图中抽出某个需要研究的局部电路，参照其他翔实的资料，必要时根据实地测绘、检查和试验记录，将重点部位进行放大、绘制并加以说明。这种电路图的用电器少、幅面小，看起来简单明了，易读易绘。其缺点是只能了解电路的局部。

(3) 线束图 线束图是表达汽车线束分布情况的图形。将连接各种电气设备的导线汇集在一起便组成电气线束。在汽车上，为了便于连接各种电气设备和布置导线，一般都将相关导线汇集在一起区别不同的电气线束。整车电路线束图常用于汽车厂总装线和修理厂的连接、检修与配线。线束图主要表明电线束各用电器的连接部位、接线柱的标记、线头、插接器(连接器)的形状及位置等，它是人们在汽

【课堂互动】

说说汽车原理图在汽车维修过程中的作用。

车上能够实际接触到的汽车电路图。这种图一般不去详细描绘线束内部的电线走向，只将露在线束外面的线头与插接器详细编号或用字母标记。它是一种突出装配记号的电路表现形式，非常便于安装、配线、检测与维修。如果再将此图各线端都用序号、颜色准确无误地标注出来，并与电路原理图和布线图结合起来使用，则会起到更大的作用且能收到更好的效果。

3. 汽车电路的分析

汽车线路一般采用单线制，用电设备并联，负极搭铁，线路用颜色和编号加以区分，并以点火开关为中心将全车电路分成几条主干线，即：蓄电池相线(30 号线)、附件相线(Acc 线)、钥匙开关相线(15 号线)。

(1) 蓄电池相线(B 线或 30 号线) 从蓄电池正极引出直通熔断器盒，也有的汽车蓄电池相线接到起动机相线接线柱上，再从那里引出较细的相线。

(2) 点火仪表指示灯线(IG 线或 15 号线) 点火开关在 ON(工作)和 ST(起动)挡才有电的电线，必须有汽车钥匙才能接通点火系统、起动系统、仪表系统、指示灯、信号系统、电子控制系统等重要电路。

(3) 专用线(ACC 线或 15A 线) 用于发动机不工作时需要接入的电器，如收放机、点烟器等。点火开关单独设置一挡予以供电，但发动机运行时收音机等仍需正常工作，所以点火开关触点与触点的接触结构要作特殊设计。

(4) 起动控制线(ST 线或 50 号线) 起动机主电路的控制开关(触盘)常用磁力开关来通断。磁力开关的吸引线圈、保持线圈可以由点火开关的起动挡控制。大功率起动机的吸引、保持线圈电流也很大(可达 40 ~ 80A)，容易烧蚀点火开关的“30—50”触点对，必须另设起动机继电器(如东风、解放及三菱重型车)。装有自动变速器的轿车，为了保证空挡起动，常在 50 号线上串有空挡开关。

(5) 搭铁线(接地线或 31 号线) 汽车电路中，以元件和机体(车架)金属部分作为一根公共导线的接线方法称为单线制，将机体与电器相接的部位称为搭铁或接地。搭铁点分布在汽车全身，由于是不同金属相接(如铁、铜与铝、铅与铁)，形成电极电位差，有些搭铁部位容易沾染泥水、油污或生锈，有些搭铁部位是很薄的钣金件，可能引起搭铁不良，引起如灯不亮、仪表不起作用、喇叭不响等故障。要将搭铁部位与相线触点同等重视，所以现代汽车局部采用双线制，设有专门公共搭铁接点，编绘专门搭铁线路图，并与熔断器电路提纲图并列。为了保证起动时减少线路接触压降，蓄电池极桩夹头、车架与发动机机体都接上大截面积的搭铁线，并将接触部位彻底除锈、去漆、拧紧。

4. 电路图的识读

【课堂互动】

汽车电路的基本特点是：单线制、负极搭铁、各用电器互相并联。各单元(局部)电路，例如电源系统、起动系统、点火系统、照明系统、信号系统、仪表系统等都有其自身的一些特点，看电路要以其自身的特点为指导，去分解并研究全车电路，这样做会少一些盲目性，能较快速、准确地识读汽车电路图。

开始，必须认真地读几遍图注，对照线路图查看电器在车上的大概位置及数量、电器的用途，有没有新颖独特的电器，如有，应加倍注意。

利用回路原则分析电路。无论什么电器，要想正常工作(将电能转换为其他形式的能)，必须与电源(发电机或蓄电池)的正负两极构成通路。即：从电源的正极出发→用电器→同一电源的负极。这个简单而重要的原则无论在读什么电路图时都是必须用到的，在读汽车电路时却往往被忽略，理不出头绪来。

请在图 10-25 中用彩色笔标出点火系统的线路。

拆装汽车系统电路图是指在全面分析汽车电路图的基础上，以某一系统电路为研究主体，分析该系统的工作原理和电流流向，结合原车实际的线路连接进行验证，最后拆装出该系统的电路图来，如图 10-25 所示是典型的汽车电源、起动系统、点火系统及仪表线路拆画图。下面以拆装桑塔纳点火系统电路图为例来说明。

(1) 总电路图的全面分析　桑塔纳轿车部分电路如图 10-25 所示，各电器部分的线路纵向排列，清晰明了，从左至右分别是电源、起动、预热、点火、仪表等部分。其电气图上端为中央接线板部分，其上端有继电器、熔断器、内部线路、接口、插座及各种线束。在电路图中，汽车线路用颜色和编号加以区分，并以点火开关为中心将全车电路分为 5 条主干线：即蓄电池相线(B 线或 30 号线)、点火仪表指示灯线(IG 线或 15 号线)、专用线(ACC 线或 15A 线)、起动控制线(ST 线或 50 号线)和搭铁线(E 线或 31 号线)。

读图时，一是要注意各图形的编号，根据编号在本页下部查出图形表示什么元件。二是要注意读懂电路图下面的坐标，以确定该图形元件所处的位置，在读线路指向某一数字坐标时很有用。三是要注意各线路在中央接线板、继电器及其他电器元件上的接口编号，通过接口编号能读懂其线路走向。

(2) 点火系统工作原理和线路电流走向分析　桑塔纳轿车采用霍尔效应式无触点晶体管电子点火系统。该点火系统由蓄电池、点火开关、点火线圈、霍尔式无触点分电器、电子点火控制器、高低压导线及火花塞等组成。其工作原理是通过点火线圈一次绕组电流的通断，在二次绕组上感应出高压电，通过高压线路及正时分配使各缸火花塞跳火。一次电流的通断受点火器的控制，而点火器依靠点火传感

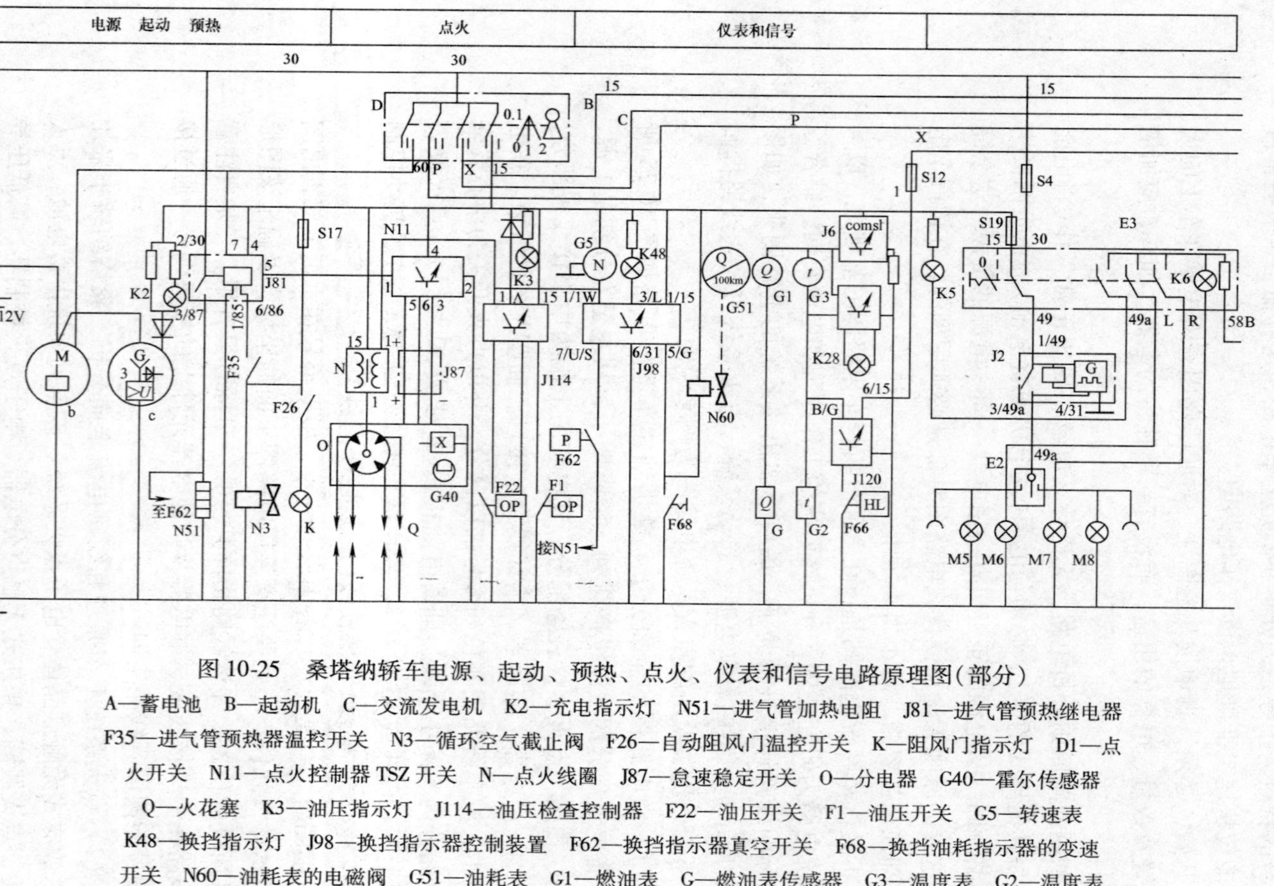

图 10-25 桑塔纳轿车电源、起动、预热、点火、仪表和信号电路原理图(部分)

A—蓄电池 B—起动机 C—交流发电机 K2—充电指示灯 N51—进气管加热电阻 J81—进气管预热继电器 F35—进气管预热器温控开关 N3—循环空气截止阀 F26—自动阻风门温控开关 K—阻风门指示灯 D1—点火开关 N11—点火控制器 TSZ 开关 N—点火线圈 J87—怠速稳定开关 O—分电器 G40—霍尔传感器 Q—火花塞 K3—油压指示灯 J114—油压检查控制器 F22—油压开关 F1—油压开关 G5—转速表 K48—换挡指示灯 J98—换挡指示器控制装置 F62—换挡指示器真空开关 F68—换挡油耗指示器的变速开关 N60—油耗表的电磁阀 G51—油耗表 G1—燃油表 G—燃油表传感器 G3—温度表 G2—温度表传感器 J6—稳压器 K28—冷却液温度指示灯 J120—冷却液不足指示器控制器 F66—冷却液不足指示器开关 K5—转向指示灯 E3—危险警告灯开关 J2—闪光器 E2—转向灯开关 M5—左前转向信号灯 M6—左后转向信号灯 M7—右前转向信号灯 M8—右后转向信号灯

器的信号来控制。

点火开关 D 置于 1 挡时，点火系统一次电路通电，其电流回路为：蓄电池正极→点火开关 D 的 15 接点→点火线圈 N 的一次绕组→点火控制器 N11→搭铁。

当发动机凸轮轴驱动霍尔传感器 G10 的转子转动时，传感器发出脉冲信号，控制点火放大器 N11 周期地接通与切断点火线圈 N 中的一次电流，在二次绕组中感应高压电，按照点火次序使相应气缸上的火花塞跳火。

【课堂互动】

分析丰田花冠轿车全车电路图。

（3）电路图拆画　根据总电路图电流走向画出各部分线路拆画图。图 10-26 所示为丰田花冠轿车发动机电控系统电路图。

从根本上讲，要看懂汽车电路图，首先要具备一定的电工和电子学基础知识，熟悉汽车电气与电子设备的结构原理，了解我国规定的以及进口车型采用的汽车电路图所用图形符号(包括导线、端子和导线的连接、触点与开关、电器元件、仪表、传感器、电气设备和一些限定符号)的意义和汽车电气线路一般的结构特点。在这基础上，先从比较熟悉的车型入手，由简到繁、整理归纳、逐步深入，以至触类旁通。

由于目前各型汽车的电路图尚不规范，特别是各种进口汽车的一些图形符号还很不一致，很多检修人员对电控汽车的结构原理也并不熟悉，所以要看懂各种车型的电路图有一定难度。现结合丰田花冠轿车的电路(见图 10-26)归纳几个读图的要领。

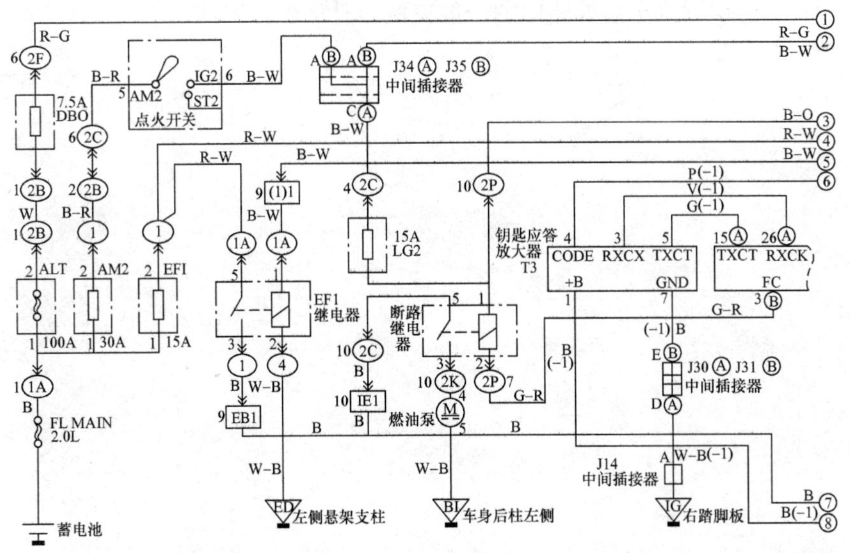

图 10-26　丰田花冠轿车发动机电控系统电路图

1）对照图注和图形符号，熟悉有关元器件名称及其在图中的位置、数量和接线情况。

2）根据“回路原则”分析电路。任何一个电路都应是一个完整

【课堂互动】

请总结一般电路的读图要领。

的电气回路，其中包括电源、开关(或熔断器)、电器(或电子线路)、导线和连接器等，并从电源正极经导线、开关(或熔断器)至用电器后搭铁，回到同一电源的负极。

3）注意电路中开关或继电器的状态。大多数电器或电子设备都是通过开关(包括电子开关)或继电器的不同状态而形成回路或改变回路实现不同的功能的。对于采用多挡点火开关或组合开关的电路，还应注意蓄电池(或发电机)电流是通过什么途径到达这个开关的，中间是否经过其他开关或熔断器，相线接在开关的哪个接线柱上；多挡开关共有几个挡位，开关内部有几个同时或分别动作的触刀，在每一挡位各接通或关断哪些电器；组合开关由哪些开关或按钮组合而成，再通过哪些触点接通电路或改变回路等等。

4）要善于利用汽车电路特点，把整车电路化整为零。汽车电路的单线制、各电路负载相互并联以及两个电源也相互并联等特点，为把整车电路化整为零进行读图提供了方便。整车电路可以按前面所述的组成汽车电气线路的各个分电路逐一进行分析；对于各分电路同样可以采取各个击破的办法进行识读。例如电子控制系统电路，就可以分成发动机电子控制系统、自动变速器电子控制系统、制动防抱死电子控制系统等电路；发动机电子控制系统又可分为汽油喷射控制、点火控制、排放控制等不同电路。

【习题 10.3】

1. 汽车总线路图的一般规律有哪些？

2. 识读汽车总线路图的一般方法是什么？

模块 11　汽车电路的检修原则及方法

【学习目标】

1. 了解汽车电路的检修原则。
2. 掌握汽车电路的检修方法及注意事项。
3. 学会典型车型的维修技术。

【课堂互动】

分析汽车维修企业中常用的电路检测方法。

11.1　汽车电路检修的基本常识

【本节目标】

1. 了解汽车电路检修的一般原则。
2. 掌握汽车电路的检修方法。

【基本理论知识】

1. 现代汽车电子电路的一般结构特点与故障特点

现代汽车电气设备的特点，主要体现在功能集约化(组合化)、控制电子化和连接标准化上。由于电子线路总是与相关的电气设备相联系，而电气设备因种类功能不同而具有不同的工作性质和结构特点。在分析电子线路的故障时，应注意了解这些电气设备的特点。

汽车电气系统的故障特点总体上可分为电气设备故障和线路故障两大类。电气设备故障是指电气设备自身丧失其原有功能，主要包括设备的机械损坏、烧毁，电子元件的击穿、老化等。线路故障包括短路、断路、接线松脱、潮湿及腐蚀等导致的接触不良或绝缘不良等。

2. 检查电路的工具

检查电路的基本工具包括万用表、试灯、发光二极管、验电笔等。

3. 汽车电路检修的一般方法

汽车电气与电子系统故障诊断的一般程序和方法如下。

(1) 第一步　验证车主(用户)所反映的情况，并注意通电后各种现象。在动手拆检之前，尽量缩小故障产生的范围。

(2) 第二步　分析电路原理图，弄清电路的工作原理，对问题所在作出推断。

(3) 第三步　重点检查问题集中的线路或部件，验证第二步作出的推断。

【课堂互动】

汽车电路检测方法不恰当，会有什么后果?

(4) 第四步　进一步进行诊断与检修，常用检修方法如下。

1) 直观法：通过直观检查来发现明显故障(高温、冒烟、火花、断接、异常声响等)，提高检修速度。

2) 检查保险法：如某电器突然停止工作，应先查该支路上的保险装置是否正常，如有熔断或松动，查明原因，检修后恢复保险装置。

3) 试灯法：用一只汽车灯泡作为试灯，检查线束是否断路或短路，电器有无故障。

4) 短路法：用一根导线将某段导线或电器短接后观察用电器的变化。

5) 替换法：将被怀疑部件用已知完好的部件替换，验证怀疑是否正确。

6) 模拟法：用于对各种传感器信号、指示机构工况的判断，此法必须熟悉汽车的电路参数。

7) 仪器法：对一些比较复杂的电子设备，可以采用专用的仪器进行故障诊断。

(5) 第五步　验证电路是否恢复正常。

11.2 汽车电气系统检修时应注意的其他问题

【本节目标】

掌握汽车电路的故障诊断及检修注意事项。

【基本理论知识】

汽车电路故障诊断与检修注意事项如下。

1) 拆卸蓄电池时，总是最先拆下负极(-)电缆；装上蓄电池时，总是最后连接负极(-)电缆。拆下或装上蓄电池电缆时，应确保点火开关或其他开关都已断开，否则会导致半导体元器件的损坏。

2) 不允许使用欧姆表及万用表的 R×100 以下低阻欧姆挡检测小功率晶体管，以免电流过载损坏它们。更换晶体管时，应首选接入基极，拆卸时，则应最后拆卸基极。对于金属氧化物半导体管(MOS)，则要当心静电击穿，焊接时，应从电源上拔下烙铁插头。

3) 拆卸和安装元件时，应切断电源。如无特殊说明，元件引脚距焊点应在 10mm 以上，以免烙铁烫坏元件，且宜使用相同恒温或功率小于 75W 的电烙铁。

4) 更换烧坏的熔断器时，应使用相同规格的熔断器。使用比规定容量大的熔断器会导致电器损坏或产生火灾。

5) 靠近振动部件(如发动机)的线束部分应用卡子固定，将松弛

【课堂互动】

部分拉紧，以免由于振动造成线束与其他部件接触。

6）不要粗暴地对待电器，也不能随意乱扔。无论好坏器件，都应轻拿轻放。

7）与尖锐边缘磨碰的线束部分应用胶带缠起来，以免损坏。安装固定零件时，应确保线不要被夹住或被破坏。安装时，应确保接插头接插牢固。

8）进行保养时，若温度超过80℃（如进行焊接时），应先拆下对温度敏感的零件（如继电器和ECU）。

此外，现代汽车的许多电子电路，出于性能要求和技术保护等多种原因，往往采用不可拆卸的封装方式，如厚膜封装调节器、固封电子电路等，当电路故障可能涉及到它们内部时，则往往难以判断。在这种情况下，一般先从其外围逐一检查排除，最后确定它们是否损坏。有些进口汽车上的电子电路，虽然可以拆卸，但往往缺少同型号分立元件代替，这就涉及到用国产元件或其他进口元件替代的可行性问题，切忌盲目代用。

总之，现代汽车电路（特别是电子电路）的检修，除要求检修人员具有一定的实际经验外，还要求具有一定的电工、电子学基础和分析电路原理及使用仪表工具的能力。

11.3　汽车局域网（CAN-BUS系统）介绍

【本节目标】

了解汽车局域网的有关知识。

【基本理论知识】

1. CAN总线的发展

CAN，全称为“Controller Area Network”，即控制器局域网。CAN是国际上应用最广泛的现场总线之一。CAN最初出现在20世纪80年代末的汽车工业中，由德国BOSCH公司最先提出。当时，由于消费者对于汽车功能的要求越来越多，而这些功能的实现大多是基于电子操作的，这就使得电子装置之间的通信越来越复杂，同时意味着需要更多的连接信号线。这样会导致电控单元针脚数增加、线路复杂、故障率增多及维修困难。提出CAN总线的最初动机就是为了解决现代汽车中庞大的电子控制装置之间的通信，减少不断增加的信号线。

汽车上为什么会普及CAN-BUS系统？

CAN被用来作为汽车环境中微控制器之间的通信，在车载各电子控制装置ECU之间交换信息，形成汽车电子控制网络。现代汽车典型的控制单元有：电控燃油系统、电控传动系统、防抱死制动系统

【课堂互动】

(ABS)、防滑控制系统(ARS)、废气再循环控制系统、巡航系统和空调系统。这些系统均采用单片机作为直接控制单元，用于对传感器和执行部件的直接控制。每个单片机都是控制网络上的一个节点。一辆汽车不管有多少块电控单元，不管信息容量有多大，每块电控单元都只需引出两条线共同接在节点上，这两条导线就称作数据总路线(BUS)，如图11-1所示，数据总线简称BUS线。因此，就设计了这个单一的网络总路线，让所有的外围器件挂接在该总线上，即各节点直接挂接在CAN总线上。一个由CAN总线构成的单一网络中，理论上可以挂接无数个节点。但在实际应用中，所挂节点数目受网络硬件的电气特性或(和)延迟时间的限制。

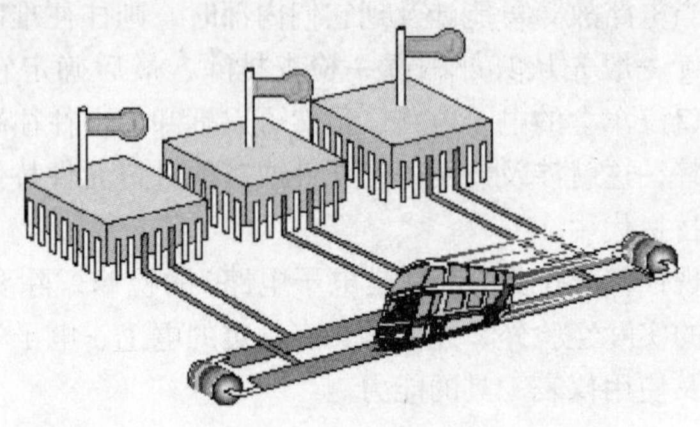

图11-1 CAN总线

为了使不同厂家生产的零部件能在同一辆汽车中进行有效、协调的工作，并实现众多的控制与测试仪之间的数据交流，就必须制定标准的通信协议，随着CAN在各种领域的应用和推广，1993年11月国际标准化组织ISO颁布了道路交通运输工具：数据信息交换——高速局域网(CAN)国际标准ISO11898，为控制器局域网的标准化和规范化铺平了道路。美国汽车工程学会(SAE)2000年提出的JI993，成为货车和客车中控制器局域网的通用标准。

CAN是一种连接多个控制模块使用的串行异步多主站通信协议。在国外，尤其是欧洲，CAN网络被广泛地应用在汽车上，如BENZ、BMW等车。一汽大众汽车有限公司生产的宝来(BORA)轿车，于2001年12月上市。该车融合了许多高新技术，在动力传动系统和舒适系统中装备了两套CAN数据传输系统。总线技术在汽车电子技术中的应用将是一个重要的里程碑。

2. CAN总线的组成

CAN数据总线由一个控制器、一个收发器、两个数据传输终端以及两条数据传输线组成。除数据传输线外，其他元件都置于控制单元内部。它可以点对点，一对多及广播集中方式传送和接收数据。

汽车CAN总线网络系统构架如图11-2所示。

3. CAN总线的特点

【课堂互动】

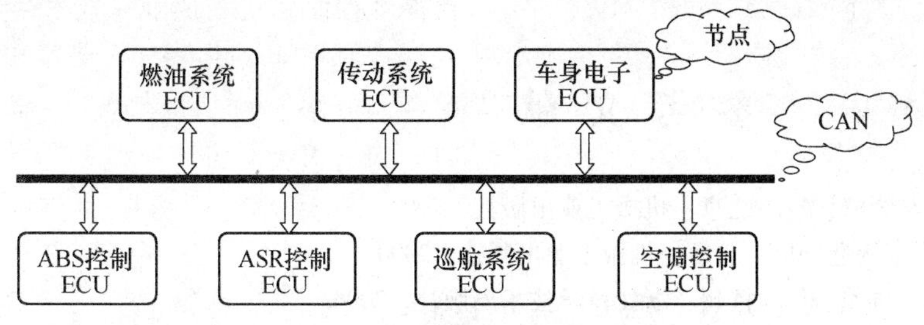

图 11-2　汽车 CAN 总线系统构架

CAN 数据总线将各个控制单元组合成一个整体，使所有信息都沿总线传输，与所连接的控制单元数及所涉及的信息量的大小无关，这样就解决了随着新增信息量的加大，线路及控制单元上插头数目不断增加的问题，并且使不同信息需要不同线路的问题也得以解决。

4. CAN 总线在汽车上的应用

驱动系统 CAN 和车身系统 CAN 这两条独立的总线之间设计有“网关”，以实现在各个 CAN 之间的资源共享，并将各个数据总线的信息反馈到仪表板上。驾车者只要看看仪表板，就可以知道各个电控装置是否正常工作了。目前汽车上的网络连接方式主要采用 2 条 CAN，一条用于驱动系统的高速 CAN，速率达到 500kb/s；另一条用于车身系统的低速 CAN，速率是 100kb/s。驱动系统 CAN 主要连接对象是发动机控制器（ECU）、ABS 控制器、安全气囊控制器、组合仪表等，它们的基本特征相同，都是控制与汽车行驶直接相关的系统。车身系统 CAN 主要连接和控制的汽车内外部照明、灯光信号、刮水器电动机等电器。

说说 CAN 系统与普通电路系统相比，有什么特点。

由于采用了许多新技术及独特的设计，CAN 总线与一般的总线相比，具有突出的可靠性、实时性和灵活性；而且自带故障检测、报警和记录功能，所以对整车电气系统的维护和维修非常方便。维修企业可以减少维修人员培训和购买设备等的费用。在国外，汽车总线技术已经基本形成了统一的标准，硬件接口也已统一，芯片也已定型、量产。目前国内许多汽车电子厂商都在开发 CAN 总线系统，各个产品正在陆续推出，相信总线系统在中国的普及应用为期不远。

参考文献

[1] 王勇．汽车电器设备构造与维修[M]．北京：机械工业出版社，2002.
[2] 李炳泉．桑塔纳2000型汽车构造[M]．北京：机械工业出版社，2000.
[3] 承炜．汽车电气设备构造与维修[M]．杭州：浙江科学技术出版社，2006.
[4] 裘玉平．汽车电气设备维修[M]．杭州：浙江科学技术出版社，2005.
[5] 周建平．汽车电气设备构造与维修[M]．北京：人民交通出版社，2005.
[6] 黄孟涛．汽车电气设备[M]．北京：中国劳动社会保障出版社，1999.
[7] 管秀君．汽车单片机及局域网技术[M]．北京：人民交通出版社，2005.